KB216667

The Australian Missionary in Korea Gelson Engel

The Second National Moderator of the Presbyterian Church of Korea

호주선교사

조선예수교장로회 제2대 총회장 왕길지

겔슨 엥겔

호주선교사 겔슨 엥겔

조선예수교장로회 제2대 총회장 왕길지

편 저 자 · 양명득
발 행 인 · 신충우
발 행 처 · 부산진교회

펴 낸 이 · 성상건
펴 낸 날 · 2023년 11월 15일
펴 낸 곳 · 도서출판 나눔사
주   소 · (우) 10270 경기도 고양시 덕양구 푸른마을로 15
            301동 1505호
전   화 · 02)359-3429   팩스 02)355-3429
등록번호 · 2-489호(1988년 2월 16일)
이 메 일 · nanumsa@hanmail.net

ISBN 978-89-7027-886-5-03230

값 17,000원
잘못된 책은 바꾸어 드립니다.

The Australian Missionary in Korea Gelson Engel
The Second National Moderator of the Presbyterian Church of Korea

Author & Editor: Myong Duk Yang
Publication: Busanjin Church
Date: November 15, 2023

The Australian Missionary in Korea Gelson Engel

The Second National Moderator of the Presbyterian Church of Korea

호주선교사

조선예수교장로회 제2대 총회장 왕길지

겔슨 엥겔

양명득 MYONG DUK YANG 편저

나눔사

Greetings from the Presbyterian Church of Victoria, Australia. I am encouraged and give thanks to God that Dr Myong Duk Yang is recording the gospel work to Korea in the early 1900's by Australian missionary, Rev Gelson Engel. Rev Engel was the only male missionary sent out to Korea by the Presbyterian Women's Missionary Union (Victoria, Australia). He was sent out in 1900 to become the clerical superintendent of the PWMU work in Busanjin. Sang Gyoo Lee's book: "To Korea with Love" records that in 1911 he was appointed moderator of the new presbytery of Kyungsang province (19 Australian staff, 56 Korean helpers, 77 churches, 79 Sunday schools, 7 primary schools and 150 church groups); and in 1919 he accepted an appointment at the seminary to the Chair of Church History, and Professor of Biblical Languages. He was also in charge of the library.

Missionary work from Australia to Korea began in 1889 and Dr Myong Duk Yang in his earlier book: The First Australian Woman Missionary in Korea – Isabella (Belle) Menzies recorded the work of Belle Menzies who arrived in Korea in 1891, along with Misses Perry and Fawcett. Miss Agnes Brown, later to become Mrs Engel, arrived in 1895. It is with great joy that we anticipate this new publication by Dr Myong Duk Yang on the gospel work of Rev Gelson Engel in Korea from 1900 – 1939.

On a personal note, as I have researched for this 'encouragement', I have discovered that my late mother worked for Gelson Engel's son Norman Engel, a solicitor in Bairnsdale, Victoria, in the 1960's. Our family still has connections with Peter Engel, a grandson of Gelsen Engel and son of Norman Engel.

The more I learn about Rev Gelson Engel, the more I feel that what I write is inadequate. It is so encouraging that Dr Myong Duk Yang is producing a book covering the work of Rev Gelsen Engel in Korean and in English.

We give thanks to God that the people of Korea received the gospel and are so grateful to God, not only for the salvation found through faith in the Lord Jesus but also for the workers that God raised up and sent from Australia. We also give thanks to God for the many years of service of Rev Gelson Engel: a missionary, a translator, Professor of Greek, Hebrew, and Church History and a leader in the Korean Presbyterian Church. We pray that as others learn of the missionary service of Rev Gelson Engel, they might be inspired to not only thank God for his service, but also be encouraged to proclaim the gospel to the four corners of this world.

Rev. Ian Hutton
Moderator – Presbyterian Church of Victoria, Australia

그의 선교 활동에 영감을 받아

호주 빅토리아장로교회에서 인사드립니다. 1900년대 초에 활동한 호주선교사 겔슨 엥겔의 선교 기록을 양명득 박사께서 책으로 출판하게 되어 격려를 받으며 하나님께 감사드립니다. 엥겔은 빅토리아여선교연합회가 한국에 파송한 유일한 남성 선교사입니다. 1900년 그는 목사로 부산진의 빅토리아여선교연합회 활동을 감독하기 위하여 파송되었습니다.

'To Korea with Love'를 쓴 이상규는 다음과 같이 기록하였습니다: 엥겔은 1911년 경상지역의 새 노회에 노회장으로 임명되었고(19명의 호주인 선교사, 56명의 한국인 조력자, 77개의 교회, 79개의 주일학교, 7개의 초등학교, 그리고 150개의 교회 단체), 그리고 1919년 그는 교회 역사와 성서 언어 교수로 신학교에 임명되었다. 그는 또한 도서관도 책임 맡았다.

호주의 한국선교는 1889년 시작되었습니다. 양명득 박사는 그의 책 '첫 호주인 여선교사 벨레 멘지스'에 1891년 페리와 퍼셋과 함께 한국에 도착한 그녀의 선교 활동에 대하여 기록하였습니다. 아그네스 브라운은 1895년 도착하였는데 그녀는 후에 엥겔의 부인이 됩니다. 1900년부터 1939년까지 한국에서 선교한 겔슨 엥겔 목사의 활동을 기록한 양명득 박사의 새 책 출판을 매우 기쁘게 생각하며, 어서 읽을 수 있기를 기대합니다.

'격려의 글'을 준비하던 중 발견한 것이 있습니다. 작고한 나의 모친이 빅토리아주 번스데일에서 변호사를 하고 있던 겔슨 엥겔의 아들 노만 엥겔을 위하여 1960년대 일하였다는 사실입니다. 우리 가족은 피터 엥겔과 아직 관계를 맺고 있는데 그는 겔슨 엥겔의 손자이자 노만 엥겔의 아들입니다.

겔슨 엥겔 목사에 대하여 알면 알수록 나의 격려사가 부족하다는 느낌을 받습니다. 양명득 박사가 그에 관한 책을 한글과 영문으로 출판하게 되어 큰 도움이 될 것입니다.

한국인들이 복음을 받아들이게 됨을 우리는 하나님께 감사합니다. 주님이신 예수님을 통하여 구원을 찾게 된 것뿐만 아니라, 그 사역을 위하여 호주에서 선택되어 보내진 일꾼들로 인함입니다. 번역가로, 헬라어와 히브리어 그리고 교회사 교수로, 한국 장로교회의 지도자로 오랫동안 활동한 겔슨 엥겔로 인하여 하나님께 감사드립니다. 독자 여러분도 그의 선교 활동에 영감을 받아 세상 땅끝까지 복음을 선포할 수 있기를 기도합니다.

이안 후튼 목사
호주 빅토리아장로교회 총회장

그의 지도력과 영향력

한국교회는 참으로 많은 은혜로 충만한 교회입니다. 지난 한 세기 이루어 놓은 외형적 성장과 부흥은 물론이고 헌신적이고 열정적인 신앙 전통을 가진 교회이기도 합니다.

한국교회는 오늘날 위기적 현실에 직면해 있습니다. 이에 대한 여러 가지 대응 방안들이 강구되고 있습니다. 이러한 때에 우리에게 복음을 전해주었던 벽안(碧眼)의 선교사들, 잊혀지고, 묻혀있던 은혜의 기록들을 되살려내는 일은 참으로 소중한 일이 아닐 수 없습니다. 한국교회 초대교회가 가졌던 신앙은 이제 막 심겨진 연약함, 망국의 절망, 가난 그 속에서도 왕성하게 꽃피운 것이기에 더욱 소중한 것이라 하겠습니다.

일찍이 호주연합교회 총회의 파송을 받아 선교동역자로 사역해 온 양명득 목사님을 통해 또 하나의 소중한 신앙의 맥이 발굴되게 되었습니다.

왕길지 선교사는 호주빅토리아장로교회(현 호주연합교회)의 파송을 받아 신학교육과 영남지역 교회 개척 등을 위해 말할 수 없이 헌신했던 인물입니다. 1912년 총회가 조직되어 공식 첫 장로교 선교사인 언더우드 선교사가 총회장에 선임되고 이듬해 제2대 총회장으로 선임된 것만 보아도 당시 한국교회 안에서 그의 지도력과 영향력이 어떠하였는지 알 수 있습니다.

그간 간단한 약력을 중심으로 전해져 오던 왕길지 선교사님에 관한 연구를 넘어 본격적이고 충실한 선교기록들을 중심으로 한 한국교회 성도들 앞에 소개될 수 있었던 데에는 저자의 헌신적인 노력이 있었습니다. 더불어 한강 이남 지역 최초의 교회이며 한호선교 기념교회로 지정된 부산진교회의 지원과 여러분들의 정성과 관심이 모아진 결과라 할 수 있습니다. 빼곡하게 정리된 목차만 보아도 왕길지 선교사님 연구를 위해 필자가 발로 뛰며, 원자료들을 발굴해 내기 위에 혼신의 노력을 기울였는지를 여실히 느끼게 됩니다.

한호선교 130주년에 이어 한국교회 선교 140주년을 목전에 두고 이와 같은 소중하고 풍성한 자료가 발굴된 것은 기록적 가치로뿐 아니라 한국교회가 첫사랑을 회복하고 새로운 선교적 방향을 수립해 가는 일에도 더할 나위 없는 지침과 안내가 되리라 확신합니다.

호주뿐 아니라 미국과 캐나다 그리고 영국을 비롯한 서구교회의 협력 속에서 꽃피운 한국교회는 이제 오래된 선교 동반자들과 새로운 선교적 협력 관계를 펼쳐갈 때가 되었다고 생각합니다. 지난 세대 한국교회가 보였던 선교의 열정이 동역 교단들의 오랜 선교 경험과 만날 때 새로운 선교의 방안이 찾아질 것입니다. 특별히 호주교회가 관심하는 남태평양 지역 선교에 있어 한국교회가 관심을 기울인다면 무궁무진한 선교 가능성을 보게 될 것입니다.

한 세기도 더 된 시간부터 낯선 땅에서 한줄 한줄 써 내려간 선교보고가 파송교회를 통해 정리되고 보관되어 오다 이제 다시 우리 손에 들려지게 된 이 감사와 감격이 모쪼록 한국교회의 회복과 바람직한 동반자 선교에 귀하게 사용되기만을 기대하며 진심으로 축하를 드립니다.

김보현 목사
대한예수교장로회 총회 사무총장

Rev. Bohyun Kim
General Secretary, The Presbyterian Church of Korea

그 이름, 하늘의 별처럼 빛나는

　몇 해 전 부산진교회는 양명득 선교사님과 함께 두 권의 책을 발간하였습니다. 첫 번째 책은 한국선교의 설계자였던 호주장로교의 기록을 담은 『호주장로교 한국 선교 설계자들』이었습니다. 두 번째 책은 헨리 데이비스 선교사님 이후, 1891년 10월 호주선교사의 한 일원으로 왔던 벨레 멘지스 선교사님의 선교 편지와 자취를 담은 『조선의 어둠을 밝힌 첫 호주인 여선교사 벨레 멘지스』였습니다. 이렇게 두 권의 책이 발행된 것은 저희 교회로서는 큰 기쁨이었습니다. 이 책들을 통하여 우리 교회가 어떻게 시작되었는지 직접 확인할 수 있었습니다.

　감사하게도, 이번에는 양명득 선교사님과 함께 부산진교회의 1대 담임목사였던 왕길지 목사님의 기록을 담은 책을 발간하게 되었습니다. 왕길지 목사님은 우리 부산진교회의 초대 담임목사였을 뿐만 아니라, 언더우드 선교사님에 이어 2대 총회장으로 섬기셨고, 초기 한국 장로교의 행정적인 기틀을 세우는 데 아주 중요한 역할을 감당하셨습니다. 또한 좋은 학자와 교수로서 초기 한국교회를 섬길 많은 목회자를 가르치는 일을 감당하셨습니다. 한국교회는 왕길지 목사님의 헌신에 많은 사랑의 빛을 지고 있습니다.

몇 해 전, 한국교회를 위하여 위대한 자취를 남겼던 왕길지 선교사님의 묘역을 방문했던 적이 있습니다. 위대한 업적과 달리, 손바닥보다 작은 비석만 남아 있는 것을 본 적이 있습니다. 이 땅에서는 작은 흔적만을 남겨두고 가셨지만, 하나님 나라에서는 하늘의 별처럼 그 이름이 빛나고 있음을 믿습니다.

　　책의 출판을 위해서, 숨어 있는 자료들을 보석처럼 하나하나 찾아내어, 한 자 한 자 장인의 노력으로 번역해 주신 양명득 선교사님께 감사를 드리며, 이 일의 가치를 알고 발간을 기쁨으로 허락해 주신 부산진교회 모든 성도들에게 감사를 드립니다. 이 책이 한국교회의 소중한 유산이 되기를 기대합니다.

신충우 목사
부산진교회 담임
Rev. Chungwoo Shin
Senior Pastor, Busanjin Church

그 추억과 사랑

이번 도서가 '호주선교사 시리즈' 15번째 책이다. 그동안 쉬지 않고 집필과 출판을 해 왔지만, 이번 도서는 좀 더 특별하게 느껴진다. 부산과 경남에서의 호주선교사에 관한 추억과 사랑은 잘 알려졌지만, 정작 호주에서는 본인들이 한국으로 파송한 선교사들을 잊고 있다. 그중에서도 겔슨 엥겔이나 벨레 멘지스를 잘 모르는 호주 기독교인을 만나면 섭섭하기까지 하다. 하나님의 선교가 과거의 유산만이 아닐진대 그 추억과 사랑을 현대의 그들도 함께 나누어 은혜가 되기를 바란다. 앞으로 후학들이 깊이 연구하여 한글과 영문으로 된 자료와 책이 더 나오기를 희망한다.

양명득 선교사
Rev. Myong Duk Yang
Author & Editor

*PS: 본 도서에 실린 사진의 출처를 최대한으로 표기하였고, 나머지도 계속 확인하고 있다.

차 례

1부 겔슨 엥겔의 보고서, 편지 그리고 회의록

2부 호주선교사 겔슨 엥겔

1부

겔슨 엥겔의 보고서, 편지 그리고 회의록

Engel's Letters, Reports & Meeting Minutes

1. 엥겔의 출생과 가족

겔슨 엥겔은 1868년 10월 10일 다니엘과 캐서리나 엥겔 사이의 4남매 중 장남으로 독일 뷔템베르크에서 태어났다. 그의 세례명은 'Gottlob'이었다. 그의 부친 다니엘은 학교 교사로 그리고 후에는 교장으로 일하였다. 엥겔은 4살 때 병으로 부친을 여의었고, 6살 때 그는 가족을 따라 네카르하우젠으로 이사하여 초등교육을 받았다. 그후 그는 모친의 바람대로 인접한 뉘팅겐의 교육대학에 입학하여 고전 교육학과 라틴어, 그릭어 등을 수학하였다. 이 학교에서 그는 4년 여간 공부하고 1887년 우수한 성적으로 졸업하였다. 그는 초등학교 교사 자격증을 가지게 되었고, 약 2년 동안 부 교사로 일하였다.

엥겔의 '자기소개서' 중에서(바젤, 1889)

"I was born on the 10th Oct, 1868 in the small village of Rottenaker, near the capital, Ehingen, as the son of the beginning teacher, Daniel Fredrick Engel and his wife Katharina, born Henzler. I was baptized with the name Gottlob. When I was 4 years old, my parents moved to Oberbohringen, near the capital Geislingen, where my father worked as a permanent teacher for that time onward. My life in these first years flowed in a very normal way of developing among my loving, caring parents with their warm love...

소년 엥겔-중앙과 모친 캐서리나-왼편(Engel Family-boy Engel in the middle, 1879) *Photo: Engel Family Achives-Maggie Shapley

I was six years old when I came to Necharhausen. After two years my mother sent me to the Primary School in Nurtingen. After another two years I was allowed to enter the Latin School, which had been connected to the Secondary non-classical school, ('Realschule') to the classical secondary School ('Reallyzeum'). Here I learned Latin for 4 and half years, Greek for 2 and half years and French for 1 and half years...

Engel's 'Lebenslauf'(Basel, 1889)

2. 독일 바젤선교회 선교 훈련

겔슨 엥겔은 1889년 21살의 나이로 바젤선교회에 선교사 지원을 하였다. 그는 선교 사명과 헌신에 대한 심사를 거쳐 '바젤선교교육원'에 입학하였다. 그곳에서 그는 신학과 선교에 대한 교육과 훈련을 받았고, 3년 후인 1892년 그곳에서 해외선교사로 목사 안수를 받고 인도로 파송되었다.

겔슨 엥겔(Gelson Engel, Basel, 1890년 초)
*Photo: Engel Family Archives

3. 엥겔의 신청서

...(내가 살던) 네카르하우젠에서 뉘팅겐은 30분 정도밖에 떨어져 있지 않기에, 우리는 어머니와 함께 그곳에서 매년 열리던 선교대회를 방문할 수 있었다. 나는 그곳에서 위대한 선교에 대한 것들에 첫인상을 받았다. 이미 나는 나도 선교사가 되기를 희망하고 있다는 것을 느꼈으며, 매해 그 모임에 참여하며 새로워졌다.

존경하는 군디어 목사가 어린아이와 같은 방법으로 이야기할 때 나의 마음은 크게 열렸다. 그러나 라틴학교에서 계속되는 학업의 압박으로 그 생각은 다시 잠들게 되었다.

마침내 나에게 앞으로 무엇을 할 것인지 결정해야 하는 시기가 왔다. 신학이나 철학(언어와 문학), 선교 사역 아니면 초등학교 교사 중에 선택해야 하였다. 주께서 나에게 언어를 습득할 수 있는 능력을 주셨다…. 나의 성적은 내 반에서 상위권이었다. (최고의 학생 중 한 명이었다)….

지난주일, 7월 28일, 나는 에빙겐의 선교대회에 참석하였다. 그곳에서 비커와 마 두 형제가 복음을 이방인에게 전하는 사역으로 파송되는 예식이 있었다. 그때 '오래전에 내 안에서 잠들어 있던 목소리'가 내 안에서 깨어났다. 나에게 있는 은사를 선교사로서 주님을 위하여 최상으로 그리고 가장 완전하게 드리라는 도전이었다.

그러나 또 다른 목소리가 나의 마음속에 들어왔다. 선교사보다는 열등한 직업이지만 교사의 길은 어떤가. 나의 스승과 후원자들은 내가 선교사가 된다면 어떻게 생각할까. 그때 성령께서 내가 하나님의 나라와 의를 구하고 있음에도 여전히 자만과 세상을 사랑하는 마음으로 차 있다는 것을 깨우쳐주셨다. 그리고 첫 부름이 왔다: 네가 오르기 원하면 오직 내려가야 할 것이고, 영광을 받고자 하면 그리스도를 위하여 박해받은 바울을 따르라. 이 목소리가 내 안에서 승리하였다….

(엥겔의 바젤선교회 '자기소개서', 1889)

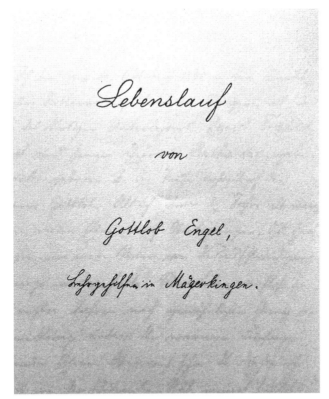

엥겔의 바젤훈련소 신청서 중 자기소개서 표지(Engel's Application, Basel, 1889) *Photo: Engel Family Archives

4. 인도에서 선교하다

1892년 엥겔은 인도로 파송되어 푸나의 테일러고등학교 교장으로 일하였다. 그는 인도에서 6년 동안 일하였고, 그때 호주에서 파송되어 일하고 있던 클라라 바스와 결혼하였다. 1898년 엥겔은 질병으로 인하여 아내의 고향인 호주로 이주하였다.

인도의 엥겔(Engel, Poona, India, 1890년대)
*Photo: Engel Family Archives

5. 석사 학위

엥겔은 1897년 독일 왈라스칼리지에서 석사 학위를 받았다. 라틴어 '아티움 마기스트리'는 문학 석사라는 의미이다. 또한, 그의 이름이 데오빌로 엥겔로 기록되어 있는바, 그릭어('하나님의 사랑' 혹은 '하나님의 친구'라는 뜻)에서 온 라틴어로 독일어로는 고트리브 ('하나님의 사랑')로 표기되며, 엥겔은 여기에서 겔슨이란 영문 이름을 가지게 되었다.

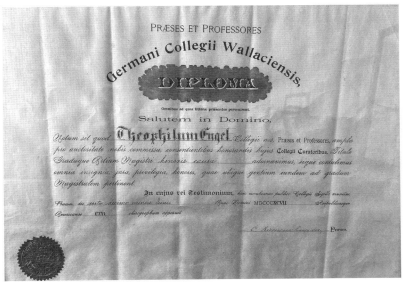

엥겔의 석사 학위증(Engel's Diploma Certificate, German Wallace College, 1897)
*Photo: Engel Family Archives

Engel received a Diploma from the German Wallace College. It is all written in Latin. The words 'Graduque Artium Magistri' is in Latin for Master of Arts. The diploma is dated 16 June 1897.

Engel's name is given as Theophilum Engel - the accusative case of Theophilus which is Latin from the Greek - the Wikipedia entry says that the German form is Gottlieb('Love of God') which was his name before he adopted Gelson.

6. 한국으로의 소명

엥겔을 내가(호주 빅토리아주) 스타웰에서 만났을 때, 그는 장로교회의 목사로 승인받기 위해 신청할 것임을 알았다. 나는 그에게 미래 사역의 장소로 가능한 한국을 고려할 것을 제안하였고, 그리고 모든 일이 잘 진행되어 지금 그가 한국에 있음을 기뻐한다.

앤드류 아담슨
['더 메신저', 1901, 5월 3일, 254]

When I met Mr. Engel at Stawell and learnt of his intention to seek admission to the ministry of the Presbyterian Church, I suggested that he should think, if possible, of Korea as is future sphere of labour, and am glad that matters have been so ordered that he is now actually on the field...

Andrew Adamson

('The Messenger', 1901 05 03, 254)

7. 호주장로교회 목사가 되다

오후의 회의가 또 늦어졌다. 4개의 안건이 연기되었는바, 관계자들이 자리에 없었기 때문이다.

신학교위원회의 보충 보고서가 보고되었다. 보통 하는 대로 일년 동안의 견습을 조건으로 엥겔 목사를 온전한 정회원으로 받기로 위원회는 동의하였다.

('더 메신저', 1900년 5월 11일, 236)

A Minister in Full Standing

The afternoon sederunt was equally belated, and four items of business had to be postponed because those charged with their introduction were not present.

The supplementary report of the Theological Hall Committee, proposed, and the Commission agreed, that the Rev. G. Engel be received as a minister in full standing, subject to the usual condition of a year's probation.

('The Messenger', 1900 05 11, 236)

---

8. 한국선교사로 신청하다

몇 주 전 "더 메신저"에 전 실린 초청에 엥겔 목사가 응답하였음을 기쁘게 보고한다. 그는 여선교연합회의 한국 선교 감독자로 자원하였다. 많은 기도와 그를 몇 번 인터뷰한 끝에 위원회는 만장일치로 우리의 선교를 위하여 하나님이 이 사람을 선택하였다고 확신하였다.

그가 바젤선교회에서 특별 훈련을 받았다는 것과 또한 인도 푸나의 테일러고등학교 교장으로 얼마간의 선교사 경험이 있다는 것이 장점이었다. 그가 거의 2년 전 인도의 선교현장을 어쩔 수 없이 떠난 이유는 건강이 악화되었기 때문이다. 그러나 의사는 그 문제에 관하여 "그때의 병이 지금까지 악영향을 끼치고 있지는 않다"라고 보고하고 있다. 그리고 한국 날씨는 인도 날씨보다 온화하다.

엥겔은 지난 18개월 동안 스타웰의 하버드칼리지 책임자로 일하였다. 그리고 지난 5월 장로교회의 목사로 받아들여졌다. 스타웰의 머피 목사는 다음과 같이 쓰고 있다.

"엥겔은 이곳에서 빨리 사람들의 마음을 얻었다. 그는 가장 신실한 복음 설교자이며, 학문의 습관과 영적인 훈련의 사람이다."

...

우리의 헌신 된 한국 선교사들이 엥겔과 엥겔 부인에게서 영적인 동지애를 찾기를 우리가 희망하는 데는 합당한 이유가 있다. 엥겔 부인은 웨슬리안 목사 헨리 바스의 딸이며, 그녀도 인도에서 선교사로 일하였기 때문이다. 9월, 아무리 늦어도 10월은 한국에 도착하기 좋은 계절이다.

다음 달 20일경 우리의 목적을 가지고 떠나는 그들 위에 중국이라는 먹구름이 방해되지 않기를 기도한다. 엥겔이 발라렛과 지롱을 방문하도록 우리가 준비하고 있다. 또한, 그는 연례 친교회에서 4일경에 연설할 것이다. 9월 17일 월요일 오후 8시 파송예배가 콜린 가의 총회 회관에 계획되어있다. 지금까지 인도하신 하나님을 찬양하고 감사하는데 우리와 함께해줄 것을 회원들께 요청한다.

('더 메신저', 1900년 8월 24일, 537)

Superintendent of our Union's work in Korea

We rejoice to be able to report that the Rev. G. Engel, M.A., in response to the appeal in 'The Messenger' some weeks ago, has offered his services for Korea as superintendent of our Union's work there. After prayerful consideration and frequent interviews with Mr. Engel, the committee were unanimously constrained to believe that this was the man whom God had chosen for the work.

They were the more encouraged by the fact that Mr. Engel had a special training in the Basel German Evangelical Mission, also some missionary experience as Principal of the Taylor High School, Poona, India. That field Mr. Engel was reluctantly compelled to leave owing to a break-down of health nearly two years ago. The certificate from our own medical officer removes any apprehension on that point now, as the illness "has left no permanent bad effects," and the Korean climate will be much less trying than India.

For about eighteen months Mr. Engel has been in charge of the Harvard College, Stawell, and was admitted into the ministry of the Presbyterian Church last May. The Rev. G. Murphy, of Stawell, has written: "Mr. Engel quickly gained the esteem of the people here. He is a most earnest preacher of the evangelical Gospel, a man of scholarly habits and spiritual attainments."

...

We have good reason to hope that our devoted workers in Korea will find spiritual comradeship in Mrs. Engel as well as in her husband. Members may be interested to know that Mrs. Engel is a daughter of the Rev. Henry Bath, Wesleyan minister, and went out as a missionary to India some years ago. The season of the year test suited to arrive in Korea is September, or, at latest, October.

We pray that the dark cloud overshadowing China will not

prevent our dear friends from carrying out their and our purpose to leave by the 'Kasuga Maru' about the 20th of next month. We are arranging for Mr. Engel to visit Ballarat and Geelong. He will also speak at the Fellowship annual meeting on the 4th prox., and will be "set apart" at the valedictory meeting in Assembly Hall, Collins-street, on Monday, September 17th, at 8 p.m. We ask our members to unite with us in praise and thanks-giving to God for His manifest leading in the past.

('The Messenger', 1900 08 24, 537)

9. 발라렛에서의 설교

발라렛. 꼬레아의 새 선교사로 임명된 엥겔 목사가 지난주 발라렛을 방문하였다. 오전에 그는 샌 앤드류교회에서 설교하였고, 오후에는 에베네저교회 주일학교 어린이들에게 이야기하였다. 그리고 저녁에는 스코트교회에서 설교하였다.

8월 19일 월요일 저녁 샌 존스 교실에서 여선교회연합회 모임이 있었는바, 4개의 교회 여선교회 회원들이 모여 엥겔을 만났다. 그는 전에 푸나에서의 흥미로운 선교 활동과 한국으로 가게 된 경위를 이야기하였다. 참석한 여선교회 회원들은 엥겔과 즐거운 대화를 나누며, 그의 사역에 하나님의 풍성한 축복을 진심으로 빌었다.

엥겔 부인은 멜버른으로 오는 길에 발라렛에서 금요일 밤을 보내며, 여선교회연합회 여러 지부의 임원들을 만났다.

['더 메신저', 1900년 8월 31일, 552]

BALLARAT. The Rev. G. Engel, newly appointed missionary to Corea, visited Ballarat last week. He preached in St. Andrew's Kirk in the morning, spoke to the children in Ebenezer Sunday school in the afternoon, and preached in Scots' Church in the evening of Sunday.

August 19th. On Monday evening a group meeting of the P.W.M.U. was held in St. John's school room, when a number of ladies gathered from the four congregations to meet Mr. Engel. After a most interesting address about his late work in Poona, and the way in which he had been led to offer for work in Corea, a number of those present were introduced to their new missionary, and spent a little while in pleasant chat with him, and many sincere wishes were expressed that God would bless him abundantly in his new sphere of labour.

Mrs. Engel, on her way through to Melbourne, spent Friday night in Ballarat, and met some of the office bearers of the different branches of the P.W.M.U.

('The Messenger', 1900 08 31, 552)

St. Andrew's Church, Ballarat.

샌앤드류교회, 발라렛(St Andrew's Church, Ballarat)

10. 스타웰에서의 송별회

스타웰의 매튜교회는 지난 22일 엥겔 부부가 한국의 빅토리아 여선교연합회 선교사로 떠나기 전 송별 모임을 주관하였다. 엥겔이 스타웰교회에서 한 선한 목회에 대한 증언도 있었다.

머피 목사는 엥겔에게 선교의 성공을 기원하며 클라크 성경 사전전집 2권을 선물로 주었다. 또한, 선교연합회는 엥겔 부인에게 모로코 필기구를 선물하였다.

('더 메신저', 1900년 8월 31일, 554)

On the 22nd inst., the congregation of St. Matthew's, Stawell, entertained the Rev. G. Engel and Mrs. Engel at a farewell social previous to their departure for Korea as missionaries of the P.W.M.U. Testimony was given to the good work done by Mr. Engel in connection with the Stawell Church, and the Rev. G. B. Murphy, B.A., presented Mr. Engel with two volumes of Clarke's Bible dictionary, as a token of good will and best wishes for success in the work. The Missionary Union presented Mrs. Engel with a morrocco writing-case.

('The Messenger', 1900 08 31, 554)

11. 청년친교연합회와의 만남

지난 4일 화요일, 콜린가 매소닉 홀에서 기념회가 열렸다….

공적인 모임에서 전체 회장인 길레스피가 사회를 보았고, 캠버웰의 이사벨 스튜어트 양이 오르간을 연주하였다. 회장인 알윈 어웬과 여선교회연합회 새 선교사인 엥겔이 연설하였다. 어웬은 '충성심'에 관하여 말하였는데 많은 사람이 은혜를 받았다.

엥겔은 헌신과 해외선교사역에 대하여 강조하였고, 그는 자신의 젊은 청중이 많이 한국에 자원하기를 희망하였다. 한국에 관심이 있

엥겔과 장로교친교연합회(Engel & Presbyterian Fellowship Union, 1900) *Photo: 'The Messenger', 1900.

는 친교회 회원들은 여선교회연합회 대표와 함께하는 이 기회와 출국 전 엥겔 부부와의 만남을 기뻐하였다.

(['더 메신저', 1900년 9월 14일, 592)

The anniversary demonstration took place on Tuesday, 4th inst., in the Masonic Hall, Collins Street...

At the public meeting, the President, Mr. R. Gillespie, occupied the chair, and Miss Isabel Stewart/ of Camberwell, gave an organ recital. Addresses were delivered by the chairman, the Rev. J. Alwyn Ewen, and the Rev. G. Engel, M.A., the new missionary of the P.W.M.U. Mr. Ewen spoke on "Loyalty" and his address was greatly appreciated.

Mr. Engel urged greater consecration, and the claims of Foreign Mission work, to which he hoped many of his young hearers would devote themselves. Fellowship people, who have a warm interest in Corea, were pleased to have this opportunity of hearing the representative of the P.W.M.U., and meeting personally with Mr. and Mrs. Engel before their departure.

('The Messenger', 1900 09 14, 592)

12. 빅토리아여선교연합회 환송식

한국의 선교지로 떠나는 엥겔 부부 환송식이 월요일 저녁 총회 회관에서 열렸다. 엥겔은 독일인이지만 장로교와의 관계 속에 빅토리아여선교연합회 선교 책임자로 그곳의 선교를 확장하고 공고히 할 목적으로 가게 되었다.

그는 저명한 웨슬리안 목사 바스의 딸 엥겔 부인처럼 인도의 선교사였다. 그러므로 그는 특별한 경험을 가지고 떠나는 것이다. 그 외에 그는 선교 사역을 위한 특별한 훈련과 교육을 독일에서 받았다. 이방인의 종교 역사와 의미를 그는 알고 있다. 더군다나 그는 지식에 바탕을 둔 복음 전도의 열정을 가진 사람이다.

청중들에게 그는 깊은 인상을 주었고, 우리는 그와 같은 인재를 파송하는 여선교연합회에 축하를 전한다. 엥겔의 지도하에 여선교연합회의 한국 선교는 새롭고 성공적인 단계로 접어들 것을 확신한다.

('더 메신저', 1900년 9월 21일, 615)

On Monday evening a farewell meeting was held in the Assembly Hall to say good-bye to Mr. and Mrs. Engel, who are leaving for the mission field in Korea. Mr. Engel, who, though a German, is a Presbyterian by connection, goes under the auspices of the P.W.M.U to take charge of their mission, and to enlarge and consolidate their work there.

He was formerly a missionary in India, as Mrs. Engel, who is a daughter of the well-known Wesleyan minister, the Rev. H. Bath, also was. He consequently goes out with quite unusual experience, and he has, besides, had a special training and education for mission work, such as can be had only in Germany. The history and meaning of the great heathen religions is known to him, yet he is full of zeal—a zeal according to knowledge—for the spread of the Gospel.

He made a very favourable impression on his audience, and we congratulate the P.W.M.U. on their success on securing such a man. There is every prospect that under Mr. Engel, the Korean mission of the P.W.M.U. will enter upon a new and successful stage of its existence.

('The Messenger', 1900 09 21, 615)

13. 빅토리아여선교연합회 지침서

1. 귀하에 대한 빅토리아여선교연합회(이하 연합회)의 임명은 귀하의 신분이 장로교회 총회나 노회 관계에 아무런 변동을 주지 않는다. 귀하는 해외선교사 중 한 명으로 인정될 것이며, 귀하가 사는 지역 노회의 회원이며, 해외선교위원회(이하 위원회)의 돌봄 하에 있을 것이다.

2. 연합회가 귀하의 사택과 봉급을 책임지고 선교지에서의 우리 사역을 전적으로 책임질 것이지만, 귀하는 총회의 선교사로 다른 역할을 책임 맡은 선교사들과 기도와 동역 그리고 연합 활동을 위한 모든 모임에 형제애로 협력해야 할 것이다.

3. 위원회는 귀하가 한국에서 활동하는 타 장로교회 선교사들과 우호 관계를 갖도록 권장한다.

4. 위원회는 귀하가 선교지의 정치 상황에 어떤 부분도 개입하지 말 것을 권고한다.

5. 봉급은 사택과 함께 연 280파운드이다. 봉급은 한국에 도착할 때부터 지급되며, 한국을 떠나는 날 종료된다.

6. 여행을 제외한 1년간의 휴가는 선교지에서 사역을 시작한 7년 후에 가질 수 있다. 휴가는 개인 건강의 이유로 우선하여 주어지지만, 본국 교회의 선교 홍보를 위한 기간이기도 하다. 연합회는 일반적으로 빅토리아부터 그리고 빅토리아까지의 귀하와 귀하의 가족 여행 경비를 지급한다. 휴가 수당은 연 280파운드이며, 빅토리아에 도착하는 날부터 계산된다.

7. 위원회는 귀하에게 빅토리아를 떠나는 날부터 일기를 쓸 것을

권고하며, 매달 흥미롭거나 중요한 내용 부분을 보내주어야 한다. 위원회는 또한 우리 연합회에 의하여 한국에서 진행되는 선교 활동 요약을 연례보고서로 받기를 기대하고 있다. 모든 보고서와 공적인 서신은 해외선교위원회 총무를 통하여 위원회로 보내져야 한다.

8. 위원회는 귀하가 한국어 연례 시험을 치르기를 기대한다. 위원회는 이 규정을 연합회가 임명하는 모든 새 선교사들이 엄격하게 따르기를 바라고 있다.

Instructions given to Rev G. Engel.

1. Your appointment by the P. W. M. U. in no way interferes with your relations to the Pres. Church Assembly or Presbytery. You will be recognised as one of its foreign missionaries, having a seat in the Presbytery where you reside whilst in Victoria & be under the care of the Foreign Miss. Com^tee

2. Although the P. W. M. U. is responsible for your house & salary in Korea & you are to have full charge and care of their work in the field, yet, as the Assembly's Mission is one, you will work with the missionary who is in charge of the other branch of the Mission by brotherly Conference in united meetings for prayer & counsel & all business of a character requiring joint action.

3. The Com^tee would encourage your fraternal relations with the missionaries of other Presbyterian Churches working in Korea.

4. The Com^tee think it desirable that you should abstain from taking any part in political affairs of the Country.

5. The Salary shall be £250 per. Ann. with house provided. The Salary shall commence on arrival in Korea, & shall cease on the date of departure from it.

6. A furlough of one year – exclusive of time spent travelling shall be granted after 7 years service in the field. Furloughs are granted primarily for health reasons, but have reference also to the advantage of the Mission Cause in the Church at home. The Union will defray the expenses, of the journey for you & family to & from Victoria by the usual direct route. The furlough allowance shall be at the rate of £280 per. Ann. & shall commence

from the time of arrival in the colony.

7. The Com^{tee} would recommend that you should keep a journal from the time of leaving Victoria & that each month you should send extracts from it, containing matters of interest & importance. They will also expect to receive an annual report from you giving a digest of the work carried on by our Union in Korea. All reports & official correspondence shall be sent to the Com^{tee} through its foreign Secretary.

8. The Com^{tee} desire that you should take advantage of the annual examinations in the vernacular. It is their wish that this rule should be strictly observed by all new agents appointed by the Union.

9. As Superintendent of the Union's work in Korea, you will receive all monies connected with the Union & disburse the same.

10. You will understand that the entire control of this Branch of the Mission & the responsibility of commencing any new work rests upon you. In view of the increased liability undertaken by the Union the Com^{tee} would urge you to exercise rigid economy, & to undertake no new work that would involve additional expenditure without the approval and sanction of the Com^{tee}.

11. The Com^{tee} will regard Mr Engel as an associate missionary, uniting with you in sympathy & effort to further Christ's cause in Korea.

빅토리아여선교연합회가 엥겔에게 준 위탁 편지(PWMU Instructions to G Engel, 1900) *Photo: The PCV Archives

9. 귀하는 한국에서 진행되는 연합회 선교 활동의 감독자로 연합회와 관련된 모든 재정을 수령하고 지출하게 될 것이다.

10. 귀하는 한국에서의 본 연합회 선교 활동을 전적으로 책임지며, 새 영역을 개척하는 것도 귀하에게 있다는 것을 명심하기 바란다. 그곳에서 연합회가 맡은 책임이 증대하고 있으므로, 위원회는 귀하가 재정을 엄격하게 관리하며, 위원회의 승인이 없는 새 활동을 시작하지 않을 것을 촉구한다.

11. 위원회는 엥겔 부인을 협력선교사로 간주하며, 한국에서의 그리스도 복음 전도를 위한 애정과 노력 속에 함께 하기를 바란다.

14. 한국의 여선교사들에게 주는 지침서

　　빅토리아장로교회 총회는 한국의 빅토리아연합여선교회(이하 연합회) 선교 활동 감독자로 안수받은 선교사를 임명해 달라는 우리의 요청을 받아들였다. 다음의 내용은 1895년 파송된 우리 선교사들에게 주는 지침 내용이다.

1. 한국에서 연합회 선교 활동을 총괄하고 이끌 감독자로 겔슨 엥겔 목사가 임명되었다. 그러므로 여러분들은 지금까지 신실하게 감당해 온 여러 가지 책임에서 자유롭게 될 것이다.
2. 마을 사역, 순회 전도, 학교 교육 등 선교 활동의 모든 분야 전체 감독을 엥겔 씨가 맡을 것이다.
3. 감독자와의 우선 상의와 최종 승인 없이 활동이 진행되어서는 안 된다.
4. 선교와 관련된 모든 재정은 감독자가 수령하며 지출한다.
5. 여러분은 성경공부와 기도를 위한 지정된 시간에 감독자를 만날 수 있다.
3. 위원회는 엥겔에게 의견을 피력하였는바, 엥겔을 포함하여 지금부터 임명되는 모든 선교사는 한국에서 연례 언어시험에 참여해야 한다. 그러나 예상치 못한 상황으로 인하여 시간과 힘을 못 낼 경우, 위원회가 이 규정을 엄격하게 적용하지는 않을 것이다. 동시에 다른 교회나 선교단체처럼 현장에서 사용하는 언어가 근본적으로 중요하므로 그것을 철저히 습득해야

Instructions sent to lady missionaries in Korea.

The Gen. Assembly of the Pres. Ch. of Victoria having granted the request of the P. W. M. U. by sanctioning the appointment of an ordained missionary as superintendent of its work in Korea, the following instructions for your guidance will take the place of those sent in 1895.

1. The Rev. G. Engel M.A. has been appointed Superintendent to control & direct the work of the Union in Korea. It therefore follows that you will be relieved in various ways of the responsibilities you have faithfully borne in the past.

2. Mr Engel will take entire supervision of all departments of the work, such as village, itinerating, school-work &c.

3. No work shall be undertaken without united consultation & the final approval of the Superintendent.

4. All monies connected with the work shall be received & disbursed by the Superintendent.

5. You will meet with the Superintendent at stated times for Bible Study & prayer.

6. The Com^tee have indicated to Mr Engel their desire that he & all agents who may hereafter be appointed, shall take advantage of the annual examinations in the vernacular. But in view of the exceptional circumstances which made unforeseen demands on your time & strength in the past, the Com^tee do not insist on this rule being applied strictly to you. At the same time they in common with other Churches & missionary agencies are convinced of the essential importance of all missionaries acquiring a thorough

한다. 여러분이 최대한 이 규정을 따를 것을 권고하는 바이다.

7. 위원회는 엥겔에게 진행보고서와 연례보고서를 보낼 것을 요청하였고, 동시에 여러분은 여러분의 활동 사항을 계속하여 매달 편지를 통하여 보고하기를 기대한다.

[빅토리아여선교연합회, 멜버른, 1900]

knowledge of the language they use, & they feel confident that you will desire to comply with the above regulations as far as you find it at all possible

7. While the Com^ttee have instructed Mr Engel to send them progress reports as well as an annual letter, they expect you to continue as before to keep them informed by monthly letters, of the facts concerning your work.

빅토리아여선교연합회가 여선교사들에게 준 지침서(PWMU Instructions to
Lady Missionaries in Korea, 1900) *Photo: The PCV Archives

15. 엥겔 부부 환송식

　지난 월요일 저녁 총회 회관에서 매우 흥미로운 모임이 있었다. 오는 수요일에 한국으로 떠나는 엥겔 목사 부부를 빅토리아여선교연합회가 축복하며 파송하는 자리였다. 그는 그 땅의 우리 선교회 여성 지부 책임자로 가게 되었다.

　파송식 참석자들은 매우 깊은 관심을 보였으며, 전체적으로 가치 있는 기회였다. 그러나 이런 모임에 오직 8명의 목사와 8명의 평신도설교자, 그리고 우리 회원과 후원자 150명만 참석할 수 있었는

겔슨과 클라라 엥겔(Gelson and Clara Engel, 1894)
*Photo: Engel Family Achives

가? 이런 모임을 하기에 월요일 밤은 좋은 시간이 아니다. 타운홀에도 중요한 여성 모임이 있었고, 주일학교 찬양대회도 흥미롭지만 이런 모임에는 특별한 노력으로 더 많은 사람이 참여했어야 하였다.

연합성가대가 찬양을 잘 인도하였고, 오르간 연주자와 독창자들은 최고의 찬사를 들어야 한다. 성경은 알렉산더 목사가 봉독하였고, 율 총회장이 기도를 인도하였다.

하퍼 교수는 빅토리아여선교연합회는 오랜 기다림 끝에 특출한 자격을 가진 선교사를 찾을 수 있었다고 말하였다. 엥겔은 독일에서 최고의 선교 방법 훈련을 받았고, 인도에서 경험을 쌓았으며, 그리고 하나님으로부터 직접 이 선교 활동에 부름을 받았다고 하였다.

우리 교회가 살아있는 종족에 성공적인 선교를 할 것이라고 그는 기뻐하였다. 호주나 뉴 헤브리데스의 원주민은 사라지고 있지만, 한국인은 과거에 유명하였고 앞으로도 그럴 것이다고 하였다.

엥겔은 그를 아는 모든 사람에게 신뢰를 받고 있다. 그는 재치와 경험이 있고, 한국의 과거 어려움은 사라질 것이라 믿고 있다. 그곳에 위대하고 좋은 일이 이루어질 것이라고 하였다. 하퍼는 자신도 그를 최대한으로 돕겠다고 하였고, 우리 교회와 새 선교사들 위에 큰 축복과 영광이 함께 하기를 기대한다고 하였다.

율 목사는 지금 우리가 엥겔을 목사 안수하는 것이 아니라고 하면서 그는 오래전 이미 안수를 받았다고 말하였다. 그러나 우리는 그를 가장 중요한 시기에 새 현장으로 파송하고 있다고 하였다. 한 남성으로 또 가족으로도 위험이 크지만, 기독교 가족이 보여줄 수 있는 실제 모습이 한국에 필요하고, 엥겔 부부는 그 신앙과 희망 속에 나아간다고 하였다.

그 밭은 희어져서 추수 때가 되었고, 1870년의 만주에는 기독교인이 없었으나, 매해 천 명이 정도 전도되어 30년 후에는 3만 명이 되었다. 그는 한국교회도 성장하고 발전할 것을 믿는다고 하였다.

　엥겔의 아내도 거룩한 섭리 속에 이 일에 동참하게 되었다. 여선교연합회나 교회의 대표로 이들이 나가게 되는 것은 큰 특권이라고 그는 말하였다. 사람들은 이 어려운 시기에 한국으로 가는 것은 위험할 수 있다고 하였다. 그러나 더 심각한 일은 거룩한 부르심이 있을 때 모르는체하는 것이다. 어떤 사람은 지금 한국에 가는 것은 바보 같은 짓이라는데, 그는 그리스도를 위하여 어리석음을 자처하였다. 그들은 이방인의 필요를 안다. 그들은 수치스러운 미신과 부도덕한 행실로부터 그들을 자유롭게 하기 원하고, 기독교 신앙의 빛과 순전함으로 인도하기 원한다.

　로체스터의 넬슨 목사가 기도를 인도하였다. 그리고 헌금을 하였는바 3파운드 5실링이 선교 기금으로 드려졌다.

　발라렛의 프레이저 목사는 흥미진진한 이야기를 조용하게 하였지만 깊은 느낌이 들게 하였다. 그는 엥겔이 발라렛에 큰 인상을 주었다고 하며, 그를 매우 신뢰한다고 하였다. 그는 모든 자격을 갖추었으며, 하나님의 축복이 그와 그의 여정과 사역에 동행할 것이라고 하였다.

　그들은 기독교인을 파송해 중국에서와 같은 위험에 빠트리는 것은 잘못된 일이라고 들었지만, 그러나 신앙인은 그것까지도 감수해야 한다고 하였다.

　'늑대 속의 양'은 늑대가 회심할 때까지 있어야 한다. 시험은 사람을 연단케 하며, 우리는 이곳에 살기 위해 있지 않고, 참 생명을 만들기 위해 있다는 것을 기억하자.

('더 메신저', 1900년 9월 21일, 622)

Farewell to The Rev. G. and Mrs. Engel

A very interesting meeting was held in the Assembly Hall on Monday evening, under the auspices of the P.W.M.U., to bid God-speed to the Rev. G. and Mrs. Engel, who left on Wednesday for Korea, to take up work as the head of the women's branch of our mission work in that land.

Those present were deeply interested, and the whole meeting was in tone worthy of the occasion, but are there only eight of our ministers, eight of our laymen, and a total of one hundred and fifty of our members and adherents, able to attend such a gathering? Monday is such a bad night; the Town Hall Women's Suffrage meeting was important ; the Sunday School Exhibition Choir so interestingly true—all true!—but a great occasion like this should have led to special effort and to a crowded meeting.

The music was well led by a united choir, and the organist and solo singers deserve the best thanks of the association. Scripture was read by the Rev. W. M. M. Alexander, and prayer offered by Rev. A. Yules, Moderator of the Federal Assembly.

Professor Harper said that the P.W.M.U., after long and anxious waiting, had been led to the choice of a missionary exceptionally qualified for the work, trained in the best mission methods in Germany, with experience acquired in India, and directly called by God for this field.

He rejoiced that our Church was to have a successful mission to a living race. The aborigines of Australia and the New

Hebrides were fading away, but the people of Korea had been famous in the past, and would no doubt be in the future.

Mr. Engel had the confidence of all men who knew him, and with his tact and experience, he believed that the past difficulties in Korea would vanish, and great and good work be done.

Personally, Professor Harper said he would do all he could to help Mr. Engel, and he looked forward to great blessing and high honour alike to our Church and to the new workers.

Rev. A. Yule said that they were not ordaining Mr. Engel, he had been ordained long ago, but they were sending him to a new field at a most critical time.

The risks were great for a man, still more for a famliy; but Korea needed the concrete Christianity that a Christian family could show and Mr. and Mrs. Engel went forward in faith and hope.

The fields were white to the harvest, and as in Manchuria in 1870, there were no Christians, and thirty years later 30,000, a thousand a year, so he trusted the Korean Church would grow and flourish.

His wife had been divinely drawn to this work, and how great a privilege he felt it to be the representative of such an association and such a Church. Many had told him it was a serious thing to go to Korea in such troublous times, but he thought it far more serious to slight what was to him a Divine call. Some had said he was a fool to go there—well—ho was willing to be called a fool for Christ's sake.

They knew the needs of the heathen, and they were anxious to free them from degrading superstitions and immoral practices, and lead them into the light and purity of the Christian faith.

Prayer was offered by the Rev. T. Neilson, of Rochester, and a collection of £3 5s. taken for the mission funds. The Rev. W. Fraser, of Ballarat, gave a thrilling and telling speech with great calm-ness, but with deep feeling. He told how much Ballarat had been impressed by Mr. Engel's addresses, and how all there had the firmest confidence in him. They believed that Mr. Engel was in every way qualified, and that God's blessing would accompany him and his alike in travel and toil.

They had heard that it was wrong to send Christian men and women to face such risks as had been met in China, but this was what Christ anticipated.

"Lambs amidst wolves," till the wolves were converted to lambs. Trials bring out the very best that is in a man, and it was worth remembering that we are not here to make a living, but to make a life.

('The Messenger', 1900 09 21, 622)

16. 엥겔의 일기

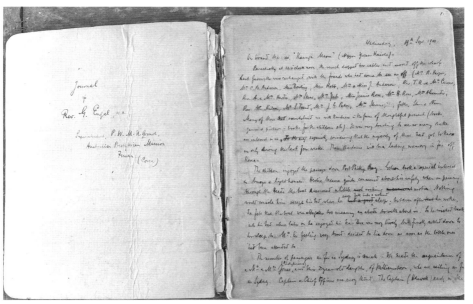

'엥겔의 일기'('Journal of Rev G Engel', 1900 09 19) *Photo: Suan Church

17. 조선 부산항에 도착하다

일찍 일어났다. 새벽녘에 우리는 대마도를 지났다. 부산항이 저 만치 앞에 있었다. 흐린 아침이다. 8시 30분 아침 식사 시간에 우리 는 부산항에 들어왔다. 우리는 아침을 가능한 한 빨리 먹었다. 우리 앞에 3마일의 해변이 보였다. 부산 마을의 오른쪽에 하얀색의 유럽 풍 집이 안개 속에 드러났다. 장차 우리가 거주할 집이다.

왼쪽으로는 일본인 거류지가 있고, 항구는 좁은 수로로 영도와 나뉘어 있다. 부산과 일본인 구역 사이 중간쯤에 아담슨 부부의 선 교관이 있는 초량이 있는데, 그 모습이 부산의 선교관과 비슷하다.

또한, 그 중간쯤 언덕 위에 눈에 띄는 미국장로교선교회 선교관 과 세관원의 저택이 있다. 부산의 저 하얀 집이 앞으로 우리가 살 집 이라고 하자 넬슨과 하비는 큰 흥미를 느꼈다. 페리 양이 스케치한 지도로 지형을 미리 공부하였던 터라 나에게는 거의 익숙한 풍경이 었다.

오전 9시에 우리 배는 닻을 내렸다. 한 여인이 가마를 타고 일본 인 거류지역으로 들어오는 것이 보였다. 무어 양이었다. 미국선교회 로스 부인의 집에서 지난 밤을 보낸 것이다. 그녀는 곧 배 위로 올라 왔다.

...

처음 방문한 사람들을 사진 촬영하였다. 그 사람들이 우리의 짐 을 모두 (부산진 선교관의) 베란다로 옮길 때, 우리는 한국 땅에서의 첫 식사를 위하여 안에 들어가 앉았다. 한가지 잊을 수 없는 것은, 기선 한 척에 그 많은 짐을 어떻게 실을 수 있는지 놀라워하는 몇 명의 여성 일꾼의 모습이다.

이날 오후는 짐을 풀고 자리를 잡는데 시간이 다 지나갔다. 베란다에서 처음 내다보는 매력적인 풍경은 꽤 인상적이었다. 선교관도 깔끔했고 실제적인 설비로 단장되었다. 여러 면에서 건축 기술은 고향의 기술자보다 낮거나 여러 경우 최소한 동급이었다. 선교관은 매우 편안하였고, 잘 지어진 사택이다. 이 마을의 분위기도 우리가 두려워한 것만큼 나쁘지 않다. 그런데도 그레스웰 박사는 개선할 부분이 많이 있다고 말할 것이다.

부산의 중심 길은 마을에서 가장 넓었다. 시드니의 조지 가처럼 울퉁불퉁하지만 그만큼 넓지는 않은데, 세 명이 나란히 걸을 수 있는 넓이다. 그러나 그것도 길 끝까지 고르지는 않았다. (멜버른) 콜린 가의 집들처럼 이곳 집들은 웅장하지 않지만, 한국인들 생각에는 충분히 큰 집들이다. 지붕은 짚으로 얹혀 있고 낮아서 지붕을 이기에 편리하고, 창문을 통하여 집 안을 들여다보려고 까치발을 하지 않아도 된다. 그 결과 특히 가마나 말을 타고 마을을 지날 때 그 모습들을 자유로이 볼 수 있다.

['엥겔의 일기', 1900년 10월 29일, 월요일]

Arrival in Busan Harbor, Korea

We were up early. We passed Tsu Shima about daylight. Pusan Harbour lay ahead. It was a dull morning. About breakfast time 8.30 we entered the heads. We got through breakfast as quickly as possible. Before us lay the three mile shore. To the right the village of Pusan, out of the midst of which rose a white European house, our future home. To the left the Japanese settlement, the port proper, separated from Deer Island only by a narrow channel. Between Pusan & the Japanese settlement lay halfway above the village of Choryang the mission house inhabited my Mr & Mrs Adamson, similar in appearance to the Pusan house. Again halfway between it & the settlement – on a hill – were conspicuous the houses of the American Presbyterian Mission & that of the Customs Commissioner. It seemed almost a familiar sight owing to having studied the geography beforehand at the hand of Miss Perry's sketch map. Gelson & Herbie were quite interested in the white house in Pusan where I had told them we were going to live.

At 9 we dropped anchor. Soon we saw a lady being carried in a chair towards the settlement. It turned out to be Miss Moore who had spent the night at Mrs Ross's of the American Mission. Soon she arrived on board.

...

I took a photo of the first comers. While they stowed all the luggage on the veranda, we went inside to sit down to our first dinner on Korean soil & in our new home. I should not forget to mention that some of the women servants wondered how a steamer could carry so much luggage.

The afternoon was taken up with unpacking and settling down. What impressed us on our first look round, was the charming view to be had from the veranda and the neat and practical fittings & appointments of the mission house. The workmanship is equal to any at home, if not better than what you find in many cases. The house is indeed a very cosy & well-built manse. The atmosphere in the villages was not as bad as we had feared; still Dr Gresswell would find there was great room for improvement. Main Street of Pusan is the broadest thoroughfare of the village, as irregular as George Street in Sydney, but not quite as broad, seeing that only three men can walk abreast, and even that is not practicable throughout its length.

The houses are not as magnificent structures as those in Collins Street, but they are big enough for Korean ideas. The roofs are chiefly thatched with straw, and it is much more convenient for thatching to have them low so that the eaves come down to the level of your head than to have to stand on tiptoe in order to get a view into the house through the lowest window. The result is that you – especially when in a chair or on horseback – have a pretty free view of the scenery even while passing through a village.

('Journal of Rev G Engel', 29 Oct 1900)

18. 한국어 공부

한국어 공부를 시작했다. 가장 큰 어려움은 손짓 몸짓 이외에는 말로 설명할 수 없다는 것이다.

('엥겔의 일기', 1900년 11월 1일, 목요일)

Korean Language Study

Began Korean. Chief difficulty not to be able to have things explained except by signs.

('Journal of Rev G Engel', 1 Nov 1900)

엥겔 선교사는 여러 추천 이름 중에서 골라 왕길지 (王吉志)로 정했다.

엥겔과 왕길의 발음이 비슷하죠?

王吉志
왕 길 지

엥겔의 한국어 이름(Engel's Korean name)
*그림: 조대현

19. 한국에서의 첫 주일

아침 예배에 63명(남성 15명, 여성 48명)이 모였다. 몇 명은 새 목사(선교사)를 만나러 초읍에서 왔다. 교인들은 조용히 행동하였고, 집중하였고, 찬송도 잘 불러 좋은 인상을 받았다. 그러나 식당이 너무 작았다. 하비는 그 방을 '예배당 겸 식당'이라고 불렀다. 다른 용도로는 더 사용할 수 없을 것이다.

('엥겔의 일기', 1900년 11월 4일, 일요일)

초읍교회(Chobe Church, 1958) *Photo: 마산 호주선교사기념관

First Sunday Service in Korea

There were 63 people (15 men & 48 women) assembled at the morning service; several had come from Chob to meet the new moksa (missionary). Impressed with quiet behaviour, good attention, good singing of the people. But dining room far too small. Herbie calls it 'Church & Dining room' and will have no other designation for this room.

('Journal of Rev G Engel', 4 Nov 1900)

---

20. 첫 한국어 축도

멜버른의 '메서 트와이 앤 코' 회사 로버트 하퍼 씨와 함께 사업을 하는 야나다 씨가 방문하였다. 오후 예배를 마칠 때, 나는 축도를 한국어로 하였다. 이것이 공중 앞에서 한 나의 첫 시도였다. 교인들은 매우 즐거워하며 놀라는 모습이었다. 나의 교사인 김 서방이 특히 좋아하였다. 모두 나에게 칭찬하는 말을 하며 기뻐하였다. 최소한의 작은 진보이자 성취이다.

한국어가 특별히 나에게 잘 맞는다는 느낌이 들었다. 나에게 언어 습득 능력이 있어서만이 아니라, 하나님의 특별한 도움이 있는 것 같았다. 루터가 이유 없이 이런 권면을 한 것은 아닐 것이다.

"열심 있는 기도가 공부의 절반이다."

열심히 공부하면 공부의 절반은 이룬 것이라는 말이다. 나를 부르신 하나님이 이 사역을 위하여 나를 온전케 하신다. 나는 그렇게 확신한다.

['엥겔의 일기', 1900년 11월 25일]

First Benediction in Korean Language

Mr Yanada who does business with Mr Robert Harper in Melbourne for Messrs Twoi & Co. called. At the close of the afternoon service I pronounced the benediction in Korean, this being my first public attempt. The people were quite delighted and were quite taken by surprise. Kimsebang, my teacher, was especially pleased. They all expressed their delight in addressing a host of flatteries to me. It is at least a little step forward, some little thing accomplished.

I do feel as if I was getting particularly well on with this language: I do not think it is merely my own ability; but there is such a thing as special divine help. Luther did not for nothing always exhort: 'Diligent prayer is half study', i.e. diligent prayer carries you through your studies half way. God that called me means to fit me out properly for this work; of this I am sure.

['Journal of Rev G Engel', 11 Nov 1900]

21. 한국에서의 첫 성탄절

매우 즐거운 날이었다. 아침에 특히 많은 선물로 인하여 어린이들은 즐거워하였다. 선교관에 국기(영국과 한국)가 내걸렸고, 중국식 등불과 화초로 장식되었다….

(회중은) 보기 좋은 모습이었다. 이들은 성탄절을 한국어로 '야소탄일' 이라 하는데 매우 중요한 날로 여기고 있었다. 예배는 짧았지만 좋았고, 흥분되는 시간이었다. 어린이들이 함께 찬송을 불러 교인들의 찬송 소리가 향상되었지만, 어른들은 아이들이 부르는 성탄가를 모르기도 하였다. 그래도 그들은 함께 불렀고, 소년과 소녀 모두 즐거워하는 것이 보였다….

['엥겔의 일기', 1900년 성탄절]

We had a very enjoyable day. In the morning we were overwhelmed with presents, especially the children. The mission house was decorated with flags (British & Korean), Chinese lanterns and greenery...

It was a sight, and it showed that they thought a great deal of 'Christ's Birthday' as Christmas is called in Korean. The service was short and good, indeed thrilling. The presence of the children materially improved the congregational singing; besides they sang several Christmas hymns that the older people did

'엥겔 가족과 부산진교회 성탄절(Engel family & Busanjin Church, 1900)
*Photo: Busanjin Church

not know, and they did sing; one could see they enjoyed it, both
boys & girls...

('Journal of Rev G Engel', Christmas Day, 1900)

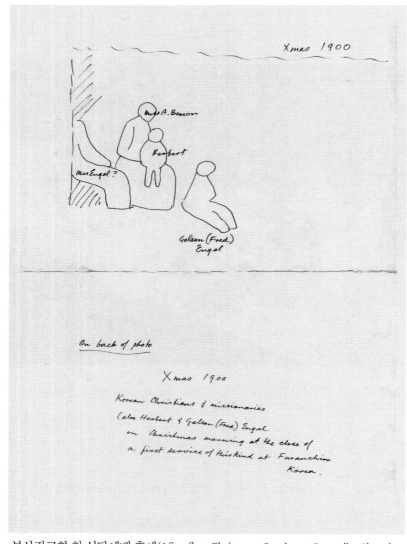

부산진교회 첫 성탄예배 후에(After first Christmas Service at Busanjin Church, 1900)

22. 조선 밥

...

나는 샌드위치와 만다린 오렌지를 준비해 왔고, 나의 교사와 함께 나누어 먹었다. 그들은 나에게 차를 대접했다. 그러나 우리의 부산 남자들에게는 제대로 된 음식이 제공되었다. 그들은 나에게 조선 밥을 좀 먹겠느냐며 물었고, 그들을 실망하게 할 수 없어 그렇겠노라고 하였다. 나는 이곳에서 처음으로 젓가락질을 배웠다.

음식은 1피트 정도 높이의 쟁반만 한 작은 소반에 나왔는데, 각 사람 앞에 놓았다. 소반마다 놋그릇에 담긴 밥이 놓였고, 맛있게 튀긴 청어 한 마리, '사우어크라프트' 양배추 같은 김치 한 종지, 김, 절인 무, 매우 짠 간장 한 종지, 그리고 삶은 달걀 3개가 있었다. 이것은 선교사에게만 특별히 제공된 것이다. 나는 먹을 수 있는 만큼 먹었다. 샌드위치로 이미 배를 채웠기에 조선 음식을 다 먹을 수 없었다. 음식은 '먹을 만하였다'.

놋 사발에 뜨거운 숭늉을 마시는 것으로 식사가 마무리되었다. 이것은 호주 차를 대신한 것이다. 식사 후 잠시의 휴식을 취하였다. 한국 음식에 있는 여러 가지 양념을 다스리는 데 필요한 시간이다. 잘 먹었다는 표현 방식이기도 하였다. 우리는 집으로 돌아갈 준비를 하였다.

이 이야기에는 이곳 기독교인들 사이에 존재하는 '단체정신'을 빼놓을 수 없다. 나는 이것을 아마 사랑이라 불러야 할 것이다. 이들은 언제든지 어떻게든 서로 힘이 되고자 한다. 이들의 이러한 행동은 다른 사람들에게 깊은 감동을 준다.

['엥겔의 일기', 1900년 12월 29일, 토요일]

Korean Rice

...

I had brought a few sandwiches and mandarin-oranges which I shared with my teacher; they made also some tea for me. But our Pusan men were going to be treated to a proper meal, and I was asked whether I would also eat some 'Chosen pap' (Korean rice), to which in order to please them I assented. I had here my first lesson in the use of chopsticks.

The meal was set before us on small tables of the size of trays about one foot high, one for each person. There was on each table a brass bowl of rice, a fried herring very tastily done, a dish containing a cabbage like vegetable not unlike 'sauerkraut' and seaweed, another dish with pickled turnips, a little dish containing a strong salt sauce, also three hard-boiled eggs, the latter a special treat for the missionary. I ate as much as I was able. Seeing that I had already spoiled my appetite by eating sandwiches etc, I could not do full justice to the Chosen food which I considered 'not at all bad'.

The meal was concluded by the drinking from a brass bowl of hot water in which some rice had been boiled. It is the Korean substitute for an Australian's tea ('not half bad'). After some meditation, which is always necessary after a Korean meal in order to prevent a quarrel between the various ingredients but ostensibly to show that you are well-bred, we prepared for our return home.

I cannot conclude this account without saying a word of the 'esprit de corps' that exists amongst our Christians; but perhaps I ought to call it love. They at any rate stand by one another whenever they can. Their actions cannot fail to produce an impression on those outside.

('Journal of Rev G Engel', 29 Dec 1900)

23. 선교공의회 조선인 대표

시년에 공의회에서 기익년부터는 조선인 대표자를 참가케하고 의회의 반부는 영어로 반부는 조선어로 의사하기로 결정하니라.

시년에 오스트렐야선교사 왕길지, 캐나다선교사 마구례 부인, 이씨 부인, 북미선교사 사우업 부부, 편하설, 오월번, 선우 부인, 남미선교의사 오기원 부인이 왕래하야 각기분정구역에 거유하니라.

1900.
[조선예수교장로회 사기, 73]

24. 엥겔의 첫 편지

우리는 거의 6주간의 항해 끝에 10월 29일 이곳에 도착하였다. 짐을 풀고, 적응하고, 그리고 열병으로 인하여 아픈 아이들을 돌보느라 정기적인 편지를 보내지 못하였다.

매우 잘 지어지고 준비된 집이 우리를 기다리고 있어 기뻤다. 현재 우리는 여선교사들과 함께 쓰고 있는데, 이곳에 거할 수 있는 좋은 집이 많지 않다. 그러나 우리는 이 주변에 적절한 집이 있는지 찾고 있다.

우리 여선교사들이 지금까지 해 온 사역을 높이 칭찬할 만하다. 첫 주일 아침 나는 우리의 식당에 모인 질서정연한 교인들을 보았다. 63명이 모였는바, 15명의 남성과 48명의 여성이었다. 6명의 남성, 16명의 여성, 그리고 고아원의 소녀 9명의 세례 후보자들이 준비되어 있었다. 이들을 위한 세례 절차는 아직 진행되지 않았는데, 내가 언어를 좀 더 배워 세례 문답을 하기 원한다.

고아원의 9명의 소녀 외에 마을의 5명의 소녀도 한글 읽기, 쓰기, 산수, 지리, 보건을 배우고 있다. 소년 17명은 심 씨에게 한글과 한문 읽기와 쓰기를 배우고 있다. 이들도 고아원의 매일 성경공부에 참석하고 있다.

주일학교에는 22명의 소년과 26명의 소년이 있다. 만약 우리의 교회가 별도의 건물을 가지고 있다면 예배 찬송 시 잘 훈련된 아이들의 도움을 받을 수 있을 것이다. 그렇다고 우리 교인들의 찬송이 나쁘다는 말은 아니다. 실제 노래를 잘하여 나는 놀랐다.

초읍에도 세례받을 준비가 된 교인들이 있다. 한 사람의 남성과 네 명의 여성이다. 이 모든 것이 우리의 여선교사들이 신실하게 선교를 해 왔다는 공정한 증거이고, 매우 고무적인 일이다. 이들이 모든 사람의 자긍심과 애정을 품고 있다는 것을 나는 금방 알아차렸다. 남성들에게도 그러한데 이것은 한국에서 쉽지 않은 일이다.

무어, 멘지스, 브라운(E Moore, B Menzies, A Brown, 1900년경)
*Photo: Engel Family Achives

신약은 이제 한국어로 다 번역되어 있다. 우리의 사역에 큰 도움이 될 것이다. 신약 번역의 완성을 감사하는 예배가 9월 9일 서울에서 열렸다. 아마 빅토리아여선교연합회도 매월 기도회에서 감사할 제목일 것이다.

브라운 양은 이곳에서 11마일 떨어진 곳에서 일주일 동안의 순회를 마치고 오늘 돌아왔다. '예수 사설'을 한 번도 듣지 못한 그곳 사람들의 어두운 마음에 그녀는 깊은 인상을 받았다. 멘지스 양은 전보다는 나아졌지만, 아직 완전한 건강 상태는 아니다. 그녀는 사람들과의 관계를 잘 맺고 있으며, 한국어도 잘하는 것 같다. 견적이 담긴 편지는 다른 표지로 보낸다.

1900년 11월 24일 부산 한국.

엥겔

['더 메신저', 1901년 1월 25일, 981]

25. 고아원 소녀 세례문답

오늘 저녁에 나는 몇 명의 젊은 여성과 고아원 소녀들을 위한 세례 문답을 하였다. 브라운이 이 문답 반을 지도하였으므로 멘지스를 대신하여 나를 도왔다. 고아원 소녀 대부분이 아직 어렸지만, 그들이 구원의 고백을 충분히 한다면 나는 세례를 주겠다고 생각하였다.

그러나 그들의 신앙고백이 어른들과 같이 명확하여 나는 놀랐고, 어떤 경우에 그들의 대답은 오히려 더 분명하고 결단력이 있었다. 그 아이 중에 좀 나이가 있고 장애가 있는 금이는 구원의 도에 관하여 매우 분명한 통찰력을 가지고 총명하게 대답하였다. 전반적으로 이들은 진리가 마음속에 닿아 생활을 변화시키도록 세심하게 교육을 잘 받았다.

그중 또 한 명 보배는 자신이 죄인인 것을 어떻게 알았느냐는 질문에 대답하였는데, 그녀는 자신의 죄를 깊이 깨닫고 있었으며, 예수 그리스도 안에서 구원을 찾고 있었다. 이 아이들도 다른 이들과 똑같이 사도신경이나 십계명 혹은 둘 다 암송해야 하였다

['엥겔의 일기', 1901년 2월 8일, 금요일]

Interview for Baptism

This evening several young women and some of the girls of the orphanage were examined. Miss Brown took Miss Menzies' place as she had been teaching the class. Although most of the latter are still somewhat young, yet I thought I would baptize them on their own responses if they showed sufficient saving knowledge.

I was, however, agreeably surprised to find that their profession of faith was as clear as that of the old people and that in some cases their answers were even more distinct and decided. Among the older girls, Keemy, the deformed girl, gave the brightest answers exhibiting a very clear insight into the plan of salvation. Throughout I could see that they had been very carefully taught with the result that the truth had reached their hearts and transformed their lives.

One of the girls, Popay, when asked how she knew that she was a sinner showed by her answer how deeply she realized her sinfulness but also that she had found salvation in Jesus Christ. They had invariably as others also to recite either the Apostles' Creed, the Ten Commandments or both.

('Journal of Rev G Engel', 8 Feb 1901)

26. 셋째 아들의 출생

오늘 오전 8시 30분, 우리의 셋째 아들이 태어나 모두 기뻐하였다. 아기는 건강하다. 미국선교회의 어빈 박사가 얼마 전 장티푸스에 걸린 존스톤 박사 치료차 대구로 갔기에 이곳에 의사가 없었다.

그러나 오후에 우리는 어빈 박사가 어젯밤 돌아왔다는 소식을 들었다. 그가 돌아왔다는 소식을 들었어도 피곤하고 편치 않아 필요한 경우에도 그가 실제로 우리에게 올 것이라는 기대를 못 했을 것이다.

도라를 위하여 우리는 아기가 여아이기를 바랐다. 그러나 도라는 우리에게 더 소중한 독녀가 될 것이다. 하나님이 다른 아이들을 축복하신 것처럼 이 아이도 축복해 주시기를 기도한다.

오늘 오후 우리의 요리사 치아 하나를 뽑았다. 최소한 나는 연습을 계속하고 있다.

['엥겔의 일기', 1901년 3월 9일, 토요일]

Birth of the Third Son

At 8.30 this morning we were rejoiced by the birth of our third son. He looks well. There was no doctor here as Dr Irvin of the American Mission had gone to Taigu some time ago to attend Dr Johnstone who was down with typhus fever.

But in the afternoon we learned that Dr Irvin had returned last night, but tired & sick so that even had we known of his return, we should scarcely have expected his attendance even in case of necessity.

For Dora's sake we should have liked the little one to be a girl, yet Dora will be the dearer to us being thus our only daughter. May the Lord bless the little fellow as He has blessed the others.

Extracted a tooth for our cook this afternoon. I have at least some practice.

('Journal of Rev G Engel', 9 March 1901)

27. 새 예배당 입당

나는 팔려고 내놓은 집을 가 보았다. 예배를 계속하여 우리 집의 식당에서 드릴 수 없다. 교인의 수가 많아졌고, 안식의 날이 필요 이상으로 소란스러운 날이 되었다. 그 외에도 독립적인 예배당을 갖는 도덕적 효과는 클 것이다. 그 집은 우리의 사택에서 가깝지만, 그 집도 절대 충분한 공간을 제공하지는 못할 것이다. 붙어있는 옆집도 사야 할 것이다. 우리의 오른팔인 김 서방이 가격을 협상하였고, 목요일 밤에 와 협상이 마무리되었다고 하였다.

　다음 날 아침 식사 후, 김 서방은 완전히 작성된 영수증을 갖고 나타나 나를 놀라게 하였다. 이러한 신속함을 이곳에서 기대하지 않았다. 그는 또한 55,000푼에서 53,000푼(현금)으로 가격을 깎았다. 집주인이 관용을 베풀었지만, 나는 돈을 준비하여 우리가 할 수 있는 것은 하기로 하였다. 이것은 가벼운 일이 아니다.

　10시에 우리는 일본인 구역을 향하여 출발하여 11시가 조금 넘어 도착하였다. 먼저 김 서방이 이날 얼마의 현금을 찾을 수 있는지 문의하였고, 일본 돈 1엔에 530(푼?)이었다. (1달러는 2실링 1다임이었다.) 나는 필요한 만큼 은행에서 돈을 찾았다. 그러나 실망스럽게도 530의 환율을 적용하던 일본인 사업가가 우리와는 거래하지 않으려 하였다. 다른 사람들에게 문의하니 525, 심지어는 500에 거래하자고 하였다.

부산진교회와 여선교사들(Busanjin Church & Missionaries, 1896)
*Photo: Busanjin Church

김 서방은 영어를 못하고, 나는 일본어를 못한다. 조금 할 수 있는 한국말로 그에게 필요한 지시를 내리는 것은 불충분하였다. 그는 나를 일본인 약사에게 데리고 갔다. 그곳에서 우리의 어려움을 이야기하였고, 나에게 영어로 이야기해 주기를 바랐던 것이다. 그러나 그의 영어가 나의 한국말처럼 서툴렀다.

김 서방으로부터 내가 이해할 수 있는 전부는 만약 내가 현금을 원하면 525를 받을 수 있고, 수표는 530이란 것이었다. 그러나 수표로 받을 경우에 손실이 있을 수 있는지 나는 알 수 없었다. 약방에서 나올 때 여전히 나는 혼란스러웠다.

김 서방은 그러나 끈기 있게 다른 가게를 방문하였고, 1엔에 530 '현금'을 주겠다는 상인을 찾았다. 먼저 짐꾼들을 불렀고, 그 상인은 2000푼의 현금다발을 던져 주었다. (100푼을 묶은 다발 20개이고, 다발을 밀짚으로 묶었다.) 짐꾼들이 현금의 숫자가 맞는지 대충 세었다. 모든 다발을 일일이 세어볼 시간이 없었다. 우리는 그 상인을 믿을 수밖에 없었다.

짐꾼들은 현금다발을 자신의 지게에 조심스럽게 지었다. 세 명의 짐꾼이 10기니(영국의 옛 동전)를 나르는 것과 같았다! 운임은 11다임을 주어야 하였다. 더불어 돈을 전달하는 과정을 스스로 감독하거나 신뢰할만한 한국인에게 맡겨야 하였다.

우리는 오후 2시 30분이 되어서야 배고프고 지친 상태로 집으로 돌아왔다. 그럼에도 우리는 먼저 짐꾼이 있을 때 그 돈을 집주인에게 주어야 하였다. 집주인은 즉시 김 서방과 함께 돈을 세기 시작하였다.

전체적으로 583푼이 모자랐는데 100푼의 다발에 94푼만 묶여 있는 것이 있었기 때문이다. 김 서방이 내일 해결할 것이다. 그러나 그는 저녁에 그 사업가에게 가서 모자란 돈을 받아왔다. 그는 돈을 받으며 '많은 모욕과 욕을 먹었다'고 보고하였다. 외국인을 위하여 돈을 환전할 때 더는 자기에게 오지 말라고 그 상인이 말하였다 한다. 만약 내가 외국인이 아니었다면 그들이 무슨 짓을 하였을지 알 수 있었다.

예배당 수리

우리가 구매한 집에서 사람들이 이사를 나갔다. 이제 집을 어떻게 꾸밀 것인가 하는 질문이 제기되었다. 나는 다시 그 집을 돌아보았고, 조금만 고친다면 예배당으로 쓸 수 있다고 확신하였다. 우리의 현재 필요를 충족하기에는 공간이 턱없이 부족하지만 말이다.

우리의 식당에서 계속 예배를 드리는 것은 불가능하다. 더군다나 독립된 예배당에 대한 오래된 약속을 이제는 지켜야 하였다. 그러므로 나는 그 집을 청소하고, 벽 두 개를 허물어 방 3칸을 트게 하였다. 천정을 지탱하고 있는 십자 나무 기둥만 그대로 두게 하였다. 그리고 돌아오는 주일을 위하여 모든 준비를 하였다.

입당 예배

우리의 독립된 예배당은 인상적인 구조와는 거리가 멀다! 예배당으로 들어가는 문은 사실 창문이라 할 수 있는, 3피트 높이에 불과하다. 천장이 너무 낮아 벽 옆에서는 똑바로 설 수 없으며, 중간쯤에 서야 허리를 펼 수 있다. 정말 겸손하고 낮은 장소인데, 우리 주님도 어린 시절에 이러한 비천한 곳에서 사신 것을 생각하면 부적절한 것은 아니다.

우리는 이날 아침 살아계신 주님이 함께함을 느꼈다. 교인들은 새 예배당을 기뻐하였다. 기도를 인도하는 중 남성들의 기도 속에 기쁨이 넘쳤다. 이 예배당을 주신 하나님께 어떻게 감사해야 할지 몰랐다. 문과 천장이 낮은 것은 이들에게 습관이 되어있기에 전혀 문제가 되지 않았다. 그리고 바닥이 따뜻하여 편하였는바, 모든 한국인의 방바닥에는 작은 굴뚝이 있다. 이들에게는 카펫만 깔린 우리의 식당 바닥은 춥다…. 그러므로 이 예배당은 이들에게 맞추어져 있다.

이날 아침 52명이 참석하였다. 특별히 추운 날이었기에 평균 참석 수보다 적었다. 예배가 끝날 때 즈음 예배당 안의 공기가 답답해졌다. 3개의 문을 모두 닫았기 때문이다. 우리는 우리가 편한 것을 그들에게 말하기보다 그들이 편하다고 생각하는 것을 인정해야 한다. 취향이 서로 다른 것을 우리는 항상 기억해야 하고, 특히 한국에서 이것을 강하게 상기하게 된다.

이곳 골목이나 집에서 나는 독특한 냄새가 이들에게는 달콤한 향수같이 느껴지는지 나는 모른다. 그것이 아닐지라도 이들은 습관이 되어있고, 코에 불편함이 없다. 그러나 장미 향이나 라벤더 물이나 탄산수를 소개하면 이들은 즉시 코를 감싼다. 참을 수 없는 냄새일 수 있다. '이러한 끔찍한 냄새'를 감상할 정도로 이들의 후각 신경은 교육되어 있지 않다.

찬양예배에는 악기가 동반되어야 한다. 그렇지 않으면 노래는 정점에 가서 불협화음으로 끝날 수 있다. 오르간이 적절하고 성스러운 악기이지만 크기 때문에 제외되었다. 그러므로 나에게 다른 선택은 없었다. 누가 언급한 '조그마하고 괴상한 소리의 바이올린'을 집어 들었다. 이것으로라도 교인들의 음조를 맞추어야 하였다. 이러한 외적인 차이점과 기도의 내용을 제외하고는 평상시의 예배와 같이 진행되었다.

엥겔

['더 메신저', 1901년 4월 5일, 173]

28. 첫 세례식

　지난주일 2월 10일, 41명의 성인과 27명의 어린이 총 68명이 세례를 받았다. 나이가 있거나 어리거나 모두 그리스도의 교회에 허입되었다. 모두 자신의 신앙고백으로 받아들여졌다. (나의 일기에 적은 대로) 내가 개개인 문답을 하였고, 그리스도 안에서의 구원 신앙과 구원의 지식에 대한 만족할 만한 후보자들의 대답이 있었다.

　적지 않은 교인이 오랫동안 세례받을 준비가 되어있었다. 이들은 내가 이곳에 도착한 이후 더욱더 세례를 갈망하였다. 이들을 문답할 정도로 나는 언어를 습득하였고, 보조 없이 예배를 인도할 수 있게 되었으므로 더는 이들의 희망을 저버릴 수 없었다. 그러나 내가 한국어를 정복했다고 감히 상상하지는 말라. 모든 어휘를 배워 자유롭게 사용하려면 오랜 시간이 걸릴 것이다. 구문상의 어려움은 극복되어 감사하지만 말이다….

　예배는 인상적이고 기억할만한 모습이었다. 모두 마음 깊이 감동하였다. 한 남편은 자신의 아내가 세례받는 것을 보았으며, 또 다른 남편은 자신의 아내와 세 아이가 세례받는 것을 지켜보았다. 결혼한 부부가 세례를 받은 후 자신의 네 살과 다섯 살 아이들을 주님께 드렸으며, 한 가족의 할머니도 세례를 받았다. 몇 명의 과부와 그들의 아이들도 이날 세례를 받았다.

　그리스도 곁으로 어서 가기 원하는 늙은 여성들과 19살의 하인소녀도 주인의 동의 속에 교회의 정회원이 되었다. 이 소녀는 매우 행복해하였다. 그리고 고아원에서 온 소녀들이 있었다. 멘지스가 그녀들의 부모를 대신하여 서약하였다.

요약하자면 추수의 시간이었다. 온전한 단을 거두는 특권을 지난주 내가 가졌다. 다른 사람들이 신실하게 뿌린 씨앗의 열매를 내가 거둔다는 생각이 들었지만, 그들도 나와 같이 거두었고, 함께 기뻐하였다. 우리 선교회를 통한 하나님의 은혜 베푸심과 능력에 우리 모두 감사하였다.

예수를 알기 원하는 이곳 사람들에게 하나님이 은혜를 베푸시어 머지않아 세례받을 준비가 되도록 우리와 더불어 빅토리아여선교연합회 지부의 회원들도 특별히 기도하기 바란다. 또한, 이번에 세례받은 자들이 신앙을 지킬 수 있도록 기도를 부탁한다.

('더 메신저', 1901년 5월 17일, 300)

29. 장로회공의회의 엥겔과 아담슨

미국, 캐나다, 호주 등 한국의 해외선교사 연합모임은 1889년의 '연합공의회', 1893년의 '선교공의회' 그리고 1901년의 '장로회공의회'로 발전되었다. 호주선교회의 겔슨 엥겔과 앤드류 아담슨은 1901년 '장로회공의회'에 참석하였고, 엥겔은 교회정치위원회와 법규위원회에 회원이 되어 한국교회의 조직, 규칙, 각항 예식서, 권징조례 등 교회 정치 정립에 공헌하기 시작하였다.

조선야소교장로회공의회, 엥겔-위 오른쪽, 아담슨-아래 중앙
(The Presbyterian Council of Missions in Korea-Engel and Adamson, 1901)
*Photo: The National Archives of PC USA

30. 합동공의회 회장 엥겔

1904년 서울에서 열린 제12회 공의회에서 엥겔은 회장으로 선출되어 연합 활동과 한국교회 형성을 이끌었다.

"1904년에 합동공의회 회장은 왕길지러라."(조선예수교장로회 사기, 109)

The Presbyterian Council of Missions in Korea

"The Council now entered into an election for Moderator and Rev G Engel was elected." (The Minutes of the Twelfth Annual Meeting, Seoul, 1904, 9)

OFFICERS OF THE COUNCIL
1907-08.

Rev. S. A. MOFFETT, D.D. ....Moderator.
,,   W. D. REYNOLDS ....Clerk and Treasurer.
,,   E. H. MILLER ....Statistical Clerk.

Membership.

All Presbyterian Male Missionaries in Korea.

THE SUCCESSION OF MODERATORS.

1893–94	Rev. W. D. REYNOLDS.
1894–95	,, W. M. BAIRD.
1895–96	,, W. M. JUNKIN.
1896–97	,, GRAHAM LEE.
1897–98	,, L. B. TATE.
1898–99	,, W. R. FOOTE.
1899–00	,, H. G. UNDERWOOD, D.D.
1900–01	,, C. C. OWEN, M.D.
1901–02	,, W. L. SWALLEN.
1902–03	,, W. D. REYNOLDS.
1903–04	,, R. GRIERSON, M.D.
1904–05	,, G. ENGEL.
1905–06	,, S. A. MOFFETT, D.D.
1906–07	,, EUGENE BELL.
1907–08	,, S. A. MOFFETT, D.D.

엥겔 합동공의회 회장(Engel the Moderator, 1904)
*Photo: Moffett Collection

31. 기쁘다 우리 주 예수씨 탄신이여

멘지스 양이 쓴 보고서와 함께 이 편지를 보낸다. 올해의 성탄절을 작년의 성탄절과 비슷하게 축하하였지만, 내가 한국어를 거의 모를 때보다는 좀 더 지적인 관심이 있던 날이었다. 어린이들이 성탄절 찬송을 몇 곡 부를 때 어른들도 동참하였는데, 어떤 찬송은 그들에게 어려워 어린이들만 불렀다. 그중 한 곡은 '평화, 온전한 평화'였는데 질문과 대답의 형식으로 번역되었다. 소녀들이 질문하면 소년들이 화답하여 노래하였다.

내가 어린이들에게 성탄이야기로 문답을 하였을 때, 준비되고 똑똑한 대답을 들었다. 프로그램의 또 다른 순서는 모든 어린이가 한목소리로 고린도전서 13장을 외우는 것이었다. 매우 잘하였다.

이 특별한 날 어린이들과 교인들에게 설교한 후, 한 친구의 관대한 후원으로 여선교사들이 준비한 상품을 올해도 나누어주었다. 신약 책은 한국어를 배운 소년들에게 주었는바, 한문만 고집하는 부모를 둔 그들을 특히 격려할 필요가 있기 때문이다. 선호하는 외국의 문자를 배격하고 자신들의 진짜 완전한 언어 체계를 수용할 때까지 시간이 좀 걸릴 것이다.

올해도 상품과 선물을 나누어 줄 수 있어 여러분도 우리와 함께 기뻐할 것이다. 이들의 이교도 기념일을 대신하여 온전히 기독교 기념일을 축하하는 것이 중요하다. '야소 탄일'로 부르는 성탄절보다 이들에게 더 큰 기쁨을 줄 수 있는 날은 없다. 탄생일은 왕의 생일에 붙는 높임말인데 평민에게는 다른 단어를 쓴다.

엥겔의 부산진 사택(Engel's House in Busanjin)
*Photo: 'Glimpses of Korea', 1911.

　　새해 전날 저녁 7시에 예배가 있었다. 자정 예배는 어린이와 노인들에게 너무 늦은 시간이다. 다음 주 일주일간은 저녁기도회가 있고, 세계기도주간이다. 이 특별한 성도의 교제를 통하여 얻는 것이 있을 것이다.

　　지난주일 우리는 5명에게 세례문답을 하였다. 다음 주일에 정식으로 받아들여질 것이다. 그 며칠 전에도 몇 명을 문답하였고, 그들도 세례받을 준비가 되어있다. 이들을 위한 행정적인 일시는 아직 정해지지 않았다. 나는 '대리 장로'들의 도움에 감사의 표현을 빼놓을 수 없다. 노회에서만 아직 발언권이 없지 이들은 안수 장로와 같이 일하고 있다. 이들은 교인들 생활의 자세한 부분까지 꿰고 있으며, 한국인의 삶과 성격을 어느 외국인 선교사보다 잘 판단할 수 있다.

　　최근 여학교에 몇 명의 새 학생이 입학하였다. 희망하기는 사람들의 무관심이 점차 관심과 신뢰로 바뀌기를 바란다. 그러나 여성

교육은 한국 어디서나 문제이다. 만약 남학교가 성공적으로 운영되려면 연간 10엔과 교사 두 명을 위한 5엔이 나에게 필요한데, 현재 환율은 12파운드 12실링과 6파운드 6실링이다.

멘지스 양은 현재 건강이 많이 좋아졌다. 그러나 휴가 전에 또한 번의 여름을 이곳에서 지낼 위험은 감수하지 않는 것이 좋겠다. 무어 양은 멘지스를 위하여 3월이나 4월까지 더 머물 것이다.

엥겔.

1902년 1월 22일. 부산.

('더 메신저', 1902년 5월 23일, 310)

32. 초읍과 구서의 교인들

지난 1일 성찬 예배 시 커를 박사가 참석하여 분병과 분잔을 도왔다. 그가 함께하여 교인들은 기뻐하였고, 예배 후 그를 둘러쌓고 인사를 나누었다. 구서에서 온 한 여인은 3개월 전에 세례를 받아야 하였지만, 당시 참석 못 하여 성찬식 전에 받아들여졌다. 또한, 세례는 받았지만, 성찬식에 초청받지 못한 청년 5명이 신앙고백을 분명히 하고 처음으로 성찬을 받았다.

이제 우리 부산교회의 성찬 명단에 58명의 회원이 있는데 울산의 15명을 제외한 숫자이다. 지난 성찬식에 54명이 참석하였다.

휴 커를 박사(Dr Hugh Currell, 1902)
*Photo: 'The Messenger', 1902.

지금의 계절은 초읍과 구서의 우리 교인들에게 좋은 날씨인데, 다른 때는 단체로 참석하기 어렵기 때문이다. 이들은 기꺼이 4마일이나 10마일을 왕복하여 걸어 부산교회 예배와 성찬식에 참석하는데 우리 교회를 모 교회로 여기고 있다. 이들이 예배당에 나란히 앉아 있는 모습을 보는 것은 큰 특권이다. 먼저 이들은 '하나님의 어린 양을 보라'라는 본문의 설교를 주의 깊게 듣고, 찬송가를 마음으로부터 부르고, 기도 후에는 큰 소리로 '아멘'으로 화답한다. 이들 모두 예배를 위하여 세탁하고 다림질한 흠 없는 하얀 옷을 입은 모습을 상상해 보라.

커를 박사는 이미 우리에게 의료상의 도움을 주었는데, 교인들은 이번에도 그 기회를 놓치지 않았다. 내가 부르면 그는 구 부산(빅토리아여선교연합회 센터)에도 기꺼이 와 특별한 진료를 제공한다. 그러나 규칙상 환자들은 아담슨의 사택 근처에 있는 초량으로 가야 한다. 그는 지금 그곳에 머물고 있다.

6월 25일. 부산.

엥겔.

('더 메신저', 1902년 8월 29일, 588)

33. 부산진일신여학교 2대 교장

엥겔은 벨레 멘지스가 설립한 부산진일신여학교에서 1902년부터 1913년까지 제2대 교장으로 재직하였다.

Engel served as Principal of Busanjin Girl's School from 1902 to 1913 which was established by Belle Menzies.

엥겔(맨 우측)과 맥켄지(좌측), 부산진일신여학교 학생들(Engel & Mackenzie & Ilsin School Girls, 1910) *Photo: 'Glimpses of Korea', 1911.

___
34. 첫 환등기 상영

마펫이 초청한 평양에서 열리는 미북장로교선교회 연례모임에 응하기로 하였다. 선교사공의회는 같은 달 15~18일 서울에서 열린다.

풍금과 성찬 잔을 보내준 케인즈 부인과 호손교회의 교인과 목사님께 특별한 감사를 전한다. 풍금은 훌륭한 악기이며, 이곳에서는 거의 사치에 가깝다. 우리는 이것을 특별 관리할 것이다. 풍금을 보낸다는 말을 듣고 우리는 모두 놀랐다. 우리는 그저 작은 손풍금으로 생각하였고, 그 이상은 기대하지 않았다. 성찬 잔은 우리 교회의 교인과 호손교회의 교인을 특별히 연결해 줄 것이다. 고향 땅 교회 교인들의 손때가 묻은 것임을 항상 기억할 것이다.

훌륭한 마법 환등기 선물을 보내준 회장님께도 따로 편지를 쓸 것이다. 매우 적절한 슬라이드를 선택한 여러분과 알렉산더 부인께도 감사하다. 지난 화요일 우리는 처음으로 선교부에서 환등기 상영을 하였다. 우리의 교인들은 전에 그런 것을 본 적이 없다. 성경이야기에 관한 내용에 특별히 관심이 쏠렸다. 그 그림들은 이들의 동양적인 상상력에 크게 영향을 끼치었다.

처음에는 경외감으로 놀라다가 점차로 교인들은 매우 즐거워하였다. 환등기는 복음을 전하기 위한 목적으로 사람들을 끌어모을 수 있는 놀라운 수단이다.

('더 메신저', 1902년 11월 7일, 789)

엥겔의 풍금-마차에 싣고 다니며 순회전도(Engel's portable Organ)

35. 부산진남학교 교장

남학교를 재조정하여 보고함을 기쁘게 생각한다. 앞으로 견실한 사역이 진행될 것을 희망한다. 심취명을 교사로 생각하였던 나의 원래 계획은 바뀌었다. 지난 11월 그는 장로로 피택되었고, 15개월 정도 후에 안수를 받을 것이다. (장로교 공의회의 규정하에 현재 진행되는 관행이다.) 나중에 그가 한국인 목사후보생으로 받아들여지기를 우리는 희망하고 있다.

나의 교사의 조력자 김 씨에게 학교 책임을 맡기었고, 그는 이 일을 위하여 적절한 인물이다.

엥겔

1월 19일. 부산진.

('더 메신저', 1903년 4월, 257)

The Boy's School

I am glad for report that I have been able to re-organise the boy's school. In course of theme I hope very solid work will be done. In the selection of the teacher, I had to depart from my original plan of having Sim Ching Myeng. He was in November elected to the eldership, and will likely be ready to be ordained in about fifteen months (according to the practice prevailing just now under the rules of the Presbyterian Council.) Later on we hope he will be accepted as a candidate for the native ministry.

My teacher's helper, Kim, I have placed in charge of the school, and for this work he is well fitted.

('The Messenger', 1903 04. 257)

36. 잘못된 비평

7월 3일 자의 '더 메신저'를 오늘 받았다. 게일 씨의 한국방문 기사가 있고, 그의 서기인 맥린 씨가 남쪽 선교에 관하여 쓴 매우 모욕적이고 폄훼한 내용을 읽었다.

마펫에 대한 그의 의견에 나는 말을 않겠지만, 나는 마펫을 매우 높이 평가하며 개인적으로 그를 잘 안다. 그러나 한 사람 아래 45명의 미국장로교 선교사들(그중 15명은 안수받은 남성)이 일하고 있다는 북쪽 지역에 대한 언급은 (맥린 씨가) 선교 방법에 얼마나 무지한 것인지를 보여준다. 특히 장로교 선교와 실제 사실들을 보면 말이다.

마펫 박사를 지도자로 여기는 것은 의심의 여지가 없지만, 호주 장로교회도 '능력이 있는 훌륭한 남성'에 의하여 성장하고 있다고 하는 것은 똑같이 잘못된 의견이다. 한국 남쪽의 사역을 평가하는 맥린 씨의 의견은 풍문적인 지식이며 그 이상이 아니다. 그는 아무것도 보지 못하였다. 10월 11일 기선으로 부산을 방문할 때 그는 게일 씨의 서기 일에 바빴던 모양이다.

오전 8시에 기선은 항구에 도착하였는데 게일 씨는 정오쯤 하선하였다. 나는 마을의 선교활동을 보여주려고 그를 초청하였지만, 그는 잠깐도 들리지 않았다. 나의 초청이 나가사키에 닿지 못하였는지 모르지만, 그는 같은 기선을 타고 있던 브라운 양에게 우리의 선교를 보겠다고 약속하였었다.

게일은 아담슨을 만났고, 아마 그의 선교활동을 보았을 것이다. 그러나 그는 머물기는 원치 않았는바, 자신의 서기와 짐은 그대로 배에 두었기 때문이다. 그리고 그는 배가 출발하기 최소 한 시간 전에 배에 오르기 원하였다.

그는 배로 돌아가는 길에 아담슨과 함께 만난 이곳의 미국선교사 로스 씨가 전달한 초청도 사양하였다. 나중에 로스 씨의 말에 의하면 그는 그 짧은 시간에 이곳의 선교 활동에 대한 흥미도 없이 우리의 선교 활동을 평가하려고 하였다고 한다. 만약 이들이 이곳을 그저 통과하지 않고 2주 정도 부산에 머물렀다면 진실에 가까운 상황을 파악하였을 것이다.

만약 게일 씨가 아담슨의 선교지만 보고 한국 남쪽을 알았다고 하면, 그것은 큰 실수이다. 호주와 미국장로회 선교사들이 이곳에서 진행하고 있는 사역을 파악하려면 두 주도 부족할 것이다.

1902년 8월 말, 이 두 선교회는 이 해 79명의 세례자와 216명의 세례문답자를 받아들인 후에, 244명의 세례자와 269명의 학습자를 교적에 올렸다. 그리고 1,119명의 교인이 29곳에 흩어져 알곡과 같이 일하고 있다.

이 숫자는 "남쪽의 선교는 실망스럽다"라는 언급을 뒷받침하지 못한다. 그러나 북쪽과 비교하면 남쪽은 빠른 보폭으로 부흥하지 못하고 있다는 의견에는 동의할 수 있다. 그러면 이 상황에는 설명이 요청되며, 무관심한 관찰자가 올바르게 판단할 수 없을 것이다.

　우리는 어떠한 직접적인 비평도 감사한다. 그러나 사실에 근거하지 않은 비평은 거절할 권리가 있다. 특히 비평가가 사실 확인을 위하여 최선을 다하지 않을 때 말이다.

엥겔.
빅토리아여선교연합회 지부 감독자
부산. 1903년 8월 13일.
['더 메신저'. 1903년 9월 25일, 685]

37. 엥겔의 경남 선교 지도

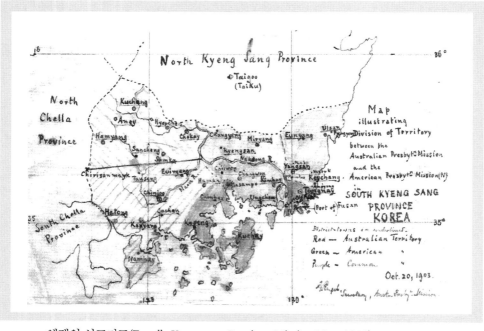

엥겔의 선교지도(Engel's Kyungsang Province Mission Map, 1903)

38. 부산진교회 첫 당회장

"장로공의회와 경상도 목사들이 심취명으로 부산교회 장로로 택한 것이 좋다 하고 또 경상도 위원들이 심취명의 교회법과 성경요리문답 아는 것을 족하다 한 후에 장로의 직분을 세우기를 허락하였으니 부산교회 주장하는 왕길 목사가 주 강생 일천구백사년 오월 이십칠일에 심취명을 교회법대로 장로로 삼았더라.

그리한즉 마침내 왕길 목사의 공부방에 목사와 장로와 거렬 의원 장로로 모혀서 목사가 기도하야 교회법대로 온젼하고 참된 당회를 세웠느니라…"

[부산진교회 당회록, 1회 당회, 1904년 5월 27일]

엥겔과 부산진교회 1회 당회록(Engel & the first meeting Records of Busanjin Church Elders' Council, 1904) *Photo: Busanjin Church

39. 폭행당한 엥겔

빅토리아장로교회 해외선교위원회 위원장(윌리엄 프레이저 목사)은 한국 부산선교부 교회에서 불행한 일이 일어났음을 편지로 통보받았다.

한 한국인 노인이 일본인 노무자들에 의하여 폭행을 당할 때 엥겔이 그 자리에 도착하였다. 그는 심각한 피해를 당하는 그 노인을 구하려다 오히려 발로 차이고 돌에 맞아 무력한 상태에 처하였다. 두 손을 등 뒤로 묶이기까지 하였다.

커를과 아담슨을 즉시 불렀고, 엥겔은 치료를 받았다. 최근의 소식에 따르면 그는 많이 회복되었다고 한다.

부산의 일본영사가 이 사건을 조사하였다. 지금 몇 명의 노무자가 체포되어 재판을 기다리고 있다. 이 폭행은 선교 활동과는 아무 관계가 없고, 그저 갱단의 폭력으로 보인다.

엥겔은 헤이의 우스피어 부인의 자형이다.

('The Riverine Grazier', 1904년 12월 16일, 2)

THE convener of the Foreign Mission committee of the Presbyterian Church of Victoria (the Rev. William Fraser) is informed by mail advices of an unfortunae occurrence at the church mission station of Fusan, in Korea. An elderly Korean was assaulted by a gang of Japanese coolies The Rev. E. Engel arrived on the scene of the assault, and in attempting the rescue of the old man was very seriously handled, being kicked and stoned, and finally left in a helbless condition, with his hands tied behind his back. Dr. Currell and the Rev. A. Adamson were immediately sent for, and under medical treatment, Mr. Engel, according to latest advices, was making a good recovery. The Japanese consul at Fusan has taken up the matter, and a number of the coolies are now under arrest, and awaiting trial. The offence was in no way connected with missionary operations, but seems to have been only an outbreak of rowdyism. Mr. Engel is a brother-in-law of Mrs. Winspear, of Hay.

Assaulted Engel('The Riverine Grazier', 1904 12 16, 2)

40. 호주에서 온 성탄 선물

빅토리아의 여러 지부에서 멘지스 편에 보내온 소포와 선물로 인하여 우리는 매우 감사하다. 오후 내내 상자를 풀었다. 우리는 특별히 선물상자(유용한 내용물)를 보낸 호샴, 닐, 다링톤, 카슬메인(우리에게 전에 너그러움으로 잘 알려져 있다) 그리고 코필드에 감사하다.

에센돈, 서리 힐스, 지롱(키리에 가와 조지 가), 모웰, 에츄카, 칼톤, 세일, 호손 여선교회도 좋은 내용의 선물로 인하여 감사하다. 우리와 한국인들을 위한 모든 후원자의 친절함과 세심함에 우리는 감사한다.

('더 메신저', 1905년 2월 10일, 57)

We are very grateful to the various branches in Victoria that sent us boxes and parcels by Miss Menzies. It took us a whole afternoon to unpack the things. We are especially grateful for the boxes (with their useful contents) from Horsham, Nhill, Darlington, Castlemaine (well known to us for its former liberality), and Caulfield. But the parcels from Essendon, Surrey Hills (?), Geelong (Kyrie St. and St. George's), Morwell, Echuca, Charlton, Sale (for 'Pobai'), Hawthorn Girls' Mission Band were as well appreciated for their contents as the boxes. We thank all these donors very much for their kindness and thoughtfulness, both for us and the Koreans.

('The Messenger', 1905 02 10, 57)

41. 내 주는 강한 성이요

A Mighty Fortress Is Our God

엥겔은 종교개혁자 마르틴 루터가 작사 작곡한 'Ein feste Burg'를 조선어로 번역하였다. '내 주는 강한 성이요'로 알려진 이 찬송은 1905년 판 '찬성시' 131장에 "못패홀성은 하ᄂᆞ님"으로 수록되었고 지금까지 사랑받는 찬송가가 되었다.

엥겔은 음악에 관한 깊은 식견으로 1902년부터 1927년까지 25년간 찬송가 편찬위원으로 봉사하였다.

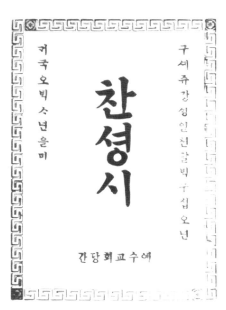

찬성시(Korean Hymn Book, 1905)

42. 도움에 감사하다

부산의 우리 선교사인 엥겔이 일꾼들에게 폭행당하여 다쳤을 때, 그곳의 영국 국적 대표가 그를 위하여 최선을 다해 도와주었다. 해외선교회 임원회는 그와 연락하여 신속하고 친절하게 도와준 것에 대하여 감사하였다. 그에 관한 흥미로운 답장을 우리가 받았는바, 그곳에서의 우리 선교가 눈에 띄지 않거나 불인정 받지 않는다는 증거로 기쁘게 게재한다.

('더 메신저', 1905년 9월 1일, 633)

When Rev. George Engel, our missionary in Fusan, was wantonly attacked by coolies and injured, the representative of the British nation there did all that he could for the ill-used man. The Foreign Mission's Executive communicated to him their thanks for his prompt and kindly action. An interesting letter of acknowledgment has been received, which we gladly print, as a proof that our work is neither unnoticed nor unappreciated.

('The Messenger', 1905 09 01, 633)

43. 클라라 엥겔의 죽음

엥겔 부인이 별세하였다는 소식에 곳곳의 친구들이 슬퍼하고 있다. 모든 의료 기술과 세심한 간호가 있었으나, 의사들은 (3월) 31일 안타깝게도 그녀의 죽음이 멀지 않았다고 말하였다. 그리고 (4월) 2일 월요일 이른 아침, 우리의 자매는 평화롭게 주님 품 안에 잠들었다.

클라라 엥겔(Clara Engel, 1869-1906)
*Photo: Engel Family Achives

우리에게 연필로 쓴 그녀의 총명한 편지는 그녀의 친구들에게 사랑스러운 관심을 받았고, 그녀가 시드니에 도착한다는 소식을 들었다. 그녀를 특별히 마지막까지 돌본 와프와 애쉬 목사를 언급하였고, 친애하는 피곤한 선교사의 육신을 화장하여 부활할 때까지 고어힐 공동묘지에 안치하였다. 깊은 상심에 잠긴 남편과 모친을 잃은 다섯 명의 아이들이 하나님의 위로로 힘든 시간을 이길 수 있도록 우리는 기도한다.

전보는 아직 안 보냈다. 이 소식이 5월 17일 정도 현장에 도착하면 모든 희망이 깨어지며 삶은 황량해질 것이다. 고난의 친교에 우리가 함께하면서 한국의 선교와 동역자를 잃은 선교사들을 위하여 끊임없는 기도하기를 모든 회원에게 요청한다.

('더 메신저', 1906년 4월 20일, 203)

Death of Clara Engel

Friends everywhere will be grieved to learn of the death of Mrs. Engel. All that medical skill and careful nursing could devise was done, and after the consultation of doctors, on the 31st ult., it was feared that the end was not far off. Our dear sister peacefully fell asleep in Jesus early on Monday morning, the 2nd inst.

Her bright letters, written to us in pencil, referred gratefully to the loving attention bestowed on her by friends, hitherto strangers, who had heard of her arrival in Sydney. But she specially mentioned the Revs. R. H. Waugh and W. H. Ash, who ministered to the end, and in the Gore Hill Cemetery committed to the dust till the resurrection morn the body of the dear tired worker. With her we know it is "far better"; for the sorrow-stricken husband and five motherless children we can only pray that the God of all comfort will sustain them in their hour of anguish.

No cable has been sent, and the letter containing the tidings that will shatter all hopes and make desolate the life cannot reach the field until about the 17th of May. As we reverently enter into the fellowship of suffering we ask members, in unceasing prayer, to remember the work and bereaved workers in Korea.

('The Messenger', 1906 04 20, 203)

44. 성장하는 교회들

지난 1년 동안 교회에 37명의 새 교인이 생겼다. 그리고 61명의 교인이 요리문답 학습을 받고 있다. 지난 3월에는 심 조사에 의하여 두 개의 새 선교거점도 조직되었는바 기장 지역의 신화이고, 6월에는 엥겔에 의하여 함안 지역의 무남이다. 내덕과 동래의 그룹은 이제 교회가 되었다. 아직 미조직이기는 하나 몇 명의 교인들이 세례를 받았다.

울산 지역의 학동에서는 교회가 교회당을 확보했다. 비용 대부분을 김 교사가 책임지었다. 국내 전도뿐만 아니라 해외 선교를 위한 교인들의 작정 헌금이 작년보다 증가한 것이 눈에 띄었다.

부산교회는 봉급을 온전히 책정하여 스스로 전도사를 임용하였다. 교회의 영적인 상태가 많이 좋아졌다. 그동안 판매된 성경과 신약 그리고 종교적인 도서와 전도지가 4,220권이다.

특히 여성과 소녀들 사이에서의 사역이 고무적이다. 여학교에 출석하는 소녀가 46명에서 85명으로 늘었다. 학교 새 건물이 현재 건축 중인바, 자유롭게 건축을 위하여 헌금하고 있다.

주일 오후 여성반에 참석하는 숫자가 눈에 띄게 늘었고, 야간반에는 소녀들이 48명에서 60명으로 증가하였다.

브라운 양은 주로 전도부인을 지도하며 구 부산을 방문하고 있고, 부산 부근의 마을을 순회하며 기독교 여성을 가르치거나 이방인을 전도하고 있다. 멘지스 양은 고아원과 학교를 책임 맡고 있고, 매물이는 보조교사로 여성반은 장금이가 보조하고 있다.

니븐 양과 켈리 양은 현재 언어공부에 주력하고 있는데, 좋은 진보를 보인다. 전도부인들은 자신들의 사역을 신실하게 감당하고 있는바, 심방과 복음의 진리 가르침과 쪽 복음이나 전도지를 파는 일이다.

('The Chronicle', 1906년 11월, 2)

MISSION WORK IN KOREA.

REV. ENGEL'S ACCOUNT.

PRESBYTERIAN CHURCH GROWING

In the course of an interview on Tuesday the Rev. G. Engel, M.A., Victorian Presbyterian missionary in Korea, gave an interesting account of the progress of the Presbyterian missions in that country.

"In Korea," Mr. Engel said, there are four Presbyterian missions—the American North, the American South, the Canadian and the Australian, the last of which is supported at present only from Victoria. From Australia there are three clerical missionaries—one of them a doctor and three single ladies, who are agents of the Presbyterian Women's Missionary Union. In our Australian mission there are about 700 church members and adherents, and in connection with my own work at Old Fusan in South-Eastern Korea, there are 125 communicants, with a total of 300 adherents.

"Throughout Korea we have about 50 native elders, and next year we expect to have 50 or 60. There is at Ping Yang a theological school, with about 50 or 60 students, and next year five men will be ready for ordination, either as native evangelists or as native pastors.

"We also expect to establish a Korean Presbyterian Church, with its own assemblies. Hitherto, the Council of Presbyterian Missions has been arranging all matters for the native church. But great progress is being made. Almost all the congregations are self-supporting as far as their requirements go, and next year there will be a few congregations ready to call ministers and give them a sufficient stipend. Being self-supporting, they will be ready for self government, though the missionaries will still join in council for a considerable time.

"Some idea of our progress is shown in

엥겔의 한국 소개('The Argus', 1906 12 07, 10)

한국의 빅토리아장로교회 선교사인 엥겔은 그 나라에서 선교가 어떻게 진행되고 있는지에 대한 흥미로운 이야기를 하였다. 한국에는 4개의 선교회 즉 미국 북과 남, 카나다, 그리고 호주선교회가 있는데, 호주는 오직 빅토리아에서만 현재 한국을 지원하고 있다고 말하였다.

3명의 목사 선교사 중 한 명은 의사이고, 나머지는 빅토리아여선교연합회 소속 독신 여성 선교사이다. 호주선교회에 속한 교인은 약 (판독 불가능)명이며, 한국 남동쪽 구 부산지역에서 일하고 있다. 이곳에는 125명의 세례인과 총 300명의 교인이 있다.

"전체 한국에는 약 (판독 불가능)명의 한국인 장로가 있으며, 내년에는 50명 혹은 60명에 이르기를 기대하고 있다. 평양의 신학교에는 50~60명의 학생이 있으며, 내년에 5명의 남성이 안수를 받을 것인데 한국인 전도사나 목사가 될 것이다….

우리는 또한 총회가 있는 한국장로교회를 설립할 계획을 하고 있다. 지금까지는 모든 한국의 교회에 관한 안을 장로교 선교공의회에서 다루어 왔는데, 큰 진보를 이루고 있다. 대부분 교회는 그들의 요구조건에 따라 자급을 하고 있으며, 내년에는 충분한 봉급을 준비하여 목사를 청빙하려는 (판독 불가능) ?개의 교회가 있다. 선교사들은 여전히 공의회에서 많은 시간을 쓰지만, 한국의 교회가 자급할 수 있다는 것은 그들이 자치할 준비가 되었다는 뜻이다….

한국어 찬송가를 출판하는 것도 우리의 성장을 보여주고 있다. 12개월 만에 33,000부의 찬송가를 인쇄하였으며, 30,000부를 즉시 더 인쇄할 것을 주문하였다. 지난 12개월 동안 6월까지 전체 한국장로교선교회에 거의 20,000명의 교인이 증가하였다….

한국인은 일본인의 수준과 같은 지적 능력을 갖추고 있으나, 교육이 방치되어 있다. 한국에서의 교육 요구는 한자를 읽는 수준 정도이다. 선교회는 교육을 오직 선교의 보조로 삼고 있다. 젊은 한국인들은 교육을 원하고 있다. 특히 일본인과 한국인 사이에 영어를 배우려는 큰 욕망이 있는데, 영어는 동방의 공동 언어('lingua franca of the East')가 되고 있다.

한국에 큰 자각 운동이 일어나고 있고, 젊은이들은 다양한 모임을 조직하고 있다. 내가 사는 부산에는 '각성회(The Awakening Society)'라는 연합체가 있는데, 회장으로 나를 초대하였다. 그들의 목표는 토론과 야학을 운영하는 것이다. 어떤 면에서 미국의 YMCA와 비슷한 일이다….

중국인이나 일본인보다 한국인 노동자를 더 선호하는데, 그들이 더 꾸준하고, 순종적이고, 온순하기 때문이다. 한국인들은 하와이나 멕시코로 노역을 하러 가기도 하는데, 하와이 농장도 중국인이나 일본인보다 한국인을 더 선호한다고 한다.

['더 아르거스', 1906년 12월 7일, 10]

46. 엥겔 환영예배

일시: 1906년 12월 10일
장소: 총회 회관

사회: 프레이저 목사
찬송: 510장
기도: 맥도날드 목사
성경: 빌립보서 4장
말씀: 프레이저 목사
감사: 엥겔 목사

엥겔이 계속 말하였다. "무엇이 나를 한국으로 이끄는가? 공의회를 통하여 내가 목회하는 교회로 인함이다. 기독교 국가에서 느낄 수 있는 그 어떤 어두움보다 더 짙고 어두운 미신 때문이다. 6년 전 나는 한국의 필요에 대하여 안다고 생각하였었다. 그러나 오직 지금에서야 그 이방 땅의 절실한 필요에 대하여 알기 시작하였다."

우리에게 맡겨진 지역에 750,000명의 영혼이 있다. 그리고 우리 중에는 그들이 구원받을 필요에 대하여 알고 있다. 성과를 내기에는 시간이 걸리겠지만, 그들의 울부짖음을 우리는 듣고 있다. "왜 이제야 오셨습니까?"

('The Chronicle', 1907년 1월 1일, 2-3)

Mr. Engel continued : "What draws me to Korea? The Christian Church to which I minister through the Council. The dense darkness of heathenism, a darkness deeper than any that can be felt in a Christian land. Six years ago I thought that I had realised the need of Korea, but only now do I begin to know the dire need of heathenism." In the district allotted to us are 750,000 souls, and some will realise their need to be saved. It takes time to make an impression, but then the cry is heard, "Why did you not come sooner?"

엥겔의 보고('The Chronicle', 1907 01 01, 2-3)

47. 엥겔과 호주장로교총회

엥겔-셋째 줄 좌측 7번째(Engel and Presbyterian General Assembly, 1907-9)
*Photo: The PCV Archives

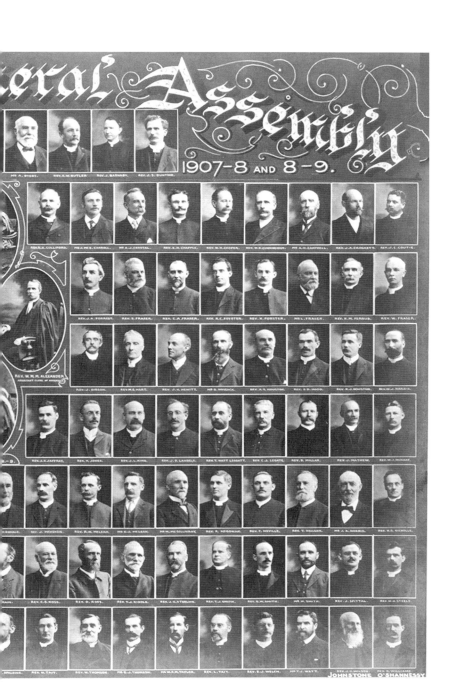

eral Assembly
1907-8 AND 8-9.

JOHNSTONE O'SHANNESSY

48. 부산선교부 보고서(1905-1906)

1) 일반 보고

지난 한 해가 우리 선교부 변화의 시기였다. 작년까지만 해도 본 선교부의 회원이었던 커를 부부는 진주의 새 사역을 위하여 10월에 우리를 떠났다. 그리고 얼마 안 되어 우리는 새 선교사 두 명을 환영하는 기쁨을 가졌는바, 켈리 양과 니븐 양이다. 그들이 도착한 지 3개월도 안 되어 우리는 엥겔 부인과 두 아이에게 안녕을 고하였는데, 부인의 건강이 안 좋아 시급한 치료차 현장을 떠나 출국을 할 수밖에 없었다.

그러나 고향의 좋은 기후 속에 치료를 받고 쾌차하기를 빌었던 우리의 희망과는 반대로 시드니에 도착한 지 몇 주일 만에 세상을 떠났다는 슬픈 소식을 듣고 우리는 매우 상심하였다. 일시의 헤어짐으로 생각한 이별이 영구적인 이별이 되어버린 것이다.

지난 10월 선교회의 임원회가 진주선교부에 지역을 할당할 때 우리는 4개의 지역을 넘겨주었지만, 그 대신 진해를 우리의 담당으로 책임 맡았다. 그러므로 선교부의 서쪽 지방인 함안, 의령 그리고 진해가 우리의 관할로 부산에서 사역을 나가야 한다. 이것이 어렵지 않을 것은 그 지역들이 기차 정거장에서 크게 벗어나 있지 않기 때문이다.

작년 가을에 엥겔은 선교거점 순회 방문을 하지 못하였다. 서울에서 열린 공의회 직후에 있었던 전차 사고로 아직 다리를 절고 있기 때문이다. 그러나 통계표를 살펴보면 주님께서는 자신 사역자의 육체적인 장애를 하나님 나라 확장에 걸림돌이 되게 하지 않으셨다.

지난 한 해 동안 특히 후반부에 37명의 성찬자와 61명의 학습자가 더하여졌다. 우리 지역 교회의 정회원은 이제 세 자리 숫자에 다다랐고, 우리는 기도하기를 곧 네 자리 숫자에 다다르는 기쁨을 주님께서 주시기를 기도하고 있다.

두 개의 새 선교거점도 생겼는데 3월에 심 조사가 기장 지역의 신화 혹은 신월에, 6월에 엥겔이 함안 지역의 무남에 조직하였다. 신화에는 3명의 성찬자가 있고, 무남에는 8명의 성찬자가 있다. 내덕과 동래의 그룹은 이제 '교회'가 되었다. 아직 미조직이기는 하나 각곳에 몇 명의 교인들이 세례를 받았다.

울산 지역의 학동에서는 교회가 교회당을 확보했다. 비용 대부분을 김 교사가 책임지었다. 다른 지역에서도 우리의 교인들이 교회당을 사거나 지을 수 있는 충분한 자금을 마련하기를 희망하고 있다. 우리 교인들은 대부분 가난하고 부자가 없으므로 그 과정은 천천히 진행될 것이다. 그러나 그들의 노력은 더 바랄 것이 없을 정도인데, 통계표가 잘 말하여주고 있다.

작년에 총 82엔이 헌금 되었다고 우리는 보고하였었다. 올해는 총 193엔이다. 환전 비율은 거의 동일하다. 그러나 무엇보다도 가장 만족스러운 것은 개교회를 위한 헌금과 국내외 선교를 위한 헌금이 같다는 것이다. 각 68엔인데, 더 정확히 기록하면 373냥과 374냥이다. 구 부산교회의 헌금을 보면 심지어 국내외 선교를 위한 헌금이 더 많은바, 교회 운영 목적으로 280냥, 국내외 전도를 위한 목적으로 363냥을 하였다. 우리 고향의 많은 교회에도 본보기가 되는 것이다.

2월부터 부산교회는 봉급을 온전히 책정하여 스스로 전도사를 임용하였는바, 안평 공동체의 정덕생이다. 작년의 보고서에는 만족스럽지 못한 안배였다고 보고되었었다. 우리 교회의 영적인 상태가 많이 좋아졌는데, 교회 안에 심각한 권징이 없었고, 작년에 자격 정지된 교인들은 다시 지위가 회복되었다.

올해 역시 많은 시간이 사역자와 교인 훈련에 집중되었다. 열흘 동안의 성경반이 미국장로교 선교부와 공동으로 우리 선교부에서 열렸고, 120여 명이 참석하였다. 시드보탐, 스미스, 엥겔과 보건위생을 강의한 어빈 박사 외에 우리의 심 장로와 평양의 주 장로도 교사로 참여하였다.

3월 초량에서 두 주간 열린 연례 조사(Helper, 선교사의 임명 하에 순회 전도와 심방 등을 도우며 미조직교회에서 목회 활동을 담당하였던 한국인 – 역자 주) 성경반에 참가한 후, 엥겔은 즉시 4월에 열리는 평양의 신학교를 위하여 떠났다. 그는 그곳에서 43명의 목회자 후보생을 가르치는 특권을 가졌는바, 한 반에는 15명, 다른 반에는 28명의 학생이 있다. 이 강의에는 마펫, 스왈렌, 전킨도 참여하고 있다. 3번째 반에는 7명의 학생이 있는데 모두 합하면 50명의 학생이다.

이곳에서의 선교가 우리에게 주는 직접적인 성과는 적지만, 간접적인 영향은 어느 때보다도 크다고 할 수 있다. 이 방법으로 우리도 미래의 한국교회를 위한 튼튼한 기초를 놓는 일에 참여할 수 있어 영광으로 여기고 있다. 이 나라에서 목회하기 위하여 훈련을 받는 학생이 50명 이상이라는 사실은 누구도 이 성취에 감사할 수 있으며, 선교 사역이 소용없다고 비난하던 사람들을 침묵시킬 수 있다. 이 학생 중에는 3개월 동안의 학습에 온전히 참여한 우리의 심 장로도 있다.

한국어 찬송가편찬위원회 위원장으로 엥겔이 임명된 것도 신학교에서 강의하는 것처럼 한국교회 전체 관심사에 우리도 책임이 있다는 것을 말하여준다. 이것으로 더 많은 일에 시간을 할애해야 했지만, 이제는 기쁘게 그 책임을 벗었다. 한국어 찬송가 3만 부가 발행되었으며, 매달 3천 부가 한국에 들어오고 있다. (한국에서 인쇄하기가 어려워 일본에서 인쇄되고 제작되었다.)

로빈슨 부인의 관대함으로 우리는 또 다른 한국인 조사 김 씨를 고용할 수 있었고, 그는 5월부터 엥겔과 동행하여 선교거점들을 신실하게 순회하고 있다. 매서인 이봉은은 1월에 사직하였고, 그의 자리를 학동의 최익신이 채웠다. 이들은 총 29권의 신약과 1,702권의 쪽 복음을 판매하였다.

10월에 문을 연 책방에서는 성경, 전도 책자, 기독교 학교 교과서 등 총 422권을 팔았고, 2월 이후 정덕생은 147권을 처분하였다. 전도부인들이 판매한 책과 선교거점에서 직접 준 신약 28권, 그리고 종교적인 책이나 책자 4,220권을 판매할 수 있었다. 이것은 무료로 나누어준 수백 장의 전도지와는 별개이다. 우리는 이 모든 책이나 전단지가 살아있는 하나님의 말씀을 담고 있으므로 그 목적대로 성취되기를 기도하며 믿는다.

남학교의 학생 수는 부침이 있다. 9월과 3월에 우리는 작년의 수를 보고하였지만, 다른 달에는 수가 줄어들기도 하였는데 6월 말에는 44명이 되었다. 그러나 우리가 보고할 수 있는 것은 전에 다니던 학생 4명이 세례를 통하여 자신들의 신앙을 고백하였다는 것이다. 그중 3명이 안 믿는 가정 출신이다. 학생 중 2명은 이번 여름 미국선교회가 시작한 대구의 중학교에 입학하였다.

2) 여성 사역

올해 여학교의 학생 수는 46명에서 85명으로 증가하여 큰 격려가 되고 있다. 5년 전만 해도 학생 5명과 고아 9명 총 14명이었다. 지금까지의 규모로는 이 정도로 충분하였지만, 2월부터는 입학하는 학생들을 모두 수용하여 잘 가르치기 위하여 멘지스 양의 독창성이 요청되었다. 학습을 위하여는 매물이를 추가로 교사로 임명하여 도움을 받고 있다.

우리는 새 학교 건물이 지금쯤 준비될 것으로 희망하였지만, 장소로 인하여 작은 어려움이 있고, 충분한 자금을 더 확보하여야 한다. 이런 이유로 우리의 계획이 전격적으로 실행되지 못하고 있는 형편이다. 우리의 모금 활동이 긍정적인 반응을 얻고 있으므로, 수개월 안에 학교 건물이 완공될 것으로 희망하고 있다. 학교가 그곳에 완공되면 잘 보이는 위치로 인하여 부모들은 자극을 받아 '언덕 위의 학교'에 자신들의 소녀들을 더 잘 보낼 수 있을 것이다.

비록 여름방학 후에 몇몇 상급반 학생들이 돌아오지 못하지만, 그들이 여전히 우리의 영향력 아래에 있기에 뿌려진 씨앗이 사라지지는 않을 것이다. 그리고 그들의 자리에 또 다른 학생들로 채워질 것이다. 다시 못 오는 학생들이 야간반에는 올 가능성이 있는바, 그들이 학교에 더는 못 오는 이유가 일정한 나이가 되면 낮에는 공공의 장소에 모습을 드러낼 수 없기 때문이다. 한국인 선참 '여교사' 금이는 멘지스 양의 가장 신실하고 효과적인 보조자라는 것을 다시 한번 증명하였다.

고아원에도 몇 가지의 변화가 있었다. 부루엔 목사 부부가 지원하는 덕복이는 1905년 8월에 사망하였다. 발라렛의 에베네저교회가 지원하는 순복이는 엥겔의 첫 매서인이었던 박성애와 결혼하였다. 지금 그는 진주에 있는 커를의 조사이다. 순복이가 그곳의 소녀와 여성들과 함께하는 사역에 활동적이라는 소식에 우리는 기쁜 마음이다. 그녀는 기독교 교육이 한국인 소녀에게 어떤 변화를 가져다

주는지 보여주는 또 다른 좋은 증거이다. 봉급이나 보상 없이 선교부의 일과 남편의 복음전파 사업에 진정한 도움이 되고 있다.

스타웰지부의 오랜 지원을 받는 세기는 미국선교부 영역에 있는 심해의 김웅만과 결혼하였다. 그녀는 그곳에서 말과 행실로 조용하게 자신의 주님을 증거하며 기독교 가정을 이루고 있다. 김해에서 온 김봉은은 기숙사에서 몇 달간 살았는데, 교사가 되기 위하여 영어를 포함한 상급 과목을 공부하고 있다. 멘지스는 금이에게도 정기적으로 영어를 가르치고 있다.

멘지스가 강의하고 금이가 보조하는 주일 오후 요리문답 여성반 참석자 수도 몰라보게 늘었다. 어린이를 위한 주일학교는 남학교의 전 학생이었던 김수홍과 매물이가 멘지스의 감독하에 1월부터 지도하고 있는데, 이들은 매주 토요일 오후 멘지스로부터 준비교육을 받는다.

여성 야간반도 48명에서 60명으로 늘었다. 안타깝게도 이 소녀들은 꾸준히 참석하지 못하는데, 그들의 부모가 막기 때문이다. 그들은 자신들의 딸이 외국인 종교를 접하여 장차 안 믿는 가정의 남성과 결혼하는데 불이익이 있을까 봐 염려하는 것이다. 이 반은 브라운 양이 선교부에 있을 시 지도하고 있지만, 그녀가 자주 선교부를 비우므로 멘지스가 그 책임도 맡고 있다. 여학교, 고아원, 그리고 주일학교 외에 그녀가 감당하는 또 하나의 무거운 짐이다.

브라운 양의 주된 일은 전도부인을 감독하고 지도하는 일이다. 또한, 구 부산과 그 주변의 지역도 순회하며 우리의 여성 기독교인들을 가르치고 있다. 11월 대부분을 그녀는 병영(울산)에 지냈고, 3월 중 반은 구서, 신화 그리고 내덕을 방문하였다. 4월과 5월에도 거의 4주간 그녀는 병영과 울산 시내에서 지냈다. 총 69일을 외부 순회를 하였는바, 그중 총 60일은 가가호호 방문, 성경공부, 주일 예배

인도 등이었다. 불신자의 집을 방문할 때 그녀는 전도부인과 함께 복음을 전하는 기회를 찾았는데, 최소 1,020명의 여성에게 전도하였다. 22번의 주일은 동래 읍내에서 부인성경반을 진행하였다.

12월 27일부터 1월 12일까지 특별 부인성경반이 시골에서 진행되었다. 이 반에서 멘지스와 브라운이 성경 과목을 매일 각각 몇 시간씩 가르쳤고, 켈리와 니븐은 찬송을 반 시간씩 가르쳤다. 미국선교부의 어빈 부인도 며칠 동안 강의를 하였다. 총 36명의 여성이 참석하였고, 그중 17명은 우리 모임에서 참석한 여성들이다.

켈리와 니븐은 이곳에 도착한 후로 대부분 시간을 언어공부에 집중하고 있는바, 좋은 발전을 보이고 있다. 이들은 지역교회의 주일예배와 수요일 기도회에서 돌아가며 오르간을 연주하고 있다. 그리고 12월부터 3월까지는 수주일 브라운과 동래로 동행하여, 한 주 전체를 그곳에서 지내며 전도부인의 도움을 받으며 한국어로 전도하고 있다. 켈리도 브라운과 동행하여 울산 지역에 가 3주 이상을 머물며 한 소경 여성을 한국어로 가르치고 있다.

전도부인들은 자신들의 일을 신실하게 감당하고 있다. 김유실은 3,658명을 접촉하며 290권의 쪽 성경을 팔았고, 정백명은 3,152명의 여성에게 복음을 전하고 502권의 쪽 복음을 팔았고, 김단청은 335권의 쪽 복음과 306개의 기독교 전단지를 팔았고, 이수은은 311권의 쪽 복음과 148개의 전단지를 팔았다.

작년 한 해도 계속되는 선교 활동이 있었고, 능력과 은혜 주심과 우리 주변의 격려되는 일로 인하여 감사할 일이 많다. 그러나 장차 우리는 이것보다도 더 큰 일들을 기대하고 있다.

겔슨 엥겔
빅토리아장로교 여선교연합회 사역 감독자
('The Chronicle', 1907년 2월, 7-9)

49. 학동의 김 선생

지난 3월의 '더 크로니클'에 브라운은 김 선생의 회심에 관하여 이야기하였다. 그를 수년 동안 알고 지냈던 내가 그의 이야기와 관련하여 나만 아는 몇 가지 사실을 덧붙이는 것이 좋겠다. 그가 어떤 신앙인인가를 잘 보여줄 수 있기 때문이라 생각한다.

나는 그의 세례를 위하여 문답을 하였다. 그는 자신이 전에 미국 선교부의 시드보탐을 통하여 요리문답을 배웠다고 하였다. 당시는 그 지역이 그의 관할에 있었기 때문이다. 그때 김 씨는 세례를 거부당하였는데, 그가 가톨릭의 선한 사역과 의에 관계를 더 믿었기 때문이다. 그리고 그는 얼굴에 미소를 지으며 다음과 같이 말하였다.

"지금은 압니다. 선행만 가지고 구원을 얻을 수 없다는 것을요. 믿음의 결과와 표식이 있어야 합니다."

그의 이 고백은 나의 다음 질문으로 도전을 받았다.

"당신의 대답에 나는 매우 만족합니다. 그리고 당신의 가족에게도 그렇게 잘 가르쳐 예수께로 인도하여 기쁩니다. 그러나 나는 당신의 가정에 하녀 사월이가 있다고 들었습니다. 그녀를 어떻게 할 것입니까?"

"저도 그 생각을 하였습니다."

준비된 답이 돌아왔다.

"그녀가 아직 예수를 믿는 기독교인이 아니라 당장 놓아주는 것은 옳지 않은 일이라고 생각해 왔습니다. 아내와 저는 그녀가 기독교인이 되면 자유롭게 해 주겠다고 전부터 생각하고 있습니다. 그러나 우리의 이런 생각을 그녀에게 절대 말하지 않았습니다. 우리는 그녀를 가르치고 그녀를 위하여 기도하였는데, 이제 그녀가 믿기로 작정하였으니 그녀를 놓아주려고 합니다.”

이것은 정말 좋은 소식이다. 나는 즉시 사월이를 방문하여 신앙에 대하여 질문하였다. 그녀는 18살 정도였고, 나의 질문에 똑똑하고 만족할만할 대답을 하였다. 나는 그녀를 요리문답 반에 넣었다. 그녀는 자신이 교회 안에서 다른 사람과 똑같이 취급받을 것이라는 사실에 얼마나 기쁜 표정이었는가! 그뿐만 아니라 자신이 더는 하인이 아니라 자유롭게 되었다는 사실을 듣고 매우 놀랐다.

시월이는 자신의 직업을 잃었다고 잠시도 걱정하지 않아도 되었다. 김 선생은 즉시 그녀에게 다음과 같이 말하였다.

“우리는 너를 쫓아내지 않을 거야. 너를 우리 집안의 딸로 삼을 거니까.”

동시에 그의 아내는 그녀의 어깨를 감싸며 어깨를 두드리며 다음과 같이 말을 보태었다.

“이제 너는 우리 딸이야.”

김 선생은 시월이가 믿기 전에는 놓아줄 수 없었는데, 집이 없는 소녀가 처할 부도덕한 위험을 알고 있었기 때문이다. 그때는 또한 그녀를 입양할 수 있는 자유가 있는 것도 아니라고 그는 느꼈다. 그러나 이제 그녀가 하나님의 자녀가 되었으므로 그도 그녀를 자식으로 삼을 수 있다고 생각하였다.

남자아이를 입양하는 것은 한국에서 흔한 일이다. 공자가 말하기를 아들 없이 사망하면 사후에 자신의 영을 돌볼 사람이 없다고 하였기 때문이다. 아들이 없는 남성들이 그러므로 입양이란 방법을 통하여 자신의 사후를 준비하였다. 그러나 딸은 소용이 없었기에 아들보다 항상 한국에서는 가치 없이 취급받아왔다. 김 선생의 실천은 그의 새 신앙이 자신에게 어떤 심오한 영향을 끼쳤는지 보여주었다.

2년 전에 김 선생의 손자 결혼식이 있었다. 손자의 부친은 망명 중이었는데 어떤 횡령 같은 범죄를 저질러서가 아니라 개혁적인 당에 속하여 있었기 때문이었다. 그런데 결혼 전에 손자는 긴 머리를 자르고, 상투를 틀고, 갓을 쓰는 등의 성인 의식이 필요하였다.

이 의식의 관례는 그의 이웃과 친구들을 초청해야 한다. 때로 초청에서 실수로 빠진 사람들은 그것을 큰 모욕으로 여길 정도이다. 이 의식에는 음식과 술이 제공되고, 많은 사람의 주목을 받는 자리이다. 그러나 김 선생은 이 전통적인 방법을 탈피하여 기독교적으로 의식을 치르기 원하였다.

내가 학동을 방문하였을 중 한번은 그가 나에게 다음과 같이 말하였다.

"내일 아침 목사님이 떠나기 전 간단한 예배가 있을 것입니다."

그리고 아침에 예배가 있었다. 예배에 온 사람들은 모두 가족의 남성들이었다. 젊은 손자는 옷을 잘 입고 나타났다. 우리는 찬송을 부르고 적절한 성경 말씀과 짧은 말씀을 들었다. 그리고 기도가 있었는데 그 손자의 장래에 하나님의 인도하심을 비는 기도였다. 예배 후에 '새 남성'이 된 손자는 참석자들에게 일일이 절을 하였다. 그리고 우리는 모두 함께 앉아 남성들만의 아침을 먹었다. 매우 맛이 있었다. 김 선생은 참석자들에게 왜 술이 없는지 설명하였고, 참석자들은 다 이해하였다. 그리고 각 사람에게 선물을 주자 인색하다는 생각도 모두 버리는 듯하였다.

신도가 늘어나자 김 선생은 별도의 교회당 필요성을 느끼었다. 성장하는 모임으로 인하여 자신의 집은 더는 충분치 않았다. 그러지만 주일 헌금으로는 교회당을 매입할 형편이 안되었다. 김 선생은 그 어려움을 타개할 계획을 하고 있었다. 예전에 어떤 이가 김 선생에게 돈을 빌려 가면서 자신의 집을 담보로 제공한 적이 있었다. 그가 빌려 간 돈이 집값의 반 정도밖에 되지 않기에 김 선생은 그 집을 마음대로 할 수 없었지만, 나머지 반의 비용을 보상할 수 있을 때까지 그는 기다려 온 것이다.

김 선생은 자신의 계획을 나에게 이야기하였다. 그 후 나는 그 일에 대하여 더는 듣지 못하였기에 성공하지 못할 것으로 생각하였다. 한번은 내가 그 계획에 관하여 물었는데, 그는 별로 이야기하고 싶지 않은 모습이었다.

그리고 작년 5월, 나는 새 소식을 들었다. 초청장이 온 것이다. 나보러 와서 교회당을 헌당해 달라는 것이었다. 김 선생은 그동안 자신의 계획을 조용히 진행하고 있었던 것이다. 나에게 이야기를 하지 않은 것은 나를 놀라게 해 주기 원하였기 때문이었다.

내가 학동에 다다랐을 때, 주저 없이 예전에 김 선생이 나에게 보여준 곳으로 갔다. 그곳에 초가지붕을 새로 올리고, 벽이 하얀색의 종이로 발라 있고, 그리고 방바닥이 새 기름종이로 깔린 집을 나는 보았다. 교인들이 낸 헌금으로 집을 고치고 단장하였지만, 대부분은 김 선생과 그의 가정이 헌금한 돈이란 것을 기억해야 할 것이다.

김 선생과 같은 사람이 한 사람만 있는 것은 아니지만, 그와 같은 신앙인이 있는 한 한국교회의 장래는 밝다. 이곳의 남성과 여성이 예수 그리스도의 복음을 통하여 자신들의 전체 삶과 행실에 영향을 미치는 모습은 기쁘고 격려되는 일이다.

겔슨 엥겔 목사

('The Chronicle', 1907년 5월 1일, 9-10)

50. 한국에 관한 엥겔의 강연

　지난 목요일 저녁 한국 선교사 엥겔 목사는 샌 앤드류교회에서 강연을 하였고 많은 인원이 참석하였다. 한국의 선교현장에서 적잖은 기간 동안 봉사하고 있는 엥겔은 현재 빅토리아에 휴가차 나와 있다. 그는 휴가 기간에 여러 장로교회를 방문하며 자신의 선교 사역을 홍보하고 있다. 그는 현재 비치워스노회 교회들을 방문하고 있는데 독일에서 태어난 그는 특별한 능력과 문화를 가진 남성이다.

　긴 연설 중에 그는 한국인들에 관한 매우 흥미 있는 이야기를 하였다. 한국인의 종족 관계가 중국인과 일본인과 어떤 관계인지와, 특히 언어의 차이는 무엇인지 설명하였다. 한국어를 배우는 어려움은 항상 존재하며, 경험이 적은 선교사들의 잘못된 단어 선택으로 유발되는 흥미로운 이야기도 하였다.

　엥겔이 설명하는 한국인의 특성은 친절하고, 가정을 사랑하는 사람들이며, 매우 공손한 것이 특별하며, 타고 난 유모 감각이 있다는 것이다. 여러 방면에서 그들은 그들의 전 통치자 중국인이나 현 통치자 일본인보다 더 친근하다 한다. 종교적으로는 유교와 불교가 그들 중에 만연하며, 같은 사람이 두 개의 종교를 동시에 믿는 경우도 많다고 하였다.

　한국인들은 전체적으로 기독교의 가르침을 받아들일 좋은 준비가 되어있고, 미국이나 호주에서 온 장로교 선교사들이 활동적으로 전도하고 있다. 그들 중에는 의사들도 적지 않다. 그리고 그 결과는 매우 긍정적이다.

이미 5만 명이 기독교 신앙을 따른다고 고백하고 있고, 또 다른 많은 사람은 복음의 진리에 관하여 조직적으로 가르침을 받고 있다. 엥겔은 그와 그의 동료들이 하는 사역 활동에 관하여 희망차고 밝게 말하고 있는 것이 분명하였다. 그는 참석한 교인들에게 한국에서의 기독교 선교를 위하여 그들의 기도와 후원의 깊은 동정을 호소하였다.

KOREA.

ADDRESS BY THE REV. E. ENGEL.

Last Thursday evening the Rev. G. Engel, missionary in Korea, delivered an address in St. Andrew's Church to a good gathering. Mr. Engel, who has seen a good many years service in the mission field of Korea, is at present on furlough in Victoria, and is spending his holiday in visiting the various congregations of the Presbyterian Church, with a view to stimulating interest in the work of his mission. He is at present touring the parishes of the Presbytery of Beechworth. Mr. Engel, who is a German by birth, is a man of quite unusual ability and culture. In the course of a lengthy address he gave a deeply interesting account of the Korean people. He explained how they stood related racially to both the Chinese and Japanese, and referred especially to the manner in which their language was differentiated from those of the allied races. The difficulties of acquiring the language were dwelt upon, and mistakes, made by inexperienced missionaries in their choice of words, were illustrated by some amusing stories. Mr. Engel, in dealing with the characteristics of the people, showed them to be a kindly and home-loving folk, marked by a very sincere innate politeness, and by a very keen sense of humor. In many respects they

cere innate politeness, and by a very keen
sense of humor. In many respects they
were a more desirable people than either
their former or present masters, the Chi-
nese or Japanese. As to religion, both
the systems of Confucius and Buddha
prevailed among them, in many cases
both being professed by the same per-
sons. There was among the people as a
whole a great readiness to accept the
teachings of Christianity. Missionaries
of the Presbyterian Church from both
America and Australia—among them a
good many medical men—were actively at
work, and the results of their efforts were
most encouraging. Already 50.000 pro-
fessed adherence to the Christain faith,
and a great many others were under sys-
tematic instruction in the truths of the
Gospel. Mr. Engel clearly indicated in
what a hopeful light he and his fellow-
workers regarded the work in which they
were engaged. He appealed to all pre-
sent to show by their prayers and their
gifts a deep sympathy with the cause of
Christian missions in Korea. At the
close of his address Mr. Engel, who is
gifted with an unusually good tenor voice,
sang the Korean translation of the beau-
tiful hymn, "Jesus, Lover of my Soul."

'Benalla Standard' (1907 05 07 3)

테너의 훌륭한 음색을 가진 엥겔은 연설의 뒷부분에 찬송가 '예
수 내 영혼의 사랑'을 번역된 한국어로 불렀다.

['베넬라 스텐다드', 1907년 5월 7일, 3]

51. 평양신학교 첫 졸업생과 교수 왕길지

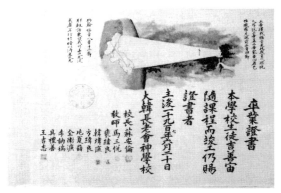

엥겔과 평양신학교 1회 졸업증서
(Engel's Korean name on the first Graduate Certificate of
Pyengyang Seminary, 1907) *Photo: Moffett Collection

엥겔(맨 왼쪽)과 첫 한국인 7인 목사 안수식
(Engel-on the left- with Ordination of First Presbyterian Pastors at
Pyengyang, 1907) *Photo: Moffett Collection

　　1907년 6월 20일 평양신학교 제1회 졸업식이 거행되었다. 당시
7명의 학생이 졸업하였고, 교수진은 미북장로교, 미남장로교, 캐나
다장로교 그리고 호주장로교 선교사들로 구성되어 있다. 호주선교
사로는 왕길지가 졸업증서에 그 이름을 남기었다.

52. 독노회 총대(경상대리회) 왕길지

제1회

일시: 1907년 9월 17~19일
장소: 평양 장대현교회
총대: 심취명

조선예수교장로회 독노회, 평양(The First Presbytery, Pyengyang, 1907)

제2회

일시: 1908년 9월 6-11일
장소: 서울 연동교회
총대: 왕길지(경상대리회장 선임, 정사위원), 심취명

제3회

일시: 1909년 9월 3~7일
장소: 평양신학교
총대: 왕길지(목사후보생 시취위원), 심취명

제4회

일시: 1910년 9월 18~22일
장소: 선천 염수동교회
총대: 왕길지(정사위원, 교회사기 담당, 원입교인 시취위원)

제5회

일시: 1911년 9월 17~22일
장소: 대구 남문안교회
총대: 왕길지(정사위원, 규칙위원, 원입목사강위원, 신학생 준시
　　　위원), 심취명

53. 심취명 장로

한국의 심 씨는 큰 가문이 아니다. 이곳에서 수적으로 큰 가족은 주로 김 씨, 이 씨, 박 씨, 최 씨, 정 씨, 서 씨이다. 그러나 우리의 일꾼 중에 세 명의 심 씨가 있다. 아버지 심 씨(그는 남학교의 한문 선생이다)와 그의 두 아들이다. 우리의 여선교사들이 처음 부산에 발을 들여놓을 수 있었던 것은 바로 장남 심 씨 덕분이었다. 그 지역을 지금 우리는 '구 부산'이라 말한다. 이것은 부산항과 구별하기 위함인바, 이곳을 일본인 거주지역이라 부르기도 한다. 장남 심 씨가 멘지스의 첫 언어교사였고, 그의 영향으로 자신의 부친, 모친, 남동생 그리고 그의 삼촌 김 선생이 믿게 되었고, 1895년 11월 세례를 받았다. 그의 이른 죽음은 우리 선교부의 큰 손실이었다.

심취명 목사(Sim Chew Myung)
*Photo: 'The Chronicle', 1907.

막내 심 씨가 자신의 형 자리를 이어받아 한국어 선생이 되었고, 그 후 여학교 교사가 되었다. 동시에 그는 비공식 조사로 주일마다 선교관 식당에서 모이는 교인 반에서 가르치는 일을 감당했다. 그는 멘지스의 지도를 받으며 신뢰를 쌓아갔다. 매 토요일 아침 그는 멘지스와 몇 시간을 보내며, 주일에 자신이 가르쳐야 할 성경 주제에 대하여 지도를 받았다. 그러므로 그는 신약 특히 복음서와 사도행전에 대하여 많이 배울 수 있었고, 또한 작은 예배공동체도 가능하여졌다.

　　1896년 즈음에 그의 부모는 그가 결혼하기를 원하였다. 그들은 기독교인이었지만 꼭 기독교인 며느리를 생각하지는 않았고, 비기독교인이라도 능력이 있고 좋은 집안의 여성을 선호하였다. 그들은 실제로 자신들의 아들에게 말하기도 전에 한 여성의 부친과 혼담을 주고받았다. 마침내 그들은 아들에게 한 영향력 있는 집안의 딸과 결혼을 준비하고 있다고 밝혔을 때, 아들 심 씨는 다음과 같이 말하였다.

　　"그러나 그 여성은 기독교인이 아닙니다. 그 집안의 누구도 신자가 아닙니다. 나는 기독교인이 아니면 결혼할 수 없습니다."

　　부친이 대답하였다.

　　"걱정하지 마라. 그 아이가 너와 결혼하고 함께 살면 믿게 될 거야."

　　아들은 대답하였다.

　　"그것은 확실치 않습니다. 한 가지 확실한 것은 성경에 말하기를 '너희는 믿지 않는 자와 멍에를 함께 메지 말라'고 한 것입니다. 나는 부모님에게 순종해야 하는 것을 알지만, 하나님께 불순종할 수 없습니다."

　　이번에는 모친이 끼어들었다.

"그러나 교회에는 네가 결혼할만한 처자가 없지 않은가?"

모친은 실제로 어느 날 교회의 소녀들이 학교 교실에 모였을 때 적당한 처자가 있는지 창호지 구멍을 통하여 보았었다.

"예. 한 명 있습니다."

"누구인데?"

"귀중이입니다. 어부 김 씨의 딸입니다."

"어부 김 씨의 딸! 너는 우리 심 씨 가문이 어부 김 씨에게 자신의 딸을 우리 귀한 아들에게 달라고 할 수 있다고 생각해? 우리는 그렇게는 못 한다!"

"만약 그 아이가 마음에 들지 않는다면 저는 엄마와 아빠가 인정하는 여성이 교회에 나타날 때까지 기다릴 수 있습니다. 절대로 안 믿는 자와 저는 결혼할 수 없습니다."

그러나 모친은 아마 빨리 며느리를 들여서 집안의 자질구레한 일들을 시키기 원하였을 것이다. 모친은 결국 망설임을 극복하고 남편 심 씨를 어부 김 씨에게 보내어 김 씨의 동의를 받아내었다.

이렇게 하여 우리의 친구 심 씨는 어부 김 씨의 딸과 결혼하였고, 그는 후회 없이 행복한 가정생활을 하고 있다. 그들은 현재 3명의 자녀가 있다. 큰아이의 이름은 요한(존)이고 다섯 살인데, 자신의 동생이 공부할 때는 맥스 엥겔과 종종 같이 놀았다.

1902년 말 즈음에 김 선생이 더는 나의 시골 사역에 맞지 않았을 때 심 씨가 조사로 일을 잘하였다. 1903년에 그는 언어교사에서 시골 사역자로 조금씩 일을 준비하였고, 그해 11월부터는 때로 육신적인 연약함에도 불구하고 조사로 매우 신실하고 긍정적으로 일을 하였다.

1903년 9월에 한국의 장로교선교회공의회에서는 심 씨를 장로로 승인하였다. 그리고 1904년 5월에 소요리문답위원회와 장로교회 행정부 규정에 따라 장로로 안수받았다. 그는 한국의 남쪽에서 처음으로 장로가 되었고, 얼마 전까지도 유일한 장로였다.

1904년 7월, 세례명이 취명('빛을 얻다'는 뜻)인 심 씨는 평생을 주님을 위하여 헌신하기로 결단하였다. 9월에는 장로교선교회 공의회에 의하여 목회자 후보생으로 승인을 받았다. 그러므로 그는 1905년부터 4월부터 6월까지는 다른 학생들과 마찬가지로 평양의 신학교에서 공부하였고, 그 기회를 신실하게 사용하고 있다. 1909년에 그가 과목을 모두 이수할 것으로 기대하고 있고, 그러면 교회의 부름에 응할 수 있을 것이다.

심 씨는 장로로서 그리고 학생으로서 모두 잘하였다. 그와 그의 사역을 아는 미국선교사들도 그를 높이 칭찬하며, 자신들과 같이 일한 사람 중에 가장 좋은 일꾼이었다고 평가하고 있다. 이것은 최상의 평가이다. 그의 이러한 자질은 목회에 성공을 가져올 것이다. 만약 그가 만사에 주의만 한다면, 감히 말하건대 얼마 안 가서 한국교회에서 가장 신임받는 지도자 중 한 명이 될 것이다.

겔슨 엥겔 목사
('The Chronicle', 1907년 7월 1일, 5-6)

54. 엥겔과 브라운의 결혼

지난 7월 3일 엥겔 목사와 한국의 브라운 양이 7월 3일 발라렛 에베네저교회에서 카메론 목사의 주례로 결혼하였다. 브라운 양은 이 교회의 교인이다. 엥겔 부부는 우리 회원 모두의 따뜻한 축복을 받았다. 우리는 이것이 그들의 행복과 우리 연합회에 좋은 일이라고 믿는다.

엥겔 부인은 이제 우리와 전과 같은 관계로 부산으로 돌아가지 않지만, 그녀는 여전히 우리의 기도와 지지를 원하며, 우리의 모든 회원도 은혜의 보좌 앞에서 그들을 사랑으로 기억하리라 확신한다.

겔슨 엥겔과 아그네스 브라운 결혼식(Marriage of Gelson Engel and Agnes Brown, Ballarat, 1907)

부산과 다른 지역의 우리 일꾼들도 사랑하고 신뢰하는 친구의 귀환을 크게 기뻐하며 환영할 것이다. 이들을 위한 환송 모임은 8월 2일(알림을 보라) 열릴 것이다!

마가렛 번즈

('더 크로니클', 1907년 8월 1일, 1)

Marriage of Engel and Brown

The Rev. G. Engel and Miss Brown, Fusan, were married on July the 3rd, at Ballarat, by the Rev. C. Cameron, Ebenezer Church, of which congregation Mrs. Engel was a member. We are sure Mr. Mrs. Engel have the hearty good wishes of all our members.

We believe this union for the good of the work, as well as for much happiness to our friends. Though Mrs. Engel does not return to Fusan in the same relation to us as before, she still desires an interest in our prayers and sympathy and we are sure every member of our Union will accord to her their loving remembrance at the throne of grace.

The women in Fusan and outlying stations will be greatly rejoiced to welcome their loved and faithful friend back again to their midst. Will friends kindly take note of the farewell meeting to be held on August 2nd(see notices)!

('The Chronicle', 1 August 1907, 1)

55. 엥겔과 엥겔 부인 송별회

엥겔과 엥겔 부인 송별회가 8월 2일 금요일 오후 스코트교회 홀에서 열렸다. 많은 회원과 친구들이 참석하였다. 로란드 여사가 사회를 보았고, 단 위에는 해외선교위원회를 대표하여 총회장 프레이저 목사, 그레이 목사, 아담슨 목사 부부, 임원회 회원들, 그리고 우리의 초청 손님인 엥겔 부부가 앉아 있었다.

백합꽃과 녹색 잎 그리고 다른 꽃들로 홀은 멋지게 장식되었고, 앞쪽의 작은 책상 위에는 꽃이 담긴 꽃병이 놓여 축하의 분위기를 더 하였다.

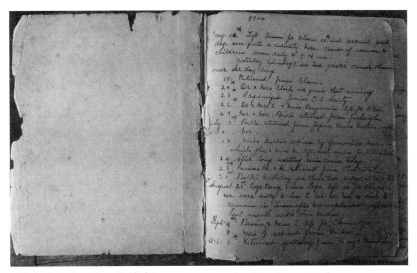

엥겔 부인 아그네스의 일기(Mrs Agnes Engel's diary from 1900)
*Photo: Suan Church

찬송가 '햇빛을 받는 곳마다 주 예수 왕이 되시고'를 함께 부른 후, 총회장이 아름다운 기도를 하였다.

연합회를 대신하여 존 그레이 목사는 엥겔 목사의 사역에 깊은 감사를 전하였다. 그는 엥겔을 만나고 그로부터 한국 선교에 대하여 듣게 된 것은 큰 특권이라 하였다. 또한, 그가 휴가 동안 많은 지부를 방문하며 인도한 예배에 대하여 감사를 표하였다. 그레이는 한 청년과 한 의사가 한국에서의 사역을 자원하였다는 것을 들었다고 하였다. 그러나 그들을 받을 수 없었는데, 그 이유는 그들을 지원할 필요한 재정이 없기 때문이었다. 그는 우리가 모두 더 큰 신앙을 위하여 기도하자고 하였다. 엥겔은 이곳 자신의 가족을 떠나므로 희생을 감내하였고, 우리도 무엇인가 희생하여야 한다고 강변하였다.

우리의 해외선교위원회를 대신하여 프레이저 목사가 말하였다. 엥겔이 할 수 있었던 모든 선한 일과, 한국 선교에 관하여 관심을 불러일으킴을 감사하였다. 그는 또한 그곳 북쪽의 부흥 운동을 희망적으로 말하였고, 한국을 도구로 동양 전체에 복음이 전하여지기를 기대한다고 하였다.

로란드 여사는 여선교연합회 회원들이 주는 27개의 금화와 은화가 담긴 지갑을 엥겔 부인에게 전달하였다. 또한, 앞으로의 행복을 기원하는 회원들의 축복을 잘 정제된 언어로 말하였다. 엥겔은 로란드 여사와 연합회 회원들에게 선물과 축복을 받으며 짧은 응답을 하였다.

그리고 엥겔의 고별사가 있었다. 그는 먼저 로란드 여사와 다른 연사들의 친절한 연설에 대하여 감사를 표하였다. 그리고 모든 축복과 선물에 대하여 자신의 아내를 대신하여 감사하며, 이 모든 친절함을 오래 기억할 것이라고 하였다.

그리고 엥겔은 사랑하는 한국 선교와 더 많은 일꾼의 필요성에 대하여 연설하였다. 그는 훌륭하고 결단력 있는 한국인들의 성격에 대하여 말하였는바, 한국의 전승 이야기를 예로 들었다. 그는 현장에 있는 우리의 선교사들을 위한 기도도 절실하다고 하였다. 또한, 앞으로 아마 7년 동안 헤어지게 될 자신의 세 아이를 위하여도 기도를 간청하였다.

매케이 목사와 앤더슨 여사의 중보기도 후에, 좋은 소식이 선언되었다. 한 무명의 후원자가 진주를 위한 오르간을 약속하였다는 것이다. 우리의 기도에 또 하나의 응답이며, 그로 인하여 우리 모두 감사드린다.

아담슨의 권면 후에 축도가 있었다. 그리고 오후 다과회를 함께 즐기며 친구들은 엥겔 부부에게 작별을 고하였다. 아라렛 지부는 엥겔 부인에게 축하의 전보를 보냈으며, 로란드 여사가 그 메시지를 읽었다. 그 친절함에 모두 감사하였다.

('The Chronicle', 1907년 9월 1일, 6)

56. 엥겔의 순회와 한국인 직원들

울산의 피영에서 7명의 성인과 2명의 어린이가 세례를 받았다. 그리고 14명이 요리문답 반에 들어왔다… 내덕에서 우리(엥겔 부부)는 하루를 지냈다. 이곳에는 신실한 몇 명의 신도가 잘 단합해있으며, 몇 명을 더 모임으로 인도하였다…

우리는 주일을 두구동에서 보내기로 하였다. 그곳에서 우리는 우리 교인들의 즐거운 환영을 받았다. 심 장로가 지난 8월 10명을 요리문답 반에 입학시켰고, 거기에 나는 3명을 더하였다. 이 모임은

엥겔과 순회 여행단(Engel with Australian Visitors on Itinerating at Kyungsang Province) *Photo: 'Glimpses of Korea', 1911.

튼튼한 교회로 발전될 것이다….

부산으로 돌아온 일주일 후에 엥겔은 선교부의 서쪽 지경을 방문하였다. 그 방문에 대하여 여기에는 간단하게 언급하지만, 다음 편지에 더 자세히 쓸 것이다. 날씨는 매우 추웠고, 가야 할 거리는 멀었다. 12일 동안 250마일을 다녔다. 27개의 산을 넘었고, 나룻배로 강을 12번 건넜다.

함안 지역의 무남에서 6명의 교인에게 세례를 베풀었다. 내송에 새 모임이 시작되었는데, 그곳에서 3명에게 세례를 주었다. 그곳 인도자는 총명하고 신실한 신자이다. 같은 지역의 사오실에도 신앙인의 모임이 꾸려졌다. 의령 지역에는 세 개의 모임이 조직되었다. 이번 방문에서 세례문답 반에 입학시킨 교인이 총 34명이다.

한국인 일꾼 중에 몇 가지 변화가 있었다. 3월에 김형춘 전도자가 사직하였다. 1906년 초 우리 교회 전도자로 임명되었던 정덕생은 후에 커를에 의하여 성서공회 매서인이 되었다가 이제 그 자리에서도 사직하고, 11월에 다시 전도자로 임명받았다. 지난 2달 동안 그는 일을 잘하고 있다. 나의 순회에 동행하기도 하고, 독립적으로 새 모임을 방문하기도 한다. 그는 고아원 원생 중 한 명인 수남이와 결혼하였다.

다른 두 명의 매서인 김명광과 최익선의 자리는 피영의 인도자 박상태와 전 읍내 직원 김교명으로 대치되었다. 박 씨는 아마도 함안에서 서쪽 지역을 위하여 일할 것 같다.

지난 11월 '더 크로니클'에 어린 복순이가 사망하였다는 소식이 전하여졌는데, 그 아이는 아직 살아있다. 죽은 아이는 덕순이이다.

엥겔
('The Chronicle', 1908년 4월 1일, 5-6)

57. 엥겔 부인의 편지

엥겔은 새 학교 건물 건축으로 인하여 바쁘다. 한국인 노동자들은 계속 감독해야 하므로 시간을 많이 쏟게 한다. 어제는 더군다나 배 주인이 일본인 구역에서 벽돌을 싣고 오는데 늦어졌다. 그러므로 엥겔은 저녁 식사 후에도 다시 나가 벽돌 수가 맞는지 세어야 했고, 바닷가에서부터 벽돌을 나르는 짐꾼들에게 돈을 주어야 했다. 밤 10시 반에야 집에 돌아왔다. 그는 피곤해 있었고, 언덕 위에서 일하느라 몸이 얼어있었다. 그러나 이것은 선교사의 일 중에 한 부분일 뿐이다.

한국인 사역자들은 시골 거점을 돌보고 있는데, 그들이 종종 보내는 보고는 매우 격려된다. 심 장로는 현재 평양에서 신학교육을 받고 있다. 그는 내년에 안수받을 준비가 될 것이고, 우리는 울산의 피영에서 그를 목사로 청빙할 수 있기를 희망하고 있다. 그곳에는 지금 240명의 교인이 예배에 참석하고 있으며, 더 성장할 것이다.

지난 주일 우리는 이곳에서 성찬식에 참여할 수 있는 특권을 가졌는바, 66명의 회원이 우리와 함께 앉았다. 세 명의 여성과 두 명의 남성 교인 세례식도 있었다. 어린이 5명도 세례를 받았고, 그중 한 명은 심 장로의 둘째 아들 요셉이다.

멘지스가 전에 가르치던 주일 오후 여성반을 현재 내가 책임 맡고 있다. 요리문답자나 여성들이 질문하기 위하여 올 때 나는 그들을 위하여 이곳에 준비되어 있다. 그러므로 나도 항상 사역에 동참하고 있다는 것을 여러분은 알 수 있을 것이다. 우리는 모두 감사하

엥겔 부인과 프랭크와 엘시(Mrs Engel with Frank and Elsie, Busanjin, 1914)

게도 잘 있다. 맥스와 노만도 건강하다.

엥겔 부인

('The Chronicle', 1908년 7월 1일, 7)

귀 성서공회가 지원하는 권서들을 나의 사역에 고용하는 편의를 나는 받아왔습니다. 나는 항상 이들을 나의 전위로 그리고 척후병으로 간주했습니다. 실제로 내가 일하는 시골에서 교인들이 모이게 되는 시작은 직접적으로—일부는 간접적으로—권서들의 영향력에 의한 것이었습니다.

이 권서들의 매우 고귀한 도움이 없었더라면 과연 큰 전진을 이룩할 수 있었을지 의심스럽습니다. 그들은 그리스도 예수 안에 있는 진리를 전파하기 위해 바람과 비와 맞서야 했고, 강을 건너고, 높은 산길들을 가로질러야 했습니다.

시장터에서, 길가의 휴식처에서, 기차역에서, 성경을 판매하고, 옆의 여행자들에게 개인적으로 대화를 나누고, 관심 있는 사람들의 집을 방문함으로써 그들은 그 씨앗을 뿌렸습니다….

왕길지

('The Annual Report of Korean Agency of the BFBS', 1908, 28~29)

59. 어느 주일

　우리는 주일 오전 8시에 몇 명의 교인이나 세례문답자를 불러 가르침을 주고, 혹은 권면이나 책망을 한다. 그리고 10시에 정규 예배를 시작한다. 책망할 일이 있으면 우리는 (다른 사람들의 교육을 위하여) 예배 시에 하고, 또 새로운 인도자를 임명하고(김 씨는 사직하였다), 그리고 회계를 선출하는 일 등으로 1시간이 더 걸렸다. 설교 마지막 즈음에 나는 23명을 위하여 성찬식을 집례하였다.

가마 타고 순회 떠나는 엥겔(Engel on the Chair, Date Unknown)
*Photo: Busanjin Church

이때가 벌써 오후 1시였다. 우리는 즉시 세례문답 반에 들어오려는 교인들을 선별해야 하였다. 이 일로 2시 반까지 바빴는데 15명을 합격시켰다. 이쯤에서 우리는 계속 시험을 보려는 교인들을 제지하였는데, 4마일 떨어진 울산읍교회로 가야 하기 때문이다. (한국식) 점심을 급히 먹고, 우리는 울산읍 혹은 강정으로 서둘러 떠났다.

그곳에서 사람들이 우리를 기다리고 있었다. 이 교회에서의 나의 첫 예배였기에 나는 마태복음 16장 13~18절에 대하여 설교하였다. 예배 후에 우리는 교인명부를 훑어보았고, 교인들과 세례문답자들의 행실에 대하여 보고받았다. 모두 마쳤을 때 오후 6시로 저녁식사 시간이 되었다. 식사 후에 우리는 우리의 첫 여신자 중 한 명의 남편인 박순하의 세례문답을 하였다. 7시 반에 우리는 세례와 성찬식을 포함한 저녁 예배를 인도하였고, 11명이 우리와 함께 앉았다.

이 말은 이 작은 예배공동체가 한 단계 성장하였다는 의미이고, 대략 37명의 세례문답자와 50~60명의 교인이 모이고 있다. 세례문답자 시험으로 인하여 이 모임은 밤 10시 반에 마치었다.

다음 날 나의 목에 통증이 있었다. 대여섯 시간의 긴 공중 연설로 과로가 온 것이다. 아침에 나는 시민 행정을 통제하는 경찰서장(일본인)을 찾았다. 방문 이유는 기장에 있는 우리의 남학교 학생들을 위하여 논을 받기 위함이었다. 이 논은 이전에 자작농에게 속하여 있었지만, 지금은 정부에 의하여 그 지역 학교에 배당되고 있다. 그는 매우 친절하였고, 내가 우리 학교를 잘 감독하겠다는 약속처럼, 그도 우리 학교가 논을 할당받도록 최선을 다하겠다고 약속하였다.

엥겔
('The Chronicle', 1909년 1월 1일, 4)

60. 부산선교부 보고서I (1907-1908)

1) 일반 보고

보통 보고서는 연례보고서이지만 작년에 보고서를 작성하지 못하였으므로 이 보고서에는 지난 2년 동안의 성장 내용이 기록되었다.

엥겔(Engel, 1907) *Photo: 'The Chronicle', 1907.

엥겔 부부가 돌아옴으로 우리 선교부 인원이 늘어난 동시에, 켈리는 진주로 이전하였고, 멘지스가 병가 차 떠났으므로 인원이 다시 줄어들었다. 여선교사의 수가 줄어들어 남선교사의 사역이 더 가중된 느낌이다. 수개월 동안 아프기도 하고 건물을 짓는데 매달리고 보니 어떤 다른 발전을 보고할 수 있을까 고민되기도 한다.

시골의 선교거점 대밀 마을이 우리의 책임이 되었는바, 경상남도와 북도의 경계선을 조정한 결과이다. 이곳은 수년 동안 대구에 있는 미국선교부의 담당이었다. 무답의 다른 그룹도 같은 이웃인데 엥겔이 휴가로 떠나있는 동안 대구의 맥파랜드 목사에 의하여 돌봄을 받았다. 엥겔이 돌아오면 다시 그가 책임 맡는다는 이해가 서로 있었다.

그 이후 울산 지역 북쪽 태중에 한 모임이 형성되었다. 울산 병영의 교회가 매우 성장하여 교회당을 넓혔음에도 교인을 다 수용하지 못하자, 울산읍내와 한 지역이 강정으로 독립하여 그곳에 교회당을 세우기로 엥겔이 제안하였다. 그리고 3월에 실행되었다.

울산 지역에 그러므로 현재 6개의 우리 교회 모임이 있다. 1906년 이후에 4개이었는데, 1907년 이후에 2개가 더 증가한 것이다. 이 교회들을 모두 방문하는데, 열흘 걸린다. 교회 모두 이제 자신들의 예배당을 가지고 있다.

기장 지역에는 신평, 기장읍내, 기내, 산막에 공동체가 있다. 안평은 1906년 이후부터 자체 예배당을 소유하고 있고, 1월에 조직된 신평에도 예배당이 건축되었다. 1906년까지 보고된 3개의 교회에 4개의 신앙공동체가 더 생긴 것이다. (1906년에 조직된 신화 혹은 신월은 이 숫자에 포함되지 않았는바, 그곳의 교인들은 미지근하며 정기적으로 예배를 드리지 않기 때문이다.)

동래읍내에는 두구동교회가 1906년부터 조직되었다. 작년에 교인들은 집을 한 채 사들여 교회당 혹은 '예배당'으로 개조하였다. 채송에도 올해 조직된 작은 교회 모임이 있다. 전에 독립된 예배 거점으로 여겼던 구서교회는 이제 목회자가 있는 '단독 교회'가 되었다. 성찬식을 위하여 부산교회에 참석하였던 이 교회 교인들은 이제 자신의 교회에서 성찬식을 할 것이며, 자신들의 예배당 마련에도 열심을 낼 것이다. 현재 이들은 사도시대와 같이 한 가정에서 모이고 있다.

미국선교사들은 동래읍내에 우리와는 별개로 교회를 조직하였다. 마찰을 피하고 젊은 기독교인들에게 화합을 가르치기 위하여, 엥겔은 우리의 사람들에게 다른 교회 예배에도 참석할 것을 권유하였다. (동래를 공동 사역지로 하기보다 제안된 두 지역으로 나누는 합의도 이루어질 것이다.)

함안 지역에는 무남과 내송이 각각 교회가 되었다. 그리고 내송은 예배당도 세웠다. 세 개의 새로운 모임이 사오실, 취무실, 신교촌에 생겼고, 그중 두 곳은 우리 선교사가 아직 방문하지 못하고 있다.

작년에 의령 지역에 5개의 모임이 출현하였다. 신반, 서암, 마장, 배아골 그리고 분지실이다. 그러나 이 모임들에 아직 세례받은 신자는 없다. 진해 지역에서도 한 그룹이 준비 중인데, 머지않아 조직이 될 것이다. 예실에 위치하여 있다.

동래읍내를 제외하고도 우리의 보호 아래 있는 부산 밖의 교회 모임은 26개이므로, 모두 27개이다. 이 교회 중에 부산교회만 당회가 있는 완전한 조직교회이고, 13개의 교회는 불완전한 형태이다. 2년 전에 우리는 10개의 교회 모임만이 있었다. 이 성장의 모습은 한국의 남단도 깨어나고 있다는 징표이고, 이로 인하여 하나님께 감사드린다.

그러나 우리의 역량이 그 어느 때보다 부족하다는 것을 느끼고 있다. 이것을 예상하고 우리는 지난 4~5년 동안 목사 선교사 충원을 꾸준히 요청하였다. 지금 성장은 하였는데 그것을 대처할 준비는 안 되어있다. 만약 이 27개의 교회가 10~20마일 안에 있으면 한 사람의 목사가 정기적으로 돌볼 수도 있을 것이다. 그러나 어떤 교회는 부산에서 북동쪽으로 40~50마일 떨어져 있고, 다른 교회는 서쪽으로 60~70마일 떨어져 있다.

한 명의 목사 선교사가 부산선교부에서 학교 건물을 짓거나 아플 때 대체할 인력이 없으면, 그 교회들을 방문하는 것은 불가능하다. 만약에 이러한 넘을 수 없는 걸림돌만 없다면 우리는 이 보고서에 교인들의 더 큰 증가를 보고할 수 있을 것이다. 이제 49명의 새 교인이 더해져 전체 165명이 등록하였고, 40명의 세례받은 아이들도 있다. 우리의 요리문답반 명단에는 367명이 기록되었고, 지난해 동안 322명이 들어왔다.

우리 교인은 총 1,173명이다. 1906년에는 300명이었다. 모든 교인은 세례를 받기 전 지식과 신앙에 대하여 철저한 시험과 상담을 거친다. 개개인은 반 시간에서 한 시간 정도의 시험을 받는데, 이들을 정회원으로 받는 행정에 선교사들의 시간이 상당히 할애되고 있다.

1906년의 3개의 교회당 혹은 예배당과 비교하면 현재는 11개가 있고, 그중 하나(병영)는 지난해 제법 크게 확장되었다. 헌금은 213엔(약 22파운드)의 교회 운영, 337엔(약 35파운드)의 교회당 건축, 27엔(약 3파운드)의 국내외 전도 목적으로 총 577엔(약 60파운드)가 모였다. (1906년에는 총 193엔, 약 20파운드였다.) 이곳 노동자의 하루 임금은 10~11다임 정도이고, 목수와 같은 기술자는 1파운드 8다임에서 2파운드 정도이다. 부자들은 필요한 50~75%를 공헌하기 위하여 자신들의 주머니에 손을 넣지 않는다.

우리 한국인들은 자신이 할 수 있는 범위에서 최선을 다하였음을 하나님께 감사드린다. 그들의 관대함은 신앙의 진정성의 증거이며, 하나님의 선택에 따라 그들에게 복음을 전한 명확한 예이다.

　　지난 2년 동안 이런 속도로 한국인들이 성장할 동안, 고향의 우리 교회도 성장하고 있는가? 지난 2년 동안 더 보낸 선교사가 몇 명이나 되는가? 한국 선교를 위하여 2년 전보다 얼마나 더 재정을 지출하였나? 현재 이방 땅에서 이루어지고 있는 성장 앞에 이것은 정당한 질문이다. (다음 호에 계속)

('The Chronicle', 1909년 1월 1일, 2-3)

엥겔(맨위 중앙)과 평양신학교(Engel with Pyengyang Seminary students and Faculty, 1909) *Photo: Moffett Collection

(앞에서 계속)

이러한 모든 사역에서 심 장로는 엥겔을 신실하게 도왔다. 그는 요리문답 교사로 대부분 교회를 방문하였고, 많은 교인에게 세례문답을 실시하였다. 김현춘의 자리를 대신한 정덕생도 협력하였는데 사직하였다. 엥겔은 한 개인의 도움으로 또 다른 조사 김채영을 고용하였는데, 그는 봉급의 반은 요리문답 교사 일로 나머지 반은 울산 지역의 사역을 위하여 일하고 있다. 정덕생도 비슷한 방법으로 기장과 동래 지역의 교회를 정기적으로 방문하고 있다. 그 교회들은 아직 연약하여 그의 봉급 일부분도 지원하지 못하고 있다.

매서인 김교명과 박성태도 신실하게 일하고 있다. 김 씨는 우리 선교부의 동쪽 지역을, 박 씨는 서쪽 지역 즉 함안, 의령, 진해를 다니고 있는데 그 지역에 새 신자 모임을 시작하는데 큰일을 담당하고 있다.

남학교에는 수업이 정기적으로 진행되고 있다. 45명이 등록을 하였는바, 2년 전과 비슷하다. 학교가 들어 서 있는 건물로 인하여 내가 꾸짖었는데, 기둥이 뿌리부터 썩어 있어 '사람이 있기에는 위험'하기 때문이었다. 최근의 선교사공의회에서 새 건물을 짓기로 목사 선교사들이 동의하였다.

엥겔은 기장과 울산 지역을 두 번 순회할 수 있었다. 한번은 의령과 함안, 안평과 두구동, 구서와 동래 읍내도 방문하였는바, 627마일을 여행하였다. 앞에서 언급한 걸림돌만 없으면 지난해의 두 배

정도는 될 수 있었다.

2) 여성 사역

멘지스가 병가로 떠나게 됨에 따라 우리 선교사의 수가 줄었을 뿐만 아니라 다른 선교사들의 어깨에 더 많은 짐이 얹혔다. 엥겔 부인은 주일에 세례받은 여성반을 맡았고, 무어는 고아원의 행정을 맡았고, 니븐은 여학교와 야학교의 여성들을 감독하며 가르치면서, 우리의 젊은 교사 금이와 매물이도 지도하고 있다.

무어는 시골 지역 우리 여성들을 74일간 방문하였다. 그녀는 도보로 340마일을 걸었고, 전도부인 한두 명과 동행하였다. 1월 말까지 그녀는 또한 동래 읍내를 종종 방문하여 그곳의 여성 무리를 가르쳤다. 선교관에 있을 때 그녀는 부산과 그 주변 지역을 순회하였고, 조용할 때는 전도부인에게 성경을 읽어준다거나, 혹은 교회와 고

니븐과 부산진여학교 학생들(Niven with girls at Ilsin School, 1910)
*Photo: 'The Chronicle', 1910.

아원의 병자들을 심방하였다. 고아원에 3명의 소녀가 들어왔고, 새 사감을 뽑는 일도 무어의 돌봄과 지도가 필요하였다.

니븐은 2학년 언어시험을 통과하였다. 그러므로 전보다 좀 더 많은 일을 그녀도 짊어지게 되었다. 멘지스의 일을 대신 맡은 것 이외에도 그녀는 평균 90명 정도가 참석하는 교회의 남녀 주일학교 학생들(등록은 124명)을 책임 맡았고, 양 씨와 매물이가 돕고 있다. 주일 오후 요리문답반 여성들과 내담자들을 위한 일도 보고 있으며, 정기 예배 시의 오르간 연주도 하고 있다. 그뿐만 아니라 시골 지역을 52번 방문하였는데, 학생들의 부모를 우선 심방하였다. 그리고 그녀는 3학년 언어시험을 위한 준비도 하고 있다.

니븐은 여학교에 94명이 등록되어 있다고 보고하였다. 그중 63명이 정기적으로 출석하고 있는데, 천연두와 홍역 유행으로 그 숫자가 많이 준 것이다. 16명의 여학생은 최근에 개교한 작은 비기독교 학교로 전학하였는바, 우리 학교에서 예수에 관하여 너무 많이 가르친다는 것이 그 이유였다. 또한, 그 학교는 현대식으로 책상을 제공하는데 우리 학교는 최근까지 교실 바닥에 앉아 공부하였다. 야간반에는 52명이 등록을 하였고, 30명이 출석을 하고 있다.

2월에는 여성경반이 개최되었는바, 무어, 엥겔 부인, 니븐이 강의를 나누어서 하였다.

전도부인 정백명과 박계실은 3월부터 성서공회 하에 일을 잘하고 있고, 김단청도 2월 14일부터 다시 신실하게 일을 하고 있다. 전에 그녀는 성서공회의 지원을 받다가 지금은 빅토리아여선교연합회 뉴스테드 지부에서 지원을 받고 있다.

김유실은 고아원의 사감에서 사직하였고, 1908년 9월 빅토리아여선교연합회 전도부인으로 임명을 받았다. 전에 그녀는 성서공회 소속이었다. 고아원 사감 자리는 우리의 세례문답 반에 있는 한 학생이 대신하고 있다.

여학교는 6월에 거의 완공될 예정이었다. 그러나 엥겔은 류머티즘으로 일을 거의 할 수 없는 지경에 이르렀다. 엥겔은 침대에서 일을 지시하였고, 대부분의 노동은 남성 인부들에 의하여 이루어졌다. 그 결과 많은 작업이 부실하게 진행되어 다시 해야 하는 상황이 발생하였다. 그리고 나머지 작업은 장마 후로 미루어졌고, 지금은 공사가 재개되었다. 11월 중에 학교에 입주할 수 있기를 우리는 희망한다.

시골에서는 우리 사역이 빠르게 진전되고 있고, 이곳에서 안정적으로 성장하는 것을 보면, 미래는 그 어느 때보다 밝다. 이제 우리는 열린 문이 계속 유지되어 한국의 남쪽 지역 전체가 복음화되고 교회로 조직화하기를 기도한다. 그렇게 되기 위해서는 더 많은 일꾼이 필요하다.

정부의 인구조사는 실제로 40~60%만 반영된다고 하는데, 그들의 통계에 의하면 의령, 함안, 진해, 울산, 기장, 그리고 동래 지역의 반은 최소 233,557명이다. 그러나 실제로는 400,000이 맞을 것으로 생각된다. (한국인들은 스스로 말하기를 특히 딸은 그 수를 실제보다 적게 이야기한다고 한다.) 그러나 정부의 인구조사가 맞는다고 하더라도 신속히 조직하기 위해서는 10명의 목사가 필요하다. 그러므로 다시 울부짖는다. 마케도니아의 부름이 조선에 있다.

"건너와서 도우라."

누가 올 것인가?

('The Chronicle', 1909년 2월 1일, 2-3)

62. 언양에 교회를 개척하다

1901년 6월 엥겔은 울산, 언양, 장기(지금의 포항 구룡포), 감포, 경주 등을 말을 타고 돌며 전도에 나섰다. 그의 일기에 따르면 6월 6일 목요일 장기에 사는 교인 '김 서방네' 심방을 갔다가 '양지바른 땅' 언양을 거쳐 통도사에서 1박을 한 후 교회로 돌아가는 길이었다.

엥겔은 당시 번화한 읍성인 언양읍내에서 점심을 먹고 통도사 쪽으로 향했다. 그 일행이 수남마을 벚나무 아래에서 휴식을 취하고 있는데 말 고삐가 풀려 말이 달아나는 소동이 벌어졌다. 일행이 마을에 들어가 말을 찾던 중 말이 정희조라는 사람의 콩밭에 들어가 밭작물을 훼손한 사실을 알게 됐다. 왕길지가 말했다.

"피해를 보상하겠습니다."

그러자 정희조는 대답하였다.

"말 못 하는 짐승이 한 것을 어찌 그리하겠소"

그는 보상을 요구하지 않았다. 이때 왕길지는 '한국인의 예'가 무엇인지를 알았다고 한다.

그로부터 1년 후인 1902년 9월 15일 교동리 밭 주인 정희조는 언양의 첫 신자가 되어 자신의 집을 예배처소로 내어놓았다. 엥겔이 1대 목사가 된 것이다.

이렇게 울주지역 중심교회가 된 당시 수남교회는 인근 반천과 보은 지역에 교회를 분리 개척하고 그래도 교인을 감당할 수 없자 읍성 남문 앞 지금의 교회 터로 이전한다. 기와집 5칸을 매입하여 동부교회라 칭했다. 그리고 1917년 이후로는 언양읍교회로 불렀고,

1964년 언양제일교회로 명칭이 변경되어 지금에 이르고 있다.

[언양제일교회 교회 연혁에서]

1907년 수남교회에서 분리 설립된 양등교회의 상량문
*Photo: Yangdeung Church

63. 엥겔의 교회 설립과 목회 지원

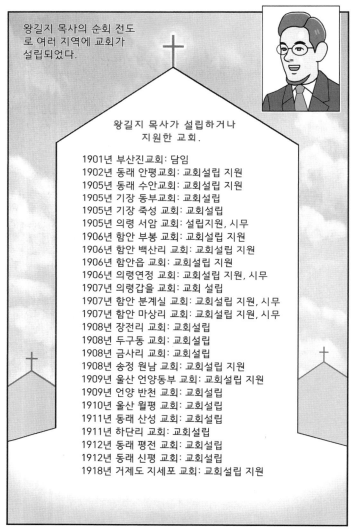

왕길지 목사의 순회 전도로 여러 지역에 교회가 설립되었다.

왕길지 목사가 설립하거나
지원한 교회.

1901년 부산진교회: 담임
1902년 동래 안평교회: 교회설립 지원
1905년 동래 수안교회: 교회설립 지원
1905년 기장 동부교회: 교회설립
1905년 기장 죽성 교회: 교회설립
1905년 의령 서암 교회: 설립지원, 시무
1906년 함안 부봉 교회: 교회설립 지원
1906년 함안 백산리 교회: 교회설립 지원
1906년 함안읍 교회: 교회설립 지원
1906년 의령연정 교회: 교회설립 지원, 시무
1907년 의령갑을 교회: 교회 설립
1907년 함안 분계실 교회: 교회설립 지원, 시무
1907년 함안 마상리 교회: 교회설립 지원, 시무
1908년 장전리 교회: 교회설립
1908년 두구동 교회: 교회설립
1908년 금사리 교회: 교회설립
1908년 송정 원남 교회: 교회설립 지원
1909년 울산 언양동부 교회: 교회설립 지원
1909년 언양 반천 교회: 교회설립
1910년 울산 월평 교회: 교회설립
1911년 동래 산성 교회: 교회설립
1911년 하단리 교회: 교회설립
1912년 동래 평전 교회: 교회설립
1912년 동래 신평 교회: 교회설립
1918년 거제도 지세포 교회: 교회설립 지원

엥겔의 교회(List of churches Engel initiated)
*그림: 조대현

64. 한국 부산

엥겔 가족과 매크레이, 무어, 데이비스(Engel's family with
F Macrae, E Moore and M Davies, 1910)
*Photo: Busanjin Church

지난 한 해 동안 '더 크로니클'에 실린 보고서는 듣기 원하는 자들에게 한국에서의 기독교 운동이 실제적이고 심오한 것임을 알렸다. 그 선교의 열매로 인하여 새로운 일들이 창조되었고, 확장과 발전이 요청되었다. 동래 읍내를 제외하고도 엥겔은 26개의 거점을 돌보고 있다. 울산 지역에도 6개의 교회 모임이 있는데, 지난해 4개가 생겨난 것이다.

이 모든 교회는 자신들의 예배당이 있다. 어떤 곳은 부산에서 북동쪽으로 40~50마일 떨어져 있고, 어떤 곳은 서쪽으로 65마일 떨어져 있다. 그리고 우리 선교사 수의 축소와 엥겔의 병환에도 불구하고 사역은 온전히 진행되었다.

이것의 많은 부분이 심 장로의 헌신으로 됐는바, 그는 여러 모임을 방문하며 세례문답 반의 학생을 가르치고 문답하였다. 요리문답 교사 정 씨와 김 씨도 정기적으로 순회하며 일을 잘하였고, 매서인 박 씨, 김 씨, 고 씨도 가치 있는 도움을 주었다. 박 씨는 신자들이 몇 개의 모임을 시작하도록 하였다. 한때 그는 유교의 속박과 어두움 속에 있었지만, 지금은 복음의 빛과 자유 안에서 살고 있음을 기쁘게 보고한다. 그는 지난달 교회의 장로로 안수받았다.

무어도 시골의 처소와 그 너머까지 다니며 격려를 받고 있다. 그녀는 항상 전도부인과 동행을 하며, 동래읍의 여성들을 정기적으로 가르치며, 부산 부근의 마을을 방문하고 있다. 멘지스의 은퇴 이후, 고아원도 그녀의 감독하에 있다.

작년에 3명의 아이가 고아원에 들어왔다. 할머니를 대신하여 새 사감도 들어왔다. 새 고아원을 위한 급박한 요청이 들어왔다. 위생과 다른 이유로 이 필요는 절실하다. 우리 위원회는 이 요청에 대하여 올해 말 전까지 적극적인 응답을 할 계획이다.

주간 여학교는 니븐의 운영과 금이와 매물이의 보조로 앞날이

밝은 사역이다. 교사와 학생을 위한 새 학교 건물이 완성되었음을 위원회는 감사함으로 보고한다. 학교는 이미 시끄럽고 행복한 학생들로 채워졌다. 니븐은 지역 주일학교의 남녀 124명 학생을 돌보고 있고, 엥겔 부인과 무어와 함께 2월에 특별 여성반을 가르쳤다.

젊은 여성들을 위한 야간반도 계속 성장하고 있다. 이 사역은 학생들의 가정에까지 연결된다. 52명이 등록을 하였고, 평균 36명이 참석을 하고 있다. 남학교는 안타깝게도 적당한 건물이 없어 중단된 상태이다.

고아원의 여학생들과 어린 정이를 위하여 지원한 지롱의 라일리가 반, 에센돈주일학교, 말번주일학교, 박스힐주일학교, 발라렛의 에베네저교회, 투락의 친구들, 도르카스가 교회, 모웰, 테랑, 스타웰, 호프 다리웰 양, 그리고 호손의 미션 밴드, 피콜라, 플레밍톤, 에츄카, 샌 킬다 그리고 아라렛에 감사한다. 그리고 뉴스테드와 함께 진주의 전도부인을 지원하는 에보스포드교회 회원과 일부분 진주의 두 번째 전도부인을 지원하는 큐의 주일학교에 감사한다.

이 부산선교 내용 요약은 멘지스가 다시 돌아올 수 없다는 소식에 슬퍼하는 선교사들과 한국인들을 언급하지 않고는 완성될 수 없다. 우리 연합회는 한국에 봉사를 자원한 멘지스를 18여 년 전 첫 선교사로 승인하였었다. 그녀의 강한 기독교적 인격, 총명하고 밝은 성격, 그리고 동정적이고 지혜로운 심성은 모두의 존경을 받았다. 그리고 자신의 주님을 위하여 많은 영혼을 전도하였다.

고아원의 한 학생은 켈리에게 편지를 썼는바, 멘지스가 돌아오지 못한다는 소식에 자신들은 크게 실망하고 있다며, 다음과 같이 언급하고 있다.

"모든 부인 중에 우리가 사랑하는 엄마 같은 분은 다시 없을 것입니다."

('The Chronicle', 1909년 5월 1일, 15)

65. 아담슨의 사택에서

　　지난주 라이얼 부부를 부산에 환영하는 기쁨을 가졌다. 이들은 이곳에 있는 동안 아담슨 부부의 손님으로 있었는데, 2마일 정도 떨어져 있는 우리 집에도 와 하루를 함께 보냈다. 그리고 우리가 묻는 여러 질문에 인내심 있게 대답을 하였다.

　　부활주일 다음날인 월요일, 라이얼의 인도하에 영어예배가 아담슨의 사택에서 열렸다. 영어로 설교를 들을 수 있어 좋았다. 이곳의 목사 선교사들은 지금 요청되는 한국인 사역에 너무 바빠서 월요일 영어예배를 진행하지 못하고 있다. 라이얼 부인도 이곳 기독교인들의 따뜻한 영접에 좋은 인상을 받았다.

　　아담슨이 이들을 3일 전에 진주로 안내하였고, 그곳의 사람들은 크게 기뻐하였다. 켈리와 스콜스가 특히 환영하였는바, 지난 6개월 동안 그들은 다른 유럽인들과 단절되어 있었기 때문이다.

　　엥겔은 내일 아침 7시 기차로 시골 순회를 14일 동안 떠난다. 그는 올해 봄 이미 두 번의 매우 고무적인 순회를 하였었다. 그는 이제 자신의 목회 하에 38개의 지방 신앙 모임이나 교회를 지도하고 있다. 작년에는 20곳뿐이었다.

엥겔 부인

('The Chronicle', 1909년 6월 1일, 4)

아담슨 가족(Adamson Family, 1907) *Photo: 'The Messenger', 1907.

66. '여성 사역' 감독 보고서(1908~1909)

지난 한 해 무어의 우선 사역은 고아원이었다. 작년에 들어온 사감은 사직하였다. 새로운 적절한 사람을 찾아 가르치고 일을 맡기는 작업은 생각보다 만만치 않다. 고아원의 작은 소녀 가족원들 옷을 잘 입히고, 잘 먹이고, 아플 때 잘 돌보아야 한다.

무어는 또한 전도부인들과 정기적으로 성경을 읽으며 그들을 지도한다. 장날에 주로 하는데 이날은 가가호호 방문하기 어렵기 때문인바, 집안의 여성들이 보통 물건을 사기 위하여 출타하기 때문이다.

때때로 이웃 마을을 방문하기도 한다. 그곳 교회의 병든 여성을 방문하거나, 전도를 위하여 방문하는데 여기에 대하여는 기록이 없으므로 숫자를 보고하지는 못한다. 한번은 가을에 무어와 그녀의 전도부인이 함안과 의령의 교인들 요청으로 그곳을 방문하였다. 또 다른 때는 기장을 방문하였는데 이 방문들로 인하여 그녀는 39일 동안 부산을 비웠다.

3월에는 서암에서 의령 지역의 여성들을 위한 성경반이 열렸다. 함안 지역 여성들을 위하여는 마산포에서 열렸고, 이 일을 위하여 그녀는 21일을 사용하였다. 또한, 4월에 무어는 기장 지역을 위하여 신평에서 그리고 울산 교인들을 위하여 울산에서 성경반을 열었다. 이 일을 위하여 18일을 사용하였다.

무어가 떠나있는 동안 자기 일에 더하여 니븐이 고아원을 돌보았다. 무어가 부산에 있는 동안에는 주일 오후에 성경 과목을 가르쳤고, 그녀에게 맡겨진 세례받은 여성들을 지도하였다.

엥겔 부인도 주일 오후 정기적으로 다른 여성반을 가르쳤고, 3월에는 동래의 여성들을 위하여 이곳에서 성경반을 열었다. 그 일에 그녀는 정백명 전도부인의 도움을 받았다.

'한국인 일신여학교'로 불리는 여학교 사역은 니븐의 시간을 거의 독점적으로 요청하고 있다. 이 말은 그녀가 자신의 강의를 제외하고도 교사도 돌보아야 한다. 금이와 매물이(주로 산수 과목)를 거의 매일 오후 수업이 마칠 때 지도하고, 자신의 교사인 한문 선생 박 장로와 함께 자신의 수업도 준비한다.

3월에 여학교에는 120명의 학생이 등록하였다. 그러나 실제 출석 인원은 그보다 현격히 낮은데 부모가 종종 집안일을 시키는데 기인한다. 겨울에는 80명, 여름에는 60명이 출석한다. 지금은 정기적

엥겔과 부산진교회 주일학교(Busanjin Church Sunday School, Engel at the back, 1910) *Photo: Busanjin Church

으로 출석하는 학생이 85명으로, 1학년에 32명, 2학년에 30명, 3학년에 14명, 그리고 4학년에 9명이다.

니븐은 주일학교 어린이를 지도하기도 한다. 남학교 교사였던 김봉명이 돕고 있고, 매물이와 황이도 돕고 있다. 출석부에는 103명이 등록하여 있다. 남학교가 문을 닫은 후에 남학생 수 명이 참석하지 않고 있다. 이들의 헌금은 7엔 73센이고, 이 헌금은 한국장로교회 해외선교로 기부된다. 제주도의 목사 선교사 1명과 보조인 1명을 지원하는 비용이다.

니븐과 금이와 매물이는 낮에 참석하지 못하는 소녀들을 위하여 화요일과 금요일 저녁에 반을 운영하고 있다. 주간에 참석하지 못하는 소녀들에 한하는 엄격한 규정으로 작년과 비교하면 출석수가 많이 줄었다. 전에는 주간반 학생들도 참석하였기 때문이다. 그런데도 30명 정도의 학생이 정기적으로 출석하고 있다.

5월에 주간반과 야간반을 동시에 운영하는 것에 심한 압박을 받은 니븐은 마지못해 야간반을 취소하였다. 마지막 수업에서 10명의 여학생이 기독교인이 되겠다고 결단하였다. 그러므로 야간반의 수고가 헛되지 않았다. 이 반이 취소되어서 아쉽지만, 우리가 맡은 우선적인 일에 총력을 기울이는 것이 중요하다. 야간반 여학생들도 얼마 후에 주간반에 올 방법을 찾게 되기를 희망한다.

이 반에서 학생들은 주님의 사랑을 배워 알았고, 많은 학생이 공개적으로 믿기를 선언하였고, 세례문답반에 입학하였다. 먼 훗날, 이들이 엄마가 되면 자신의 자녀들에게 미신을 가르치는 대신에 예수님과 그의 사랑을 전할 것이고, 이곳에서 배운 찬송가를 가르칠 것이다.

여학교 건물은 12월에 완성되었다. 성탄절에 처음으로 학교 건물을 사용하였고, 1월부터는 정기적으로 사용하고 있다. 3월에는 교육부에 정식 신청서를 접수하였는바, 엥겔이 교장으로 그리고 니븐이 수 교사로 임명될 것이다. 최근에 학교는 교육부로부터 공식 승인을 받았다. 도서실도 갖춰지었는바 성경과 찬송가도 가르칠 수 있다. 이제 정부의 요구인 학교 수준 유지를 우리가 계속 증명해야 한다.

전도부인에 대한 말로 보고서를 마치고자 한다. 그들은 요청받는 반에서와 순회 길에서 무어와 신실하게 봉사하였다. 그리고 다른 때에는 선교사의 직접적인 지도 없이도 그들의 임무를 수행하였다.

('The Chronicle', 1910년 1월 1일, 2-3)

67. 눈병으로 고생하는 엥겔

오래가는 눈병으로 엥겔은 계획한 많은 일을 하지 못하고 있다. 그는 이미 시력이 약해져 작년에 해외선교위원회를 위한 공의회 회록과 보고서를 준비하는데 고생을 하였다.

지난 10월 중순, 엥겔은 부산진에서 열린 조사성경반에서 겨우 가르칠 정도였다. 그 후 교회에서 설교하는 것 이외에 그는 다른 일은 할 수 없었다. 그러나 그것마저도 성탄절 이후에는 가능하지 않았다. 훼손된 비전이 회복과정을 어렵게 할 뿐 아니라 통증까지 유발하여 수술이 불가피하였다.

그러다 4월 말에 눈이 어느 정도 회복되어 평양의 신학교에서 가르칠 수 있었다. 6월 중순에 그는 그곳에서 돌아왔고, 한여름의 더위가 시작되기 전 자신이 맡은 교회를 순회하였다. 올해 새 신자가 가장 많이 등록한 교회는 동래읍교회와 부산진교회로 각각 35명과 21명이다.

반 소경이 되었던 그 기간 선교부의 여러 회원이 특히 알렉산더와 맥피 그리고 왓슨이 엥겔을 위하여 글을 읽거나 써 주었는바, 그를 위하여 친절하게 봉사를 하였다.

During his Period of Semi-Blindness

Mr. Engel was kept by his long-continued eye trouble from doing a great deal of work that he had planned. He was already suffering from weakness of sight when getting the minutes and reports of the Council ready for the Foreign Missions Committee and for the press last year. He barely managed to teach in the helpers' classes, which were held during the latter half of October at Fusanchin.

After that he was unable to take part in the work, except taking charge of the preaching services in the local church' but after Christmas even this became impossible, as the vitiated atmosphere not only retarded the process of healing, but aggravated the complaint to such an extent that an operation became necessary.

By the end of April the eyes had so far recovered that he could take his share of work in the Theological Seminary at

Pyongyang. After his return from there, in the middle of June, he was able to visit all the churches in his territory before the -worst heat of the summer commenced. The largest admissions to the membership of the church occurred in Tongnay and Fusanchin, where 35 and 21 respectively were added during the year.

During his period of semi-blindness, Mr. Engel was the grateful recipient of kind services rendered him in writing for, or reading to, him by various member of the station, especially Misses Alexander and McPhee, and also Mr. Watson.

('Our Missionaries at Work', Sept 1913, 10-11)

68. 호주선교사공의회 연례회(1909)

일시: 1909년 9월
장소: 부산진
참석: 아담슨, 엥겔, 라이얼, 무어, 니븐, 켈리, 스콜스
임원: 회장 – 아담슨, 서기 – 엥겔, 회계 – 아담슨(임원회에서 임명)

미국선교사공의회와의 지역 분할에 관한 것은 우리의 동쪽 지역을 포기하지 않고, 마산포와 그 주변 10~15리, 기찻길 동쪽의 동래

지역 일부, 그리고 부산진과 구관이 호주선교사공의회의 독점적인 지역임을 확인하고 그 원칙이 통과되다.

우리의 현재 선교지역이 확정될 때, 그리고 새 안건에 대한 (빅토리아 총회의) 해외선교위원회의 입장이 알려지면, 아담슨과 엥겔은 자신들의 선교지를 곧 스스로 교환할 것을 제청하다. 통과되다.

그 후의 토론은 우리 선교회 영역 안에 있는 발전된 큰 도시를 포기하는 것에 대한 반대 의견이 대부분임을 보여주다.

부산진의 고아원을 다시 짓는 안건을 다루는 소위원회에 엥겔과 무어를 추천하고, 건물 설계와 장소에 관한 제안을 임원회에 제출하여 호주교회에 보내기로 제청하다. 통과되다.

무어와 켈리가 마산포, 통영, 진주, 울산읍 그리고 양산읍에서 연합 여성성경반을, 엥겔 부인이 동래와 기장 여성들을 위하여 부산진에서 여성성경반을 진행하기로 하고, 개강 날짜에 관하여서는 그 지역의 목사 선교사와 상의하도록 동의 제청하다. 통과되다.

해외선교위원회는 형평성의 문제로 의료 봉사를 제공하지 않는 선교부의 선교사들에게 의료 비용을 제공할 것을 요청하다. 만장일치로 통과되다. (이 당시 해외선교위원회도 승인하다.)

엥겔이 최근에 쓴 의료 비용 그리고 침실과 베란다 일부에 모기장을 설치한 비용을 해외선교위원회가 지급할 것을 요청하다. 통과되다.

최근 연도에 생활비가 많이 증가하였고 더 오를 전망이므로, 12살까지의 각 자녀에게 매년 15파운드 그리고 18살까지의 자녀에게 25파운드를 지급할 것을 제청하다. 만장일치로 통과되다.

한 선교부에 2~3명의 목사 선교사가 있는 선교부에서는 정기 모임을 통하여 그곳의 모든 안건을 처리하도록 하고, 여성 사역에 관한 내용이 토론될 때에는 여선교사도 참석하여 투표하도록 라이얼이 제청하다. 통과되다.

공의회의 회의록에서 발췌함

엥겔, 서기.
['호주장로교선교사공의회 회록', 1909-1913, 1-2]

엥겔과 아담슨-앞줄, 호주선교사 가족(Engel & Adamson & the Australian
families, c1910) *Photo: '왕길지 목사의 선교 발자취'

69. 호주선교사 특별공의회

일시: 1910년 3월
참석: 아담슨, 엥겔, 커를, 라이얼, 맥켄지, 무어, 니븐

부산진의 고아원을 위하여 할당된 예산은 계획된 대로 고아와 기숙사생을 위한 집을 건축하고, 그 집을 '미우라 학원(The Myoora Institute)'이라고 부르기로 커를이 동의하고 엥겔이 제청하다. 통과되다.

미우라학원을 위한 위생적인 장소를 찾는 일은 여학교 근처로 고려하되, 그곳에 여선교관도 세워지면 모든 빅토리아여선교연합회 건물이 한 장소에 모이게 된다. 엥겔, 아담슨 그리고 맥켄지가 소위원회로 모여 이 계획의 타당성을 조사하고, 다른 사항들도 고려하여 최종결정을 위하여 임원회에 보고하기로 엥겔이 동의하고 커를이 제청하다. 통과되다.

미국장로교선교회와의 지역 분할이 효력을 발생하여, 우리의 동쪽 영역 선교지역에 아담슨의 일이 없어졌으므로, 하루속히 그가 마산포에 상주하는 것이 요청된다. 그러나 초량에 있는 선교회의 부동산을 즉시 처분할 수 없으므로, 해외선교위원회는 마산포 사택을 위하여 즉시 기금을 보낼 것을 엥겔이 동의하고 커를이 제청하다. 통과되다.

초량의 부동산 매도는 임원회에 위임하기로 하다. 통과되다.

사역의 발전과 인구 증가를 고려하면 앞으로 3년 동안에 부산진

174

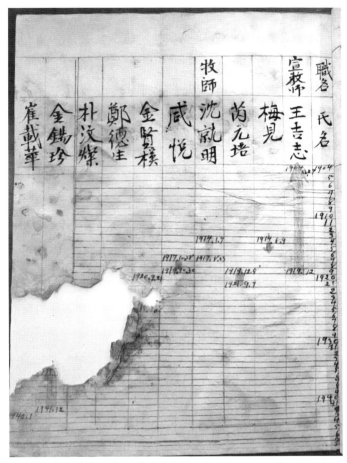

왕길지와 부산진교회 교역자명부(Engel on the Busanjin Church
Pastors list) *Photo: Busanjin Church

에 2명, 마산포에 3명, 그리고 진주에 5명의 목사 선교사가 요청된
다. 해외선교위원회는 이 상황을 고려하여 선교사를 파송하되, 가능
한 그들의 실제 사역 안배는 공의회에 맡기도록 동의하고 제청하다.
통과되다.

진주에 세워질 배돈기념병원에 우리의 의료 선교사를 집중하도록 하는 정책을 승인하다. 그러나 그러한 정책은 병원의 대대적인 확장이 포함되어야 한다는 것을 해외선교위원회에 지적하기로 엥겔이 동의하고 커를이 제청하다. 통과되다.

선교회의 초등학교는 기독교인과 비기독교인 모두를 위한 것이라는 우리의 현재 정책을 유지하도록 동의하고 제청하다. 통과되다.

우리가 현재 운영하는 초등학교를 한국인 교회가 점차로 지원할 수 있도록 하고, 시골의 새 학교는 지역교회가 전적으로 지원하도록 하며, 전도사역 지원을 함께 나누지 못하면 어떤 교회도 학교 시작 허락이 불가함을 동의 제청하고 통과하다.

선교회 학교에 고용된 남녀 교사들의 전문적인 능력 발전을 위하여 여름에 연례반을 개강하여 엥겔이 주관하며, 지역의 교회가 여행 경비를 최대한 지원하고, 나머지는 해외선교위원회가 부담하도록 동의, 제청 그리고 통과되다.

정부의 새 규정에 따라 우리 선교부의 모든 재산을 등록하도록 아담슨에게 요청하고, 각 선교부에서는 재산 지도를 준비하도록 동의, 제청 그리고 통과되다.

종종 발생하는 기금 부족 해소를 위하여 그리고 사역을 위한 재정을 관계 선교사가 미리 받을 수 있는 제도를 마련하기로 하다. 해외선교위원회는 연례 예상 액수 제도를 적용할 것을 공의회의 연례 모임에서 결정할 것과, 해외선교위원회와 빅토리아여선교연합회에서는 그 예상액을 근거한 연례 허가제도를 적용할 것과, 그 액수를 분기별로 공의회 회계에 송금할 것을 동의 제청하다. 통과되다.

해외선교위원회에 요청하기를 임원회의 규정 중 '부산에 거주하는'을 삭제하고, '임명하는' 대신에 '공의회에 의하여 선출되는'으로 대체할 것을 동의 제청하며, 그 문구는 다음과 같다. "임원회는 안건을 다루기 위하여 최소 3명의 남성을 공의회에서 선출하고…" 통과되다.

회계의 선출은 임원회에서 한다는 규정을 다음과 같이 바꾸도록 해외선교위원회에 제안하는데 동의 제청하다. "선교사 공의회는 회계를 선출하고, 그는 자신에게 맡겨진 해외선교위원회와 여선교연합회의 기금을 돌보며 책임진다." 통과되다.

공의회의 임원은 공의회에서 선출한 인원과 함께 임원회를 구성할 것을 동의 제청하고 통과시키다.

연례 공의회 모임 전에 각 선교부는 개 선교사의 사역 안배를 논의하여 공의회에 확실하게 제안하여야 한다. 동의와 제청 그리고 통과되다.

건물위원회는 최소 3명의 위원이 임명되어야 하며, 계획 및 세부사항, 계약과 선교부의 건물 공사를 위한 목적으로 협의할 것을 커를이 동의하고 엥겔이 제청하다. 통과되다.

모든 위원회는 4명 이상으로 구성되지 않고, 정족수는 2명 이상으로 충분한 것으로 동의하고 제청하다. 해외선교위원회에서는 이것을 승인하지 않았는바, 그 규정은 다음과 같다. "모든 위원회의 정족수는 3명 이상이어야 한다." (1910년 7월 11일 편지)

우리 선교회 영역에 섬이 많이 있고, 맥켄지가 도서 지역에 많은 경험이 있지만, 그의 마산포에서의 섬 사역 제안은 해외선교위원회의 의견을 듣고 다음 모임에서 결정한다. 이 일이 맥켄지에게 할당될 경우 (뉴헤브리데스) 노구구 교인들이 그에게 준 후원금으로 모터보트를 구매하도록 승인하다. 동의와 제청 그리고 통과되다.

커를 부부가 휴가차 떠나고 라이얼 부부가 도착할 때까지 진주에 남은 켈리와 스콜스의 용기와 헌신, 그리고 커를의 부재 동안 진주선교부 전체 사역을 위하여 이들이 보여준 훌륭한 헌신을 공의회 기록으로 남기기를 라이얼이 동의하고 커를이 제청하다. 통과되다.

대구에서 열리는 조사성경반에 세례문답 교사, 전도사 그리고 매서인을 보내는 비용이 점차로 증가하고 있다. 지금까지 조사반을 경상남북도의 미국장로교선교회와 협력하였지만, 본 선교회에도 가르칠 수 있는 인원이 충분하므로 우리의 연례 반을 조직하여 조사들이 유익을 얻도록 할 것을 동의하고 제청하다. 경상남도의 미국장로교선교회 선교사들을 초청하여 우리와 함께 조사들을 가르치고 그들의 조사들도 참석하여 협력하도록 하다. 통과되다.

커를은 진주선교부의 사역이 매우 증가함에 따라 2명의 조사를 더 요청하였고, 그 요청은 수용되었으며, 진주선교부는 남성 2인을 고용하는 절차를 밟도록 허하다.

선교사들의 언어교사 봉급은 월 12엔, 새 조사(세례문답 교사) 혹은 전도자는 월 13엔, 그리고 3년 이상 된 조사는 월 14엔으로 정하고, 심 장로의 경우는 예외로 하며, 모든 조사의 실제 여행 경비를 지급하도록 한다. 동의와 재청 후에 통과되다.

공의회의 회의록에서 발췌함

엥겔, 서기.
['호주장로교선교사공의회 회록', 1909-1913, 2-7]

70. 호주선교사공의회 연례회(1910)

일시: 1910년 8월

장소: 초량과 부산진

참석: 아담슨, 엥겔, 커를, 라이얼, 맥켄지, 무어, 니븐, 켈리,
　　　스콜스, 클라크

임원: 회장/서기 – 엥겔, 회록 서기 – 라이얼, 회계 – 아담슨

호주선교사공의회와 엥겔 부부-중간 왼편(Engel at Australian Mission Council,
1910) *Photo: 'The Chronicle', 1910.

해외선교위원회는 부대비용 기금을 유지하기 위하여 규정된 금액 1,000엔에 맞추어 235엔을 즉시 보낼 것을 요청하다. 동의와 제청 그리고 통과되다.

대학교의 기독교 성격을 유지할 수 있는 안전장치가 교칙에 충분히 반영되지 않은 한, 본 공의회는 현재 대학교 계획을 지지할 방법이 없음을 동의와 제정하다. 그리고 통과되다.

평양의 유니언크리스천칼리지와 아카데미의 교장 베어드 박사가 보낸 두 개의 서신을 읽다. 그는 그 도시에 강력한 대학기관 운영을 본 선교부도 함께 하자는 제안을 하다.

베어드 박사의 편지에 응답하여 아직은 협력할 때가 아님을 본 선교회가 느끼고 있다는 데 동의하다. 그리고 임원회는 선교를 위하여 다음 연례회 때까지 교육 정책을 발전시켜 보고하도록 하다.

본 선교회의 회계연도를 달력의 연도와 동일하게 하기로 결정하다.

앞으로 공의회의 한국어 시험에 응하기 원하는 선교사의 아내들은 선교부의 비용으로 한국인 교사의 시간을 이용할 수 있기로 하다.

진주선교부의 요청을 라이얼이 제시하다. "켈리의 은퇴와 진주선교부의 여성 사역 필요성이 증대함에 따라, 공의회를 통하여 빅토리아여선교연합회에 진주 지역의 전도사역을 위한 두 명의 여성선교사를 즉시 보낼 것을 요청한다."

이 요청을 승인하고, 그 내용을 해외선교위원회로 전송할 것을 동의와 제청 그리고 통과하다.

한 명은 여학교 교사로, 다른 한 명은 전도사역자로 두 명의 여성선교사를 마산포로 파송해 달라고 빅토리아여선교연합회에 요청하며, 기금도 미리 보내 그 여성들의 사택을 준비할 것을 아담슨이 동의하고 커를이 제청하다. 통과되다.

지금까지의 이 네 명의 여성선교사 요청은 앞으로 3년 동안 3개의 선교부가 요구할 수 있는 여성선교사 총 숫자이다.

마산포와 진주선교부 재산 등록은 아담슨이, 부산진의 재산 등록은 엥겔이 하도록 임명하는 건을 아담슨이 동의하고 맥켄지가 제청하다. 통과되다.

아담슨 부부가 초량의 집을 떠나 마산포로 이사하면, 부산진선교부가 그 재산을 관리하도록 아담슨이 동의하고 커를이 제청하다. 통과되다.

초량 재산 매각에 관하여는 시장가격으로 15,000엔으로 정하되, 최하 10,000엔이 되도록 임원회에 제안하는 것을 라이얼이 동의하고 아담슨이 제청하다. 통과되다.

새로 부임하는 선교사들에게는 한국의 여름이 힘든 계절이므로, 9월이나 최소 11월에 파송할 것을 해외선교위원회에 추천하기로 라이얼이 동의하고 아담슨이 제청하다. 통과되다.

첫해 언어공부를 하는 새 선교사는 선교부의 선임 선교사에게 일주일에 평균 2시간 언어공부의 도움받을 권리가 있음을 라이얼이 동의하고 아담슨이 제청하다. 통과되다.

임원회는 곧 올 호주대표단의 방문일정을 잠정적으로 준비하는 일에 전념하도록 결정하다.

속히 결정을 내려야 할 안건이 발생할 시 공의회를 소집하지 않아도 결정하는 방법을 임원회가 설계하도록 맥켄지가 동의하고 라이얼이 제청하다. 통과되다.

공의회의 회의록에서 발췌함

엥겔, 서기.
('호주장로교선교사공의회 회록', 1909-1913, 7-9)

71. 해외선교위원회 대표단과의 특별회의

일시: 1911년 1월

장소: 부산진

참석: 아담슨, 엥겔, 커를, 라이얼, 맥켄지, 매크레이, 왓슨, 무어,
　　　스콜스, 클라크, 데이비스

참관: 페이튼(해외선교위원회 총무), 길란더스

공의회 회장이 해외선교위원회 대표단을 환영하다. 평신도선교
사운동 총회와 관련하여 우튼이 동의한 결의안을 읽다.

선교사 봉급을 현 상태로 유지하며, 8살에서 12살 자녀에게는
연 30파운드, 12살에서 18살까지는 연 40파운드를 추가로 지급하
되, 누구도 연 350파운드를 초과하여 받아서는 안 된다.

수정안이 제시되었는바, 다음과 같다. "결혼한 선교사 봉급은 연
260파운드로 조정하며, 12살까지의 자녀는 연 15파운드, 12살에서
18살까지의 자녀는 연 25파운드의 수당을 지급한다." 동의 제청하
여 통과되다.

독신 남성 봉급은 연 200파운드에서 150파운드로 조정하다. 통
과되다. (해외선교위원회는 불승인하다.)

마산포 지역의 섬 지역 사역을 자원한 맥켄지의 제안을 공의회
가 숙고하였는바, 그곳의 사역은 마산포에서 집행하는 것이 제일 유
리할 것으로 판단되어 불승인할 것을 라이얼이 동의하고 아담슨이
제청하다. 통과되다. 맥켄지는 자신의 부동의를 기록으로 남길 것을

요청하였고, 승인되다.

진주 지역에 새 조사 두 명 임명하는 건에 관하여, 추천에 동의하는 토론이 있고 난 뒤 대표단이 승인하다. 공의회는 본 안과 관련하여 선교사들이 자급의 원칙을 발전시키려고 현재 최선을 다하고 있음과 이미 일정한 진보가 있음을 대표단에 확신시키다.

이때부터 데이비스 부인, 켈살 양, 그리고 다른 대표단 방문자들도 회의에 참석하다.

교육 정책에 관하여는 다음과 같이 채택되다.

A. 여학생 교육
I. 초등학교
(1) 초등학교에 관한 우리의 정책은 선교사가 주재하는 선교부마다 여학생을 위한 초등학교를 운영하는 것이다.
(2) 각 여자 초등학교는 외국인 여성 교육 선교사가 책임 맡는다.
(3) 선교회는 선교사가 주재하는 각 선교부에 학교 건물과 기숙사를 제공한다.
(4) 선교회가 각 선교부에 제공할 목표는
  a. 학교 건물과
  b. 최대 40명의 학생을 수용할 충분한 한국식 기숙사이다.
(5) 건물과 설비의 총비용은 대략 350파운드를 넘지 않도록 한다.
(6) 기숙사생 지원에 관한 어떤 경비도 공의회가 보증하지 않으며, 특별한 경우에만 공의회가 결정한다.

II. 중학교

(1) 선교회는 소녀들을 위하여 온전히 설비를 갖춘 중학교 하나를 운영한다.

(2) 선교회는 이 학교에 최소 2명의 외국인 여성 교육 선교사를 제공한다.

(3) 우리의 현재 선교지가 경상도 전체로 확장되지 않는 한, 중학교는 진주에 위치한다.

(4) 중학교 건물에 관하여는 엥겔, 커를, 해외선교위원회 총무로 구성되는 위원회가 다음 모임에 보고토록 한다.

B. 남학교

I. 초등학교

소년을 위한 초등학교 운영은 선교회의 정책이 아니다. 그러나 한국교회가 온전히 책임을 질 때까지 선교회는 선교사가 거주하는 곳의 남자 초등학교를 지원할 수 있다.

II. 중학교

(1) 선교회는 소년들을 위하여 온전히 설비를 갖춘 중학교 하나를 운영한다.

(2) 선교회는 이 학교에 최소 1명의 남성 교육 선교사를 제공한다.

(3) 우리의 현재 선교지가 경상도 전체로 확장되지 않는 한, 중학교는 진주에 위치한다.

건물 비용 등에 관한 질문은 여학교를 위하여 임명된 위원회가 다루기로 한다.

선교회의 중학교는 우선적으로 기독교인을 위한 것이며, 잔여 자리가 있을 경우 비기독교인 학생도 일부 수용될 수 있음을 동의 제청하다. 통과되다.

자체 대학교를 운영하는 것은 선교회의 정책이 아님을 동의하다. 그러나 다른 선교회가 이미 운영하는 대학교에는 우리 선교회가 문을 열어놓는다. 통과되다.

평양의 유니언신학교에서 타 장로교 선교회와 계속하여 협력하는 것은 선교회의 정책이다. 통과되다.

평양의 신학교 옆에 그 학교의 학생들을 위한 기숙사를 세우고 운영하는 것에 동의 제청하다. 통과되다.

세브란스의학원에서의 의술 훈련을 위하여 한국의 타 선교회와 협력하며, 매해 교수 인원 한 명을 파송하고, 의학원의 현재 재정을 위하여 타 선교부와 의논하여 동의한 액수를 지출할 것을 동의하고 제청하다. 통과되다.

선교회의 모든 학교는 가능한 자급 하도록 하는 것이 우리의 정책임을 동의 제청하다. 통과되다.

전도사역을 위하여 여성 선교사를 파송할 경우 최소한 한 명은 온전히 훈련된 간호사임이 바람직하다는 데 동의하고 제청하다. 통과되다.

선교회에서 예상하는 목사 선교사 수에 더하여, 선임 남성 목사가 매우 시급한 순회 사역을 해야 할 때를 대비하여 두 명의 남성을 더 보내도록 해외선교위원회에 요청하기로 동의 제청하다. 통과되다.

위원회는 건물의 비용에 관하여 다음의 보고서를 제출하다.

"남학교와 여학교 둘의 벽돌 학교 건물은 100명의 학생을 4개의 반으로 구성하면 800파운드, 15개의 기숙사 방(10'X10')과 식당 하나(30'X10')는 250파운드 그리고 설비 비용은 150파운드, 총 1,200파운드가 예상된다."

세출 청구서

여학교	(단위 파운드)
한국인 여성 교사 3인(연 37.10파운드)	112.10.0.
관리인	3.15.0.
현재 비용	15.00.0.
	총 131.5.0.

남학교	
한국인 남성 교사 1인	50.00.0.
한국인 남성 교사 3인(연 44파운드)	132.00.0.
관리인	3.15.0.
현재 비용	15.00.0.
	총 200.15.0.

산업 공장은 보고 준비가 되어 있지 않다.

본 보고서는 동의하여 채택되다.

산업 공장 비용과 확장 건은 해외선교위원회에 보고하기 위하여 임원회로 보내기로 하다. 동의 제청하다. 통과되다.

마가렛 알렉산더는 임시로 부산진에 거주하기로 동의 제청하다. 통과되다.

유치원 교육에 관한 건은 해외선교위원회에 보고하기 위하여 임원회로 넘기기로 하다. 동의 제청하다. 통과되다.

북미국선교회가 활동하고 있는 경상남도의 남은 지역 전체를 호주선교회로 이관할 것을 요청하기 위하여 해외선교위원회가 미장로교회 선교부와 접촉할 것과, 호주선교회는 한국인을 대상으로 선교하고, 북미국선교회는 경상남도의 일본인을 대상으로 선교할 것을 제안하다. 동의 제청하다. 통과되다.

위원회 정족수를 3인으로 고정한 결정에 해외선교위원회에 재고를 요청하며, 해외선교부 총무가 현장을 바탕으로 설명할 것을 요청하다. 동의 제청하다. 통과되다.

진주의 북서지역을 좀 더 효과적으로 선교하기 위하여 두 명의 남성 목사 선교사가 준비되는 대로 거창에 새 선교부를 설치하는데 동의 제청하다. 통과되다.

각 선교부에 최소한 두 명의 남성 목사 선교사가 있어야 함이 선교 정책임을 동의 제청하다. 통과되다.

선교사가 거주하는 각 선교부에서 성경학원을 진행할 것을 동의 제청하다. 통과되다.

이 안을 실행할 수 있도록 지난번 회의록에 이미 요청한 두 명의 선교사 외에 한 명을 더 임명하도록 하다. 그러므로 부산진은 3명의 남성 목사, 마산포는 4명의 남성 목사, 진주는 5명의 남성 목사, 그리고 거창에는 2명의 남성 목사를 두기로 하다. 동의 제청하다. 통과되다.

앞으로 선교관의 형태, 건축 그리고 비용에 관한 전체 질문은 위원회에 맡기기로 하다. 위원회는 커를, 아담슨, 맥켄지, 라이얼로 구성하고 다음 공의회 안건으로 다룰 수 있도록 보고하다. 동의 제청하다. 통과되다.

건물위원회의 보고서를 커를이 보고하다. "토론 후에 결정하기를 보고서를 위원회로 보내기로 하다. 위원회에 무어와 스콜스를 포함하고 여성 사택에 관한 계획을 더 심의하도록 하다."

현장의 선교사 이름이 고향 교회 노회 명단에 유지될 수 있는지 해외선교 총무에게 확인토록 하다.

해외선교부 총무는 선교회 선교사들이 한국의 장로교회 발전에 온전히 참여할 필요성을 지적하고, 공의회는 한국교회 발전을 위한 사역에 협력할 의지를 확인하다.

남해에서의 효과적인 선교를 위하여 선교사들이 휴식할 수 있는 집을 짓도록 하며, 장소 확보를 승인할 것을 해외선교위원회에 요청하며, 예상 금액 약 2백 엔으로 하다. 동의 제청하다. 통과되다.

일본인 사역을 위하여 라이얼 부인이 일본어 공부반을 시작하기 원한다는 좋은 소식에 하나님의 축복이 그녀의 사역에 함께 할 것을 기원하다. 동의 제청하다. 통과되다.

커를이 건물위원회 보고를 하였고, 채택되다.

만약 적절한 남성이 찾아지면, 그를 선교회의 여러 건물 공사 감독을 위한 일꾼으로 보내기로 하다. 동의 제청하다. 통과되다.

초량 사택을 부산진으로 이사하여 그곳에 맥켄지를 위하여 세우는 건물 전체 안은 건물위원회로 넘기고, 위원회는 해외선교위원회에 직접 보고하기로 하다. 동의 제청하다. 통과되다.

엥겔은 북미국선교회로부터 나환자요양원 운영 지원 요청을 받았고, 요양원이 그의 영역 안에 있으므로 이 요청을 수용하기로 동의하다. 다만 재정적인 책임은 지지 아니하고 맥켄지도 협력하기로 하다. 통과되다.

선교회의 독신 여성이 병들거나 나이 들 때를 위한 연금 기금 설립이 선교회의 큰 염원임을 빅토리아여선교연합회와 해외선교위원회에 적극적으로 알리기로 하다. 동의 제청하다. 통과되다.

왓슨을 마산포로 발령하다. 동의 제청하다. 통과되다.

매크레이는 진주로 발령하다. 동의 제청하다. 통과되다.

언어위원회는 한국어 시험에 있어서 점수는 발표하지 않고, 합격인지 불합격인지만 발표하기로 지도하다. 동의 제청하다. 통과되다.

공의회는 '새 선교사를 위한 안내서'을 준비하고, 커를과 라이얼에게 초안을 집필하도록 위탁하다. 그리고 임원회가 교정하여 해외선교위원회에 보내기로 동의 재청하다. 통과되다.

본 공의회는 호주 위원회의 방문을 깊이 감사하며, 특히 한국 선교를 지원하는 해외선교부 총무 페이튼 목사와 길란더스 씨에게 감사하다. 은혜의 보좌 앞에서 위원회의 회원들을 기억할 것을 확약하다. 동의 제청하다. 통과되다.

공의회 회원들이 일어나 시편 100편을 찬양하다.

공의회의 회의록에서 발췌함

엥겔, 서기.
['호주장로교선교사공의회 회록', 1909-1913, 9-16]

72. 호주선교사공의회 연례회(1911)

일시: 1911년 9월

장소: 진주

회원:

목사 - 아담슨, 엥겔, 커를, 라이얼, 맥켄지, 매크레이, 왓슨.

여성 - 무어, 니븐(휴가로 불참), 스콜스, 클러크, 데이비스,
알렉산더.

8. 감사보고서는 별도로 받아들이고, 약간의 수정과 함께 동의
하여 채택하다. 그 내용은 다음과 같다.

(1) 재정 보고는 매년 6월 30일로 하다.

(2) 일반선교 기금에서 부대 비용 기금 통장은 완전히 별개로
두기로 하다.

(3) 제대로 된 감사보고서를 각 선교부에 보관하며, 이것은 선
교회 재정보고서와 구별토록 하다.

9. 일반선교 기금은 선교회 회계에게 보내되, 각 선교부를 위한
목적의 돈은 각 선교부 회계에게 직접 보내기로 해외선교위
원회에 청원하기로 라이얼이 동의하고 엥겔이 제청하다. 승인
되다.

10. 여선교사 봉급과 기타 물품을 각 선교부 회계에게 직접 보낼
것을 빅토리아여선교연합회에 청원하기로 클라크가 동의하
고 무어가 제청하다. 승인되다.

11. 평양의 유니언신학교 내 '빅토리안 기숙사' 건립에 관하여, 남미선교회에 1,200엔을 지원하기로 서기가 편지하도록 엥겔이 동의하고 라이얼이 제청하다. 회계의 그 지원금 송금을 허락하고, 엥겔은 그 신학교 이사회와 협력하여 필요한 수리와 공사를 위한 재정을 집행하고, 회계는 지출하도록 하다. 승인되다.

13. 조사들을 위한 '조사성경반위원회'를 3인으로 구성하고, 위원회는 공부반을 준비하고 교사단을 꾸리는 일을 집행하도록 엥겔이 동의하고 아담슨이 제청하다. 통과되다.

14. 데이비스는 앞으로 최소 1년 부산진에 주둔하기로 엥겔이 동의하고 맥켄지가 제청하다. 다른 단어를 삽입할 수 있도록 '데이비스' 다음의 모든 단어를 삭제할 것을 라이얼이 동의하고 매크레이가 제청하다. 수정안이 통과되다. 데이비스는 진주선교부에 주둔할 것을 라이얼이 동의하고 스콜스가 제청하다. 통과되다.

15. 알렉산더는 부산진에 주둔하도록 엥겔이 동의하고 맥켄지가 제청하다. 통과되다.

16. 맥피는 마산포로 발령하되, 그곳에 여선교사관이 지어질 동안 부산진에 거하도록 하다. 그리고 두 번째 여선교사를 그 선교부에 안배하도록 아담슨이 동의하고 알렉산더가 제청하다. 다른 단어를 삽입할 수 있도록 '맥피' 다음의 모든 단어를 삭제할 것을 스콜스가 동의하고 클러크가 제청하다. 수정안이 부결되다. 원안이 통과되다.

17. 캠벨이 진주에 주둔하도록 라이얼이 동의하고 무어가 제청하다. 통과되다.

18. 진주의 여자중학교보다 마산포의 여자초등학교 건축이 현재

더 시급한 것을 엥겔이 동의하고 왓슨이 제청하다. 통과하다.

19. 세 개의 반을 더 수용할 수 있는 부산진여학교 확장을 위하여 부산진선교부는 건축위원회에 계획서를 제출할 것을 맥켄지가 동의하고 라이얼이 제청하다. 통과되다.

20. 마산포의 여선교사관을 위하여 즉시 행동에 옮길 것과 건축위원회가 계획서를 조정하도록 아담슨이 동의하고 왓슨이 제청하다. 통과되다.

21. 현재의 여선교관 확장 대신에 진주여학교 기숙사 안에 두 명의 외국인을 위한 숙소를 제공할 것을 데이비스가 동의하고 스콜스가 제청하다. 통과되다.

23. 남자초등학교 정책에 다음의 내용을 보충할 것을 엥겔이 동의하고 라이얼이 제청하다. "선교회는 각 선교부가 우선으로 최대 20명이 거주할 수 있는 남학생 기숙사를 운영하고, 시골의 기독교 소년들이 학교에 올 수 있도록 격려한다." 비용은 대략 100파운드(혹은 40명에 150파운드)이다. 통과되다.

24. 부산진선교부의 경우 이 목적으로 동래읍에 기독교 남학교 설립을 고려하기로 엥겔이 동의하고 맥켄지가 제청하다. 우리의 동쪽 지역의 중심 학교이다. 통과되다.

25. 서기가 평양의 유니언신학교에서 온 편지를 낭독하다. 편지를 받을 것을 라이얼이 동의하고 아담슨이 제청하다. 위원회는 편지에 감사하고, 현재는 교수 요원 파송이 불가한 아쉬움을 표하며, 미래의 협력을 위하여 문을 열어두기로 하다. 통과되다.

26. 마산포선교부와 연관되어 실행되는 도서 지역 선교와 맥켄지의 풍부한 섬 지역 경험으로, 다음의 조건으로 그와 왓슨이 사역지를 교환하도록 해외선교위원회에 추천하기로 하다. 맥켄

지가 동의하고 왓슨이 제청하다.

(1) 마산포선교부에 세 번째 남선교사가 임명되기 전까지 도서 지역 선교에서 아담슨의 부담을 덜고,

(2) 그곳 바다에서 모터보트를 운영할 수 있도록 일본 경찰의 승인을 받기로 하다.

이 안에 대하여 3명이 찬성하고, 3명이 반대하다. 그리고 위원장이 반대표를 던지므로 부결되다. 맥켄지는 그의 반대를 기록으로 남기고, 해외선교위원회에 항소하기로 하다. 승인되다.

27. 마산포 선교사 안배와 관련하여 맥피가 마산포선교부로 임명되었지만, 부산진에 거주하는 동안에는 부산진선교부가 그녀에게 역할을 줄 수 있도록 라이얼이 동의하고 매크레이가 제청하다. 통과되다.

28. 데이비스의 진주선교부 임명이 가능한 10월 말부터는 효력이 발생하도록 진주선교부의 요청을 라이얼이 제안하고 통과되다.

26 보충. 맥켄지는 항소에 관련하여 반대하는 자신의 이유를 설명하다.

26 보충. 공의회는 전체 위원회 모임을 하도록 엥겔이 동의하고 왓슨이 제청하다.

26 보충. 다시 공의회로 모이자 위원장 커를은 위원회의 결정을 보고하다. "아담슨과 맥켄지가 위원회가 되어 마산포 당국이나 다른 당국과 상의하여 마산포선교부 사역에서 모터보트를 사용할 가능성에 대하여 상의하고, 이 정보를 취득하기까지 항소를 유지하기로 하다." 전체 위원회의 결정을 엥겔이 동의하고 라이얼이 제청하다. 통과되다.

33. '서신으로 투표하는 규정' 초안 작성을 요청받았던 임원회를 대신하여 엥겔이 보고하다. 추천된 내용은 다음과 같다.
"예상치 못한 대표 선출은 서신으로 투표할 수 있되, 다수의 표를 받은 회원이 대표로서 활동한다."
"해외선교위원회가 급박하게 연락하여 회원들의 의견을 묻는 안에 관하여서는, 순환 투표에 의하여 확인을 받는다. 그리고 그 결과인 찬성과 반대에 관한 내용을 신속하게 해외선교위원회에 알린다."

본 안건 둘 다 승인되다.

34. 라이얼에 의하여 제출된 진주선교부 소위원회의 내용에 관하여 전에 특별하게 임명된 문 조사는 3년간 임명된 조사와 동일하게 취급됨을 아담슨이 동의하다. 통과되다.

35. 엔 단위로 보고할 때 서기는 2.75다임으로 환율을 적용할 것을 엥겔이 동의하고 라이얼이 제청하다. 통과되다.

36. 1911년 8월 27일 마산포에서 열린 선교부 회의록을 왓슨이 제출하다. 다음의 내용을 그가 동의하고 아담슨이 제청하다.
"마산포의 아담슨 사택 건물에 연관되어 계약자의 재정 부실로 인한 위기가 발생하였고, 아담슨은 몰랐지만 마산포교회의 지도자가 사택 건축을 위하여 500엔을 계약자가 사용할 것을 보증하였고, 이 재정적 의무를 이행하는 것만이 사택을 완공할 수 있을 것이며, 계약된 빚 정산 면제가 아담슨의 도덕적 의무이자 교회의 이익이라고 교회지도자가 생각하고 있으므로, 아담슨에게 500엔을 상환할 것을 해외선교위원회에 추천하다." 승인되다.

39. 라이얼이 다음과 같이 발의하고 엥겔이 제청하다.
    "최근 수년 동안 선교회에 의하여 큰 재정이 불필요하게 전보로 소통되었고, 이것에 대하여 장차 논의될 것으로 보이며, 그리고 계속될 필요성이 증가하고 있으므로, 선교회는 각 선교부와 호주교회를 위하여 중국내지선교회의 규정집을 살 수 있도록 해외선교위원회에 요청하다. 통과되다."
42. 공의회는 한국기독교선교교육연맹의 규정을 승인하고, 연맹의 한 선교 구성원으로 참가하기로 엥겔이 동의하고 라이얼이 제청하다. 통과되다.
43. 공의회와 관련된 교육 사역의 큰 성장을 고려하여 교육위원회를 임명하고, 교육에 관한 안을 다루는 임시 권한을 부여하기로 매크레이가 동의하고 엥겔이 제청하다. 통과되다.
44. 공의회는 한국주일학교협의회의 계획을 승인하고, 이 일에 협력할 것을 엥겔이 동의하고 맥켄지가 제청하다. 통과되다.
47. '부대비용기금' 이름을 '비상 기금'으로 변경하고, 해외선교위원회에 비상의 상황이 무엇인가에 대한 기준을 정리하도록 라이얼이 제안하고 통과되다.
48. 진주의 여자초등학교가 중등학교를 담당하고 있는 인원들의 지도하에 있는 만큼, 그곳에 총 5명의 여선교사만 안배하기로 라이얼이 동의하고 무어가 제청하다. 그러므로 거창선교부가 개설될 때까지 진주와 마산포에 각 1명의 여선교사가 필요하다. 통과되다.
49. 기금의 분기별 명세서를 보내 달라는 빅토리아여선교연합회의 요청에 관하여, 공의회는 사역의 압박과 성격 그리고 각 선교부 회계의 분기별 보고로 인하여 그것을 실행할 수 없으나, 회계는 연례 명세서를 좀 더 세분화하여 보내기로 엥겔이 동

의하고 아담슨이 제청하다. 통과되다.

50. 맥켄지에 의하여 보고된 기독교 여학생 장학금에 관한 1911 년 8월 4일 부산진 회의록 내용을 엥겔이 동의하고 맥켄지가 제청하여 받아들이도록 하고, 이 안을 교육위원회에 넘겨 장학금의 기준과 선발 원칙을 발전시키도록 하다. 통과되다.

51. 여자중등학교 계획안을 보내라는 빅토리아여선교연합회 요청에 관하여, 교육위원회는 학교와 기숙사 건립계획을 세우고, 건물위원회를 통하여 호주의 관계기관에 접수하기로 엥겔이 동의하고 라이얼이 제청하다. 통과되다.

52. 이 일을 위한 입찰자에 관련하여, 건물의 비용은 이미 1,000 파운드로 결정되었음을 공지하고, 공의회의 건물위원회가 입찰자 선발과 계약서 서명을 하며, 호주의 관계자는 건축의 모든 사항을 일임할 것을 공의회가 요청하기로 엥겔이 동의하고 매크레이가 제청하다. 통과되다.

['호주장로교선교사공의회 회록', 1909-1913, 17-25]

일시: 1911년 9월 11일

26 보충. 맥켄지와 왓슨 사이의 사역 교환에 관한 결정을 다시 고려하기로 아담슨이 동의하고 매크레이가 제청하다. 통과되다.

26 보충. 맥켄지와 왓슨이 사역의 영역을 서로 나누는 것에 동의하는 것과 관련하여, 맥켄지는 자신이 섬에서 누구보다 더 잘할 수 있다는 강한 확신이 있으며, 그리고 선교부가 모터보트를 사용할 수 있다는 당국의 허락을 전제하여, 맥켄지와 왓슨은 이른 시일 안에 선교 영역을 교환하도록 해외선교위원회의 재가를 요청하다. 아담슨이 동의하고 매크레이가 제청하여 통과되다.

26 보충. 맥켄지는 그의 항소와 반대 이유를 취소하다.

53. 건물위원회는 장차 계약서가 1,000엔이 넘어갈 경우, 계약자는 10%의 보증금을 맡겨야 함을 명시하여 계약자가 계약을 파기할 경우 손해를 청산하도록 하다. 엥겔이 동의하고 맥켄지가 제청하다. 통과되다.

공의회의 회의록에서 발췌함

엥겔, 서기.
('호주장로교선교사공의회 회록', 1909-1913, 25-26)

74. 선교 활동 원칙을 위한 회의

일시: 수요일-금요일, 오후 2시~3시 30분
인도자: 라이얼

 다음의 내용이 채택되다.

'교회 회원 조건'에 관하여
1. 교회 신자
   질문: 교회 신자를 좀 더 형식을 갖추고 공식적으로 인정하는 것이 한국교회에 유익이 되지 않겠는가?
   답: 모든 방법으로 신자들을 격려해야 하지만, 이것을 좀 더 형식적이고 공식적으로 인정하는 것은 한국교회에 유익하지 않다. (왓슨)
2. 예비 신자(세례문답반)
   (1) 예비 신자에게 요구되는 자격조건은 회개, 그리스도를 주로 영접함, 그리고 어느 정도의 생활 변화이다. (커를)
   (2) 예비 신자는 정기적으로 지도를 받아야 한다. (매크레이)
   (3) 그러한 지도를 하기 위하여 한국 사역자들은 여러 거점에서 훈련을 받아야 한다. (매크레이)
   (4) 교회의 지도자는 이 가르침에 책임이 있어야 하며, 연례 공부반은 그 가르침의 주제 설명을 위하여 선용 되어야 한다. (엥겔)

(5) 예비 신자를 가르치는 주요 목적은 기독교 신조의 기초를 닦고, 지적인 교회 회원이 되도록 하며, 회심의 마지막이 세례식이 아니라는 것을 돌보는 데 있다. (엥겔)

(6) 예비 신자에게 십계명, 주기도문, 사도신경을 가르치며, 성찬식의 의미를 알게 하며 간단한 교회 정치에 관한 질문을 한다. (엥겔)

(7) 상세한 가르침 후에, 후보자는 십계명, 주기도문, 사도신경을 마음속으로 외워야 한다. (엥겔)

(8) 다 기억하기는 어렵겠지만 특별히 비 문맹자는 이것을 암송할 수 있도록 격려해야 한다. (엥겔)

(9) 사도신경은 그 이름과 같은 신경은 아니지만 초대 교회 전도자들의 가르침과 동일하며, 성경에 있는 내용이며, 신조의 응축된 고백이므로 특히 젊은 회심자들에게 유익하다. (엥겔)

3. 교회 회원: 신앙고백

명제: 다른 것은 불가하고 사도신경과 같은 신앙의 고백이 있어야 한다. (매크레이)

질문: 후보자는 확실한 장로교인으로 세례를 받아야 하는가 아니면 전체 기독교회의 회원임을 강조해야 하는가?

명제: (1) 세례는 삼위일체의 이름 안에서 이루어지므로, 전체 기독교회의 정 회원으로 받아들여지는 것이다. (엥겔)

(2) 목사는 장로교회의 인정된 대표자로 후보자를 그리스도 몸의 한 회원으로 받아들이는 것은 공교회의 한 부분을 통하여 이루어지는 것이다. (엥겔)

4. 입교 조건

명제: (1) 그리스도를 자신의 주님으로 고백한다고 즉시 세례를 베풀어서는 안 된다. (엥겔)

(2) 6개월 만에 받는 예도 있지만, 보통의 경우에 세례문답반에 들어온 지 일 년 후에 세례를 받는다. (엥겔)

(3) 십계명을 지키려는 진정한 노력과 도덕적인 자격을 충분히 갖추었는지 고려해야 한다. (엥겔)

(4) 철저한 마음의 변화와 그리스도를 위하여 전도하려는 진정한 노력을 영적인 자격으로 찾아야 한다. (엥겔)

(5) 구원론에 관한 이해가 지적으로 충분한지 고려해야 한다. (엥겔)

질문: 어떤 권위로 세례를 베푸는가? 당회가 아직 없는 상황에서 어떤 방법으로든 한국교회와 후보자의 적합성을 상의해야 하지 않는가?

명제: 당회가 없는 곳에서는 안수받은 선교사 혼자도 세례식을 집례할 책임이 있다. (맥켄지)

질문: 세례받은 자는 성찬식에 참여할 수 있는가?

명제: 성인 세례자는 당연히 성찬식에 참여할 수 있다. (맥켄지)

5. 어린이 예배

(1) 미래의 교회를 위한 현재 어린이의 중요성을 감안할 때, 일반 교회 예배에 어린이들이 더 흥미를 느낄 수 있도록 해야 한다는 것이 이 대회의 의견이다. (매크레이)

(2) 주일 아침 예배의 확실한 한 부분을 어린이를 위하여 사용해야 하며, 한 해에 두 번 정도 '어린이 주일'을 정하여 교회의 관심을 증대시키고, 어린이의 흥미를 돋우어야 한다. (매크레이)

이상은 공의회에 의하여 채택된 내용이다.

겔슨 엥겔

75. 안평과 피영

　　현재 (부산진)선교부에 노만과 나만 남아있다. 어제 아침 모든 인원이 올해의 공의회가 열리는 진주로 떠났다. 그들은 오늘 오후쯤 그곳에 도착할 것인데 기차, 배 그리고 말을 타는 여정이 피곤하고 힘들 것이다. 그들은 12일쯤 돌아올 것이다. 하루 이틀 후에 맥켄지와 엥겔은 노회와 총회 모임으로 대구로 가 서울로 떠날 것이다.

　　순남이의 남편 조사 정 씨(정덕생 – 역자 주)는 지난주 노회위원회를 통과하여, 안평교회의 장로 후보가 되었다. 안평은 이곳으로부터 40리 떨어진 곳인데 그곳에 그의 집이 있다. 다음 주 노회 전에

1901년 4월 2일　왕길지 목사, 아담슨 목사 후임으로 병영교회 순회 선교사를 맡기로 하다.

1901년 4월 12일　왕길지 목사, 병영교회에 순회 선교사로 처음 오다.

1902년 3월 30일　왕길지 목사, 어른 12명, 어린이 4명에게 세례를 베풀다.

1902년 3월 31일　예배당을 처음 매입하다. (현재의 주소지인 서동 260-2번지)

1906년 2월　본 교회 교인 박민윤, 이유택이 울산읍내 교인들을 위하여 분교하여 강정교회(江亭敎會 / 현재 울산제일교회)를 세우다.

1908년　한국인 초대 교역자로 부산진교회의 심취명(沈就命)장로가 조사(助事)로 부임하여 와서 본교회는 당회가 구성되다. 초대 당회장은 왕길지 목사가 말다.

('울산 병영교회 연혁' 중에서)

엥겔이 가 안수식을 거행할 것이다. 이것으로 우리와 관련된 교회 중 3곳에 당회가 성립되는데, 부산진, 울산의 피영, 그리고 기장의 안평이다.

심 장로는 울산 피영으로 이사하였다. 그는 그곳에서 이달 장로가 되었다. 우리는 그가 우리 노회 안에 (목회자로) 안수받기를 희망하였지만, 울산의 교회들이 그를 지원하지 못하였다. 올해 이 나라의 반이 기근이 들었는데, 그 이유 때문이다.

엥겔 부인
('The Chronicle', 1911년 12월 1일, 2)

76. 동래읍교회와 나환자요양원

엥겔은 가을 내내 순회 전도를 할 수 있었다. 그러나 평양의 신학교에서 3개월 동안 강의를 해야 하기에 6월 말에는 언양 지역과 울산의 북서지역만 순회하였다.

엥겔이 부재할 경우 맥켄지가 울산의 남동쪽과 기장을 순회하였다. 방문하는 곳마다 성찬식도 집례하였다.

엥겔이 집에 있을 때는 자신의 시간을 부산진과 동래읍 교회에 평등하게 나누어 봉사하였다. 동래읍교회는 우리의 가장 큰 교회 중 하나이고, 두 명의 장로를 세울 허락도 받았다.

나환자교회(Lepers Church, Busan, 1930) *Photo: 'The Chronicle', 1930.

　　나환자요양원 감독 일도 최근 엥겔의 시간을 많이 요청하고 있
다. 그곳의 한국인 매니저가 사임하였고, 새 사람을 뽑아야 한다. 또
한, 여러 규율상의 문의도 대응해야 하기 때문이다. 나환자요양원 운
영위원회는 두 명의 미장로교 선교사와 엥겔로 구성되어 있다.

('Our Missionaries at Work', 1911년 12월 12일, 23)

77. 경상도 예수교장로회 노회 회록

제 일 회

주후 一쳔九백十一년 十二월 六일 상오 九시 三十분에 경상남북
도 노회가 제 일회로 부산진 예배당에 모여서 노회 조직회 회장 왕
길지목사의 찬미 93장과 홍승한목사의 성경 에베소 3장을 봄으로
회장이 개회하다.

ㅇ 회장이 홍승한씨를 임시 서기로 천하여 회원의 성명을 기록하니

외국선교사
손안로 부해리 왕길지 심익순 맹의와 위철치 인로절 오월번
권찬영 연위득 거렬후 라대벽 맹호은 매견시 왕대인.

본국목사   김영옥 홍승한.

장로
박신영 김은진 리윤팔 심취명 정덕성 김성호 김기원 황경원
리준섭. 도합 26인중 목사가 17인 장로가 9인인데 흠석원이
15인이라 (미국으로 돌아가 있는 목사 안이와 어도만 양씨라)

ㅇ 조직회장이 노회 회장 택할 것을 설명한 후 `회원이 투표로 왕길

지씨를 택함에 회장이 승좌하시다.

○ 서기는 홍승한씨로 회중이 투표하여 택하다.

○ 여러 선교사의 지경 보고함이 여좌함.

- 손안로씨의 지경은 거제. 용남. 하안. 의령. 마산포.
- 부해리씨의 지경은 대구읍당회 선산월포당회 선산지령. 지례. 샹주. 비안반현 군위 인동 칠곡 성주 고령 현풍.
- 왕길지씨의 지경은 부산진당회 부산부동현 온양 울산서북편.
- 심익순씨의 지경은 부산항영선현 부산부서남편 김해군동편 마산부창원 용천군동남현 칠원군서남편
- 맹의와씨의 지경은 경산사돌당회 경주한강당회 경산의성 의형 신령 흥해 자인 청도 경주 장기연일 대구부동남편
- 위철치씨의 지경은 창원당회 양산 쵸게 협천 김해서남편
- 인로절씨의 지경은 춘기당회 영산 밀양서현
- 라대벽씨의 지경은 하동 고양 남해
- 매견시씨의 지경은 울산병영당회 기장안평당회 기장군 울산부동남편
- 맹호은씨의 지경은 거창 안의 함양
- 왕대인씨의 지경은 진해 고성
- 거렬후씨의 지경은 진주사천당회 삼가 고성

○ 경산 사돌교회에 정재순 개령송내교회에 리영화 성주능골교회에 김공명 지례

유성교회에 박영조 자인읍교회에 한기원 제씨가 장로피택됨을 일일이 부해리씨가 보고하다. (3페이지)

○ 전 대리회시에 장로 택할 허락 받음을 보고함이 여좌함.

동내읍교회에 2인 마사포교회에 1인 고성읍교회에 1인 고성배돌교회에 1인 울산병영교회에 1인 개령읍교회에 1인 지례유성교회

에 1인 성주능골교회에 1인 대구읍교회에 1인 인동태평동교회에 1인

○ 심익순씨가 마산포교회에 패택장로 최경호씨를 금번에 문답하기를 동의하매 김기원씨가 후회에 하기로 개의하여 가결하다.

○ 북도대리회 겸사위원은 회장이 자벽하기를 회중이 허락하매 회장이 심취명씨로 택함을 공포하다.

○ 하오 1시30분까지 폐회하기를 회중이 동의가결하고 회장이 심취명씨의 기도로 폐회하다.

회장 왕길지
서기 홍승한

동일 하오 1시30분에 노회가 계속하여 리윤팔씨의 기도로 회장이 개회하니 출석원은 여전하다.

○ 서기가 전 회록을 낭독하매 회중이 그대로 등록하기를 동의 가결하다.

○ 안동목사 오월번 연위득 김영옥 진주목사 맹호은 라대벽 제씨의 출석치 못하는 편지를 회장이 서기로 낭독하매 회중이 그 참석지 못함을 금번에 받기로 하니 그 출석치 못하는 연고가 불가한 줄로 알고 이후에는 다시 그렇게 하지 말라고 서기에게 위임하여 편지하기를 동의하여 가결하다.

○ 거렬후씨가 유병불참을 회장이 대신 공포하다.

○ 손안로씨가 고성교회에서 안원영씨로 장로 택함을 보고하매 회중이 그 사람의 형편을 사실한즉 세례받은 지가 몇 해 되지 못함으로 1년 후에 문답하기로 동의 가결하다.

○ 전대리회씨에 동해읍과 울산읍과 인동태평동과 고성배돌네교회에 장로택할 허락 받은 것은 장로할 사람이 자격이 부족함으로 무시하기로 회중이 동의 가결하다.

○ 맹의와씨가 자인당말과 청도한재 두 교회에서 전 대리회에 장로 1인씩 택할 허락 받은 것을 보고하매 회중이 그 장로 택할 사람이 세례 받은지가 5년이 되었으면 택하고 5년이 되지 못하였으면 택하지 말기로 동의 가결하다.

○ 심익순씨가 김해읍교회에 피택된 장로 배두협씨가 이전 대리회 시에 시험을 받을 것을 다시 개의하고 금번에 문답할 허락주기를 동의하여 가결하다.

○ 위철치씨가 양산과 초계안현 두 교회에 장로 1인씩 택할 허락주기를 청원하매 회중이 아직 허락지 아니하기로 동의 가결하다.

○ 김성호씨가 대구읍교회에 장로2인 택할 허락주기를 청원하매 회중이 허락하기를 동의 가결하다.

○ 심익순씨가 동내영도와 응천하구 두 교회에 장로 1인씩 택할 허락주기를 동의 가결하다.

○ 학무위원은 회장이 자벽하기로 회중이 동의 가결하다.(6페이지)

○ 손안로씨가 최경호씨에게 신학공부할 허락주기를 청하매 아직 1년 동안 기다리기로 회중이 동의 가결하다.

○ 명일 상오 9시까지 폐회하기를 회중이 동의 가결하매 회장이 김기원씨의 기도로 폐회하다.

회장 왕길지
서기 홍승한

동 7일 상오 9시에 노회가 계속하여 회장이 찬미 95장으로 김응진씨의 성경로마 8장을 봄으로 김성호씨의 기도로 개회하매 회원은 여전하다.

○ 서기가 전 회록을 낭독하매 그대로 등록하기를 회중이 동의 가결하다.
○ 회장이 학무위원은 부해리 김영옥 심익순 정덕성 5인으로 공포하다.
○ 리윤팔씨가 노회 회원의 노회비는 총회 회비에 1전씩 더하여 각 교회에서 거두워 쓰기로 동의 가결하다.
○ 노회 회계는 서기에게 위임하기로 회중이 동의 가결하다.
○ 마산포교회에 피택장로 리경중은 지기의 딸을 믿지 안는 자에게 혼인함으로 그 지방 목사에게 부탁하여 6개월 책벌하기로 회중이 동의 가결하다.
○ 검사위원 심취명씨가 북도대리회 회록이 잘된줄로 보고하매 그 보고받기를 회중이 동의 가결하다.
○ 임시 시찰위원 택할 권은 회장에게 위임하기로 회중이 동의 가결하다.
○ 남도대리회 회계 심취명씨가 보고하매 그대로 받기를 회중이 동의 가결하다.
○ 지금부터는 조선교우에게 월급받는 조사나 전도인은 노회가 주관하기로 회중이 동의 가결하다.
○ 부회리씨가 경산 자인지경 8 교회에 박덕일씨로 조사 세워주기를 청원하매 회중이 허락하기로 동의 가결하다.
○ 왕길지씨가 부산부동현 7 교회에 김만일씨로 조사 세워주기를 청원하매 회중이 허락하기를 동의 가결하다.

○ 조사 리순구 리영화 김공명 박영조 전치현 리문주 김성도 김내언 서성호 김성삼 김주관 취일형 리윤조 서성숙 김락준 송취영 곽경욱 최경호 박성애 문덕인 제씨에게 학습 세우는 권 허락하기로 회중이 동의 가결하다.

○ 노회 회비는 후회에 모일 시에 각 지방목사가 거두어 가져오기로 회중이 동의 가결하다.

○ 금번 노회에 출석하다가 허락 없이 돌아간 회원에게 편지하기를 회중이 동의 가결하다.

○ 후회위치는 대구남문 예배당으로 모이기를 회중이 동의 가결하다.

○ 폐회하기를 회중이 동의가결하고 황경선씨의 기도로 회장이 폐회하다.

회장 왕 길 지
서기 홍 승 한
('경상노회 회록', 1911년 12월 6일~7일, 부산진)

78. 경상노회장 왕길지

제1회

일시: 1911년 12월 6~7일
장소: 부산진예배당
노회장: 왕길지
서기: 홍승환

제2회

일시: 1912년 3월 6~7일
장소: 대구남문예배당
노회장: 왕길지
서기: 홍승환

제3회

일시: 1912년 7월 2~3일
장소: 밀양읍예배당
노회장: 왕길지
서기: 홍승환

제4회

일시: 1912년 8월 31일-9월 2일
장소: 평양신학교
노회장: 왕길지
서기: 홍승환

79. 임시공의회 모임(1912)

일시: 1912년 1월
장소: 부산진
회원: 아담슨, 엥겔, 커를, 라이얼, 맥켄지, 매크레이, 왓슨, 맥라렌

1. 결혼한 남성선교사가 파송되는 즉시 거창선교부 설립 권한을
   매크레이에게 부여할 것을 엥겔이 동의하고 아담슨이 제청하
   다. 통과되다.
2. 목사 선교사를 배정하는 순서를 다음과 같이 엥겔이 동의하
   고 라이얼이 제청하다. 거창, 진주, 마산포, 진주, 진주, 부산진,
   마산포, 진주. 승인되다. (회의록 14항 참조)
3. 맥라렌의 사택 설계도에 두 개의 벽난로와 그 비용이 계약서
   에 포함되지 않았으므로, 해외선교위원회에 그 계약서에 더

하여 두 개의 벽난로 비용 추가를 요청하기로 아담슨이 동의하고 엥겔이 제청하다. 통과하다.

4. 새 선교사가 도착할 때까지의 사택 건축 비용 보류는 관계된 모든 인원에게 지연과 불편을 끼치므로, 비용을 미리 보내어 새 인원이 도착할 때쯤 그들의 사택이 완공될 수 있도록 해외선교위원회에 요청하기로 라이얼이 동의하고 맥라렌이 제청하다. 통과되다.

5. 많은 선교사가 진주에 집중된 현실을 고려하여 남해읍내선교부를 개설하며, 선교부의 범위는 남해, 하동, 곤양으로 하고, 두 명의 남 선교사를 안배하기로 라이얼이 동의하고 매크레이가 제청하다. 통과되다.

6. 통영에 새 선교부를 개설하여 선교부의 지역을 통영, 거제, 고성 그리고 진해로 하며, 두 명의 남 선교사를 안배하기로 맥켄지가 동의하고 왓슨이 제청하다. 통과되다.

7. 개신교선교연합공의회 총회의 연례 회의와 우리의 공의회가 9월에 있고, 새 인원이 한국에 도착하기에 좋은 날씨가 9월 초인 것, 그리고 모든 언어시험도 이때쯤 열리는 것을 고려하여, 새 선교사는 7월 말쯤 멜버른을 떠나 9월 초에 도착할 수 있도록 해외선교위원회에 요청하기로 매크레이가 동의하고 라이얼이 제청하다. 통과되다.

8. 진주선교부는 80엔 이하의 비용으로 황소 한 마리를 구매하며, 연 사료비와 수레꾼 비용을 250엔으로 책정하기로 라이얼이 동의하고 매크레이가 제청하다. 통과되다.

9. A. 경상남도의 버려진 많은 나환자 돌봄의 필요성을 볼 때, 교회는 이 사안에 동정을 보일 것을 해외선교위원회에 요청하기로 맥라렌과 엥겔이 동의 제청하다. 그 돌봄을 실행할 수 있

는 가장 효과적인 방법은 이미 설립된 부산진 요양원을 확장하여 책임지는 것이다. 현재 20명이 더 입소할 수 있으며, 한 명당 드는 비용은 연 7파운드이다. 통과되다. (이 안은 해외선교위원회의 지지를 받았다.)

9. B. 미북장로선교회와 연락하여 부산의 미국의료선교회가 나환자요양원위원회의 회원이 되는 것을 인도와동양나환자선교회가 동의하는 조건으로 나환자요양원의 운영권을 우리 선교회로 넘길 것을 고려하도록 요청하다. 엥겔이 동의하고 라이얼이 제청하여 통과되다.

10. 신학교를 오고 가는 신학생의 기차요금 보조를 해외선교위원회에 요청하기로 라이얼이 동의하고 엥겔이 제청하다. 통과되다.

11. 조사를 위한 여행 경비는 조사의 사역을 위하여 집을 떠나있을 때 하룻밤에 12센을 지급하기로 라이얼이 동의하고 엥겔이 제청하다. 통과되다.

12. 조사, 전도자, 매서인 그리고 언어교사가 조사성경반에 참석할 때 기차나 선박 요금을 선교회가 지급하며, 만약 집을 떠나있는 경우라면 하루 12센의 평시 여행 경비도 지급하기로 엥겔이 동의하며 맥켄지가 제청하다. 통과되다.

13. 해외선교위원회가 전에 승인한 진주 병원 약제사 초기 급여월 6엔을 요청하기로 맥라렌이 동의하고 왓슨이 제청하다. 통과되다.

14. 남해와 통영에 새 선교부 설립에 관한 공의회의 어제 결정에 연관되어 새로운 남성 선교사 배정 순서를 다음과 같이 하기로 양해를 구하다. 거창, 진주, 통영(혹은 왓슨이 통영으로 갈 경우는 마산포), 진주, 남해, 부산진, 통영, 남해, 그리고 사택도 이와 같은 순서로 신속히 건축되어야 함을 엥겔이 동의하고

맥켄지가 제청하다. 통과되다.

15. 통영의 선교부 대지 선택과 구입을 위하여 아담슨과 왓슨을 임명하며, 해외선교위원회에 150파운드(예상 금액이며, 초과 금은 비상 기금으로 넘김) 송금 요청을 하기로 맥켄지가 동의하고 왓슨이 제청하다. 통과되다.

16. 남해의 선교부 대지 선택과 매입을 위하여 라이얼과 매크레이를 임명하며, 해외선교위원회에 50파운드(예상 금액이며, 초과금은 비상 기금으로 넘김) 송금 요청을 하기로 엥겔이 동의하고 맥라렌이 제청하다. 통과되다.

17. 건물위원회가 제출한 한 사택 건축은 1911년 1월 제출한 예상 금액보다 훨씬 적으며, 동시에 결혼한 남성이 거주하기에 넉넉한 공간이다.

18. 해외선교위원회와 그곳의 건축가가 이것에 만족하면 이 사택을 모델로 수용하기로 엥겔이 동의하고 라이얼이 제청하다. 통과되다.

19. 진주의 병원이 완공되고 있으므로 무료 환자를 위한 호주의 후원자 명단을 작성할 것을 해외선교위원회에 요청하기로 맥라렌이 동의하고 엥겔이 제청하다. 공의회는 제안하기를 각 침대마다 후원금을 작정하는데 침대 하나 운영에 연 14파운드 비용이며, 병원을 개원할 때 20개 정도의 무료 침대 운영을 희망하고 있다. (해외선교위원회가 '동정적으로 받아들이다'.)

20. 본 공의회는 개신교선교부통합공의회(General Council of Protestant Evangelical Missions)가 연합공의회(Federal Council)로 바뀌는 제안된 규정 변경에 함께 할 것을 엥겔이 동의하고 맥켄지가 제청하다. 엥겔은 이 투표를 공의회 회원들이 순환 투표로 할 것을 제안하다. 승인되다.

21. 현재 쌀값이 비정상적으로 높고 계속 오를 것을 고려하여, 한 되에 15센이나 그 이상일 경우, 조사, 전도자, 언어교사 중 월 10엔이나 그 이상 받는 사람에게는 월 2엔을, 그리고 월 10엔 이하를 받는 사람에게는 월 1엔을 추가로 지급한다. 해외선교위원회에 이 추가비용을 요청하여 다음 4월 1일부터 실행하기로 엥겔이 동의하고 맥켄지가 제청하다. 통과되다.

공의회의 회의록에서 발췌함

엥겔, 서기.
['호주장로교선교사공의회 회록', 1913. 29-32]

엥겔과 동료 교수, 평양신학교 4회 졸업생(Engel with the 4th Graduates, Pyengyang)
*Photo: 'Our Missionaries at Work', 1912.

80. 호주선교사공의회 연례회(1912)

일시: 1912년 9월
장소: 마산포
회원:
목사 - 아담슨, 엥겔, 커를, 라이얼, 맥켄지, 매크레이, 왓슨, 맥라렌.
여성 - 멘지스, 무어(휴가로 불참), 니븐, 스콜스(휴가로 불참),
　　　클라크, 데이비스, 알렉산더, 맥피, 캠벨.
임원: 회장 – 라이얼, 서기 – 엥겔, 회계 – 아담슨

2.　　　언어 학교에 관한 안은 언어시험위원회로 넘기다.

4.　　　커를은 서기와 함께 위원회를 구성하여 케이블 코드에 필요
　　　한 암호문을 추가로 만들고, 새 암호가 요구 되는대로 서기가
　　　추가하기로 엥겔이 동의하고 아담슨이 재청하다. 통과되다.

5.　　　'조직된 교회(Organized Churches)'는 당회가 있는 교회이고,
　　　'불완전하게 조직된 교회(Churches imperfectly organized)'
　　　는 최소한 1명의 세례자가 있는 교회이고, '모임(Groups)'은
　　　세례자가 없는 교회 모임이며, '만남의 장소(Meeting Places)'
　　　는 조직교회, 미조직교회, 그리고 세례자가 없는 모임을 포함
　　　한다. 이와 같은 정의를 준수하기로 엥겔이 동의하고 아담슨
　　　이 제청하여 승인되다.

6.　　　각 선교부 서기는 통계보고서가 매년 8월 말까지 공의회 서기
　　　에게 전달될 수 있도록 요청하기로 엥겔이 동의하고 아담슨

이 제청하다. 통과되다.

7. 남학생은 2학년부터 선임 선교사 중 한 명이 참석한 가운데 1년에 4번 설교하도록 하고, 여학생도 여성 모임에서 선임 선교사가 참석한 가운데 비슷한 수로 설교한다.

8번에 3학년 과정의 교과 내용 중 '더 중요한' 단어를 '한국인' 앞에 추가하고, 3학년 학생은 그해에 한국어 작문 4번을 시험위원회 위원에게 제출하기로 라이얼이 동의하고 아담슨이 제청하다. 통과되다.

8. 교육위원회 위원장은 여학교 장학금 조건과 필요에 관한 주제로 해외선교위원회에 편지를 쓰기로 맥켄지와 왓슨이 동의 제청하다. 통과되다.

10. 당국이 모터보트의 사용을 허락하지 않으므로 마산포선교부 사역에 모터보트가 필요한지에 대한 질문을 아담슨이 구두로 보고하다. 보고가 채택되다.

11. 평양신학교 안의 '빅토리안기숙사'에 관하여 아직 아무런 결정이 없고 협상이 진행 중이라고 엥겔이 구두로 보고하다. 진행 중인 보고로 채택되다.

12. 회계가 보고하다. 1911년 보험금 지급으로 인한 예상 재정보고서를 제출할 것을 회계에 요청하기로 엥겔이 동의하고 커를이 재청하다. 승인되다.

16. 네피어를 마산포선교부로 임명할 것을 엥겔이 동의하고 왓슨이 재청하여 통과되다.

17. 새 목사 선교사 안배를 주제로 논의하다. 켈리 목사 부부를 거창으로 임명하다.

18. 라이트를 마산포로 임명하고, 왓슨을 통영으로 이전하다.

19. 알렌을 진주로 임명하다.

20. 테일러를 통영으로 배정하기로 왓슨이 동의하고 아담슨이 제청하다. 이 안을 논하기로 매크레이가 동의하고 맥라렌이 제청하다. 통과되다.

21. 마산포 여선교사관 뒤의 대지를 조금 사들여 완전하게 단장하기를 맥켄지가 동의하고 아담슨이 제정하여 통과되다.

22. 앞으로 통계보고서에 진료 통계표도 추가할 것을 커를이 동의하고 아담슨이 제정하여 통과되다.

23. '교육' 부분 아래 학교 교사 지원에 관련하여 교사 분석을 통계보고서에 추가하도록 엥겔이 동의하고 커를이 제청하여 통과되다.

24. 진해 지역은 통영선교부에서 사역하고, 마산포에 속하기로 왓슨이 동의하고 매크레이가 제정하여 통과되다.

25. 왓슨 부부가 마산포에 거주할 때부터 통영 지역도 담당할 것을 엥겔이 동의하고 맥켄지가 제정하여 통과되다.

26. 거창선교부가 독립할 때까지 거창의 사역을 진주선교부가 담당할 것을 커를이 동의하고 맥켄지가 제청하여 통과되다.

29. 해외선교회가 임명하는 전임 혹은 기간 조사는 선교부가 임시로 임명하고, 조선예수교장로교회 총회의 최근 결정에 따라 노회에 보고할 것을 엥겔이 동의하고 맥켄지가 제청하다. 통과되다.

30. 거창, 안의, 함양 지역을 순회할 한 명의 새 조사를 임명할 것을 매크레이가 동의하고 커를이 제청하다. 통과되다.

33. 마산포교회 7명의 지도자에게서 온 편지를 읽고, 편지를 접수할 것을 맥라렌이 동의하고 매크레이가 제청하다. 통과되다. 맥라렌과 맥켄지는 편지에서 언급된 요청에 응하지 않기로 동의 제청하고, 위원장과 서기 그리고 커를이 위원이 되어 답

朝鮮神學校 第七回卒業
耶穌教長老會

1914

엥겔-맨 아래 우측-과 평양신학교 교수와 졸업생(Engel-below far right- with Pyengyang Seminary Staff & Graduates, 1914)

장을 보내도록 하다. 통과되다.

35. 해외선교위원회를 통하여 빅토리아여선교연합회에 제안하기를 여선교사를 위한 연금으로 연 52파운드를 납부하고, 55세에 이를 때 혹은 영구적으로 일할 수 없다는 의사의 진단으로 은퇴할 때에부터 연금을 수령한다. 빅토리아여선교연합회가 절반을 납부하며, 여선교사가 20파운드까지 납부하되, 20파

운드를 초과하는 비용은 여선교연합회가 충당하기로 클라크가 동의하고 커를이 제청하다. 통과되다. (빅토리아여선교연회는 불승인하다.)

36. 커를과 매크레이가 다음과 같이 동의 제청하다. "호주에서의 생활비 필요가 최소한 한국에서도 동등하니, 현장에서와 같은 봉급을 휴가 중인 여선교사에게 지급할 것을 고려하도록 해외선교위원회를 통하여 빅토리아여선교연합회에 요청하다." 통과되다. (빅토리아여선교연회는 불승인하다.)

37. 맥라렌이 진주 부근의 나환자 사역에 대해 질문하다. 엥겔과 아담슨이 동의 제청하기를 커를과 맥라렌은 발라렛의 머레이 여사에게 부산의 요양원은 그 지역의 필요도 다 충족시키지 못하여, 진주 부근의 나환자 돌봄 필요가 지대함을 편지로 써 보내기로 하다. 통과되다. (해외선교위원회는 불승인하다.)

38. 공의회는 해외선교위원회에 요청하기를 진주선교부에 연관된 일본인 전도자를 임시 봉급 360엔으로 고용하고, 선교회는 위원회를 임명하여 이것이 선교 정책에 어떤 관계를 끼치는지 고려하기로 맥라렌이 동의하고 왓슨이 제청하다. 통과되다. 맥라렌, 엥겔, 왓슨을 위원회로 임명하고 라이얼을 협동위원으로 하다.

20. 보충. 테일러를 통영으로 임명하는 안을 토론에서 제외하기로 매크레이가 동의하고 맥라렌이 제청하다. 통과되다. 그리고 원래 안도 승인되다.

40. 임원회는 철저히 공의회를 대표해야 하며, 공의회 임시 모임은 가능한 피하고, 임시 안건은 임원회에 일임하여 결정하기로 커를이 동의하고 아담슨이 제청하다.
엥겔이 동의하고 맥켄지가 제청하여 "임원회는... 대표한다"라는 단어를 삭제하는 수정안을 내다. 수정안은 부결되고 원안이 통과되다.

54. 선교부 대지의 한 부분으로 진주의 현 교회 건물 취득이 바람직함을 확인하기로 커를이 동의하고 아담슨이 제청하다. 통과되다.

55. 진주선교부는 지역교회 지도자들과 협상하여 임원회에 보고하도록 커를이 동의하고 아담슨이 제청하다. 통과되다.

56. 커를이 진주의 시장 건물 처분에 관한 질문을 하다. 커를이 동의하고 아담슨이 제청하기를 이 질문은 진주선교부에 일임하고 임원회에 보고토록 하다. 통과되다.

57. 여성성경학교위원회를 신설하고, 세 명의 위원과 두 명의 결혼한 선교사 부인을 협동 회원으로 구성하여, 강의계획서와 규정을 임원회에 보고하기로 엥겔이 동의하고 커를이 제청하다. 통과되다.

59. 현재 평양에 자리를 잡은 유니언칼리지 장소에 관한 미북감리교선교회의 안건을 논의하다.
    평양의 유니언칼리지와 계속 협력하는 것이 본 공의회의 의사임을 엥겔이 동의하고 라이얼이 제청하다. 통과되다.

60. 다른 4개의 선교부에 여성선교사가 온전하게 안배된 후에 통영과 남해에 각각 한 명의 전도와 교육 여성선교사를 임명해줄 것을 빅토리아여선교연합회에 요청하기로 왓슨이 동의하고 멘지스가 제청하다. 통과되다.

공의회의 회의록에서 발췌함

엥겔, 서기.
('호주장로교선교사공의회 회록', 1913, 33-38)

81. 호주선교사공의회 임원회(1912)

일시: 1912년 12월 10일, 13일, 17일

1. 1912년 9월 26일 자 테일러 임명에 관한 해외선교위원회 편지에, 진주선교부는 해외선교위원회의 지침에 따라 순회 투표 대신 그의 임명에 관한 질문을 다루어줄 것을 임원회에 요청하였고, 해외선교위원회의 주문에 따라 순회 투표를 멈추는 것은 전례를 남길 수 있다는 사실을 진주선교부에 대답하기로 하다. 승인되다.

2. 앞에 언급한 해외선교위원회 편지 이후에 또 하나의 편지가 10월 22일 도착하였는바, 테일러를 통영으로 임명하는 이유에 대한 질문이다. 다음의 이유를 해외선교위원회에 보내기로 동의하다.

    (1) 진주에 이미 두 명의 남성 의료선교사가 있기에, 다음의 남성 순서 자리로 배치되었고,

    (2) 부산진으로 임명되지 않은 이유는, 이곳에도 의료 사역 요청이 종종 있지만, 성경 가르침을 위한 남성 목사를 부산진선교부가 원하였고,

    (3) 그가 통영에 거주하면 마산포와 부산진의 의료 응급 상황에도 대처할 수 있기 때문이다. 승인되다.

3. 본 공의회의 1912년 1월 30일 결정에 따라 다음의 남성 목사 선교사는 진주로 배치되는바, 커닝햄을 진주로 임명한다. 승

인되다.

4. '더 메신저'의 칼럼에서 얻은 정보에 따르면 레잉이 한국으로 임명되었고, 내년 2월에 이곳에 도착할 것으로 보인다. 그러므로 그녀를 진주의 순회전도자로 안배하다. 승인되다.

6. 임원회의 동의에 따라 선교사공의회의 최소한 7명의 남성으로 이사회를 조직하기로 결정하고, 선교회를 대신하여 재산 보호를 위한 '법인'이 되도록 하다. 다음의 이사를 임명하다; 아담슨, 엥겔, 커를, 라이얼, 맥켄지, 매크레이, 왓슨, 맥라렌. 서기는 규정 초안과 법인의 등록을 위하여 필요한 절차를 밟도록 하다.

15. 서기는 해외선교위원회에 3개 선교부(부산진, 마산포, 진주)의 남자초등학교 기숙사에 관한 안을 상기시키기로 하다.

21. 전도자, 매서인, 언어교사가 집을 떠나 조사의 반에 참석할 때, 한 명당 매일 12센을 지급하도록 각 선교부 회계에게 통지하도록 하다.

22. 올해의 조사반 일반 예산을 부산진, 마산포 그리고 진주선교부의 평균으로 산출하다. 승인되다.

23. 조사에게 12개 이상의 신자나 교회 그룹을 맡기지 않는 것이 본 임원회의 의견이며, 선교부는 다음의 모임에서 이 문제를 다루기로 하다. 승인되다.

공의회의 회의록에서 발췌함

엥겔, 서기.
['호주장로교선교사공의회 회록', 1913. 38-40]

82. 호주선교사공의회 임원회(1913)

일시: 1913년 7월 1일

1. 법인 설립에 관한 작년 12월 회의록에 관하여, 엥겔은 정보를
    취득하기 위하여 지금까지 어떤 절차를 밟았는지와, 어떤 규
    정을 만들었는지 보고하다. 이 안은 앞으로의 논의를 위하여
    보류하기로 동의 제청하다. 통과되다.

4. 남학교의 기숙사에 관련하여 해외선교위원회의 1913년 4월
    14일 자 편지를 낭독하고 논의하다. 진주선교부의 남학교 기
    숙사가 긴급하게 필요함과, 부산진과 마산포는 긴급성은 없
    지만 1년 정도 후에 필요함을 해외선교위원회에 알리기로 하
    다. 통과되다.

5. 성서공회와의 회의 후에 임원회는 매서인에게 매달 12엔의 봉
    급을 지급하기로 하고, 집을 떠나 여행할 시에는 하루에 10센,
    모두 합하여 달에 2엔을 넘지 않기로 결정하다. 승인되다. (성서
    공회와의 협의에 따르면, 전도부인은 달에 8엔을 주기로 함.)

6. 엥겔은 평양의 기숙사('빅토리안기숙사')에 관하여 보고하다.
    미남장로교선교회가 소유한 건물과 그 주변 6야드의 대지를
    기숙사로 1,200엔을 지불하기로 동의하되, 이것은 수수료 없
    는 영구임대의 조건이다.

공의회의 회의록에서 발췌함

엥겔, 서기.

['호주장로교선교사공의회 회록', 1913, 40-41]

83. 조선예수교장로회 총회장으로 선출되다

임원을 선정하는데 회장은 왕길지 씨로 투표로 선정하고, 부회장은 한석진 씨로 선정하고, 서기는 전 부서기 김필수 씨를 서기 대신 투표로 선정하기를 동의 가결하고, 부서기는 김선두 씨로 선정하다.

(예수교장로회 조선총회 제2회 회록, 1913년 9월 7일, 경성 소안동 례배당)

*호주선교사로서 제1회 총회에는 손안로와 왕길지, 제2회 총회에는 손안로, 왕길지, 맹호은, 권임함, 매견시가 총대로 참석하였다.

'조선예수교장로회 제2회 총회 회록'(Engel elected as the Moderator, 'The Korean Presbyterian Assembly Meeting Records', 1913)

84. 왕길지 총회장

　　조선예수교장로회 총회는 9월 7-11일 서울에서 열렸다. 총회는 주일 오후 성찬식으로 개회되었다. 내가 학교에서 일할 때는 서울에서의 이런 모임에 항상 참석하지 못하였었다. 한국의 많은 신자와 성찬식을 나누는 기쁨을 전에는 누리지 못한 것이다. 이번에 '공모자'로 고문을 받은 양 목사(양전백 목사, 3.1운동 민족대표 33인 중의 한 명 – 역자 주)가 성찬식을 인도하였고, 또 다른 '공모자'가 보조하여 큰 관심을 받았다.

　　이번 총회가 매우 흥미로웠던 것은 우리 선교회의 겔슨 엥겔 목사가 총회장으로 사회를 보는 모습을 볼 수 있었기 때문이다. 그는 외국인 선교사들, 한국인 목사와 장로들, 한국의 모든 노회 대표자들을 인도하였다.

　　총회 중에 물론 발언하기 원하는 회원들이 부족하지는 않았다. 남쪽 장로의 발언에 이어 북쪽 목사가 평양의 전혀 다른 억양으로 즉시 발언권을 받아 연설하였다. 발언의 스타일과 용어가 상이하여 무슨 토론을 하는지 이해하기 매우 어려웠다. 그러나 총회장과 관계자들은 이해하는 것 같았고, 다른 회원들도 하나님을 찬양할 만큼 충분히 이해하며 그분의 사역을 이행하고 있다.

진주, 10월 3일.

넬리 스콜스

('The Chronicle', 1913년 12월 1일, 3)

The annual meetings of the Presbyterian Church of Korea were held in Seoul, 7th-11th September, and opened with a communion service on the Sunday afternoon. Before furlough school work had always prevented my attending any such meetings in the capital, and never before had I had the privilege of partaking of the Lord's Supper in company with so many Christians in Korea. It was peculiarly interesting, in that Yang Moksa, one of the tortured, so-called 'conspirators,' preached the communion sermon, and another 'conspirator' assisted during the service. During the Assembly meetings it was also very interesting to watch the Moderator, Rev. G. Engel, of our own mission, controlling that assemblage of missionaries and Korean pastors and elders, representatives from all Presbyteries in Korea. There was, of course, no lack of speakers. As a moksa, with a strong Pyeng Yang accent, was rapidly succeeded by a southern elder, with an entirely different style of speech, or a correctly-speaking Seoul elder, the uninitiated found it very difficult to know just what those terms of debate so frequently used meant, and to understand just how the subject under discussion was progressing. However, the Moderator and those chiefly concerned understood, and others could understand enough to be filled with praise to God for the band of Christian men who are being trained to carry on His work.

총회장 엥겔(The Moderator Engel, 'The Chronicle', 1913 12, 3)

85. 한국교회 법과 규정 제정

　　그는 (엥겔은) 또한 총회와 노회 일에도 성실하게 참여하였는바, 미국의 아담스와 함께 한국교회의 법과 규정을 제정하였다. 이것은 아직 유아기에 있던 한국교회에 크게 중요한 일이었다.

Drawing up the Rules and By-laws

Along with Mr. Adams, of America, he drew up the Rules and By-laws for the Korean Church. This was a work of great importance to a church that was only in its infency.

(PCA Assembly Memorial Minutes, The Assembly Hall, Tuesday 14th Nov 1939)

겔슨 엥겔(Gelson Engel) *Photo: The PCV Archives

86. 호주선교사공의회 연례회(1913)

일시: 1913년 9월

장소: 부산진

회원:

목사 - 아담슨, 엥겔, 커를, 라이얼, 맥켄지, 매크레이, 왓슨, 맥라
렌, 켈리, 라이트, 알렌, 커닝햄, 테일러.

여성 - 멘지스, 무어, 니븐, 스콜스, 클라크, 데이비스, 알렉산더,
맥피, 캠벨, 네피어, 레잉.

임원: 회장 – 맥켄지, 서기 – 엥겔, 회계 – 라이얼.

1. 부서기 임명을 왓슨이 동의하고 아담슨이 제청하다. 승인되
    다. 커닝햄이 부서기로 선출되다.

2. 조정위원회를 각 선교부의 남성 1인으로 구성하기로 엥겔이
    동의하고 아담슨이 제청하다. 통과되다.
    각 선교부는 조정위원회에 위원 1인을 추천하기로 라이얼이
    동의하고 왓슨이 제청하다.
    서기는 통계보고서를 제출하다.

3. 진남(호주선교사들은 통영의 옛 이름 진남을 Chillam으로 표
    기하였음-역자 주)선교부는 이제부터 통영선교부로 부르기로
    라이얼이 동의하고 엥겔이 제청하다. 통과되다.
    회장은 각 선교부 기록을 위한 검사관을 임명하다.
    통계보고가 계속되다.

4. 마산포의 한국교회 공헌 통계를 다시 보내기로 엥겔이 동의하고 커를이 제청하다. 통과되다.

    엥겔, 라이얼 그리고 아담슨이 위원이 되어 통계 공백을 채우는 안을 살펴보고, 선교회의 여러 교회가 영수증과 지출을 어떻게 하는지 분명히 볼 수 있도록 하기로 커를과 매크레이가 동의 제청하다. 부결되다.

    통계보고서는 하나의 진행 상황으로 채택되다.

    각 선교부는 조정위원회에 다음의 명단을 제출하다. 엥겔, 라이트, 커를, 왓슨, 매크레이. 회장이 커를을 위원장으로 임명하다.

    서기의 제안에 따라 의사소통과 관계된 안건들을 각 위원회에 넘기다.

5. 본 공의회는 각 선교부 보고서 검사를 위한 위원회와 편집위원회를 임명할 것을 라이얼이 동의하고 맥라렌이 제청하다. 통과되다.

    라이얼, 맥라렌, 맥켄지를 보고서위원회 위원으로 임명하기로 동의 제청하다.

    부산진, 마산포, 진주, 통영, 그리고 거창은 연례보고서를 수차례 제출하였고, 그 보고서는 보고서위원회에 여러 번 접수되다.

6. 모트레이크노회 회록을 임원회에 넘겨 관련된 문제에 대한 공의회의 견해를 표하도록 엥겔이 동의하고 아담슨이 제청하다. 승인되다.

7. 엥겔이 언어시험위원회 보고서를 제출하고 각 항을 논의하다. 1~4항이 채택되다.

    1) 한국어 75%의 성적을 받지 못하는 후보생은 그다음 해 한문 공부를 중단한다.

2) 후보생은 월반을 위하여 구술 및 서면 시험 둘 다 통과해야 하며,

3) 한국어 서면 시험을 통과하지 못한 후보생은 월반할 수 없으며, 한문 점수를 합산하여서 통과하지 못한다.

4) 합격 여부는 시험관 다수의 판정으로 결정된다.

5   보충. 맥라렌이 다음과 같은 말을 추가한 수정안을 제시하다. "혹은 선교부에 시험관의 정족수가 성립되어 후보자를 만날 수 있을 시" 알렌이 제청하여 통과되다.

그러므로 통과된 내용은 다음과 같다. "1학년과 2학년의 구술 시험은 공의회 연례회 날 전에 시행하거나, 혹은 선교부에 시험관의 정족수가 성립되어 후보자를 만날 수 있을 시 시행한다."

6   보충. 작년에 합격한 2~3학년 학생들을 위한 규정 재고 요청이 승인되다. 그리고 그 규정에 대하여 논의하다. 라이얼이 동의하고 엥겔이 제청하여 의문시되는 규정은 언어시험위원회에 넘기기로 하다. 통과되다.

7   보충. 올해 12월 20일의 서면 시험 보류 제안이 통과되다.

8.   언어 수업 강의계획서는 언어시험위원회로 넘기기로 동의 제청하여 통과되다.

9.   상임위원회 보고에 관한 발언을 4분으로 제한하도록 아담슨과 맥라렌이 동의 제청하다. 통과되다.

10.   엥겔이 조사성경반위원회 보고서를 제출하고, 다음과 같이 추천하다. "올해 공부반은 11월 4일부터 20일까지 진주에서 개최하며, 아담슨, 엥겔, 커를, 라이얼 그리고 심 목사, 박승개와 박영숙 조사가 교사진이 되며". 각 선교부와 공의회의 회원이 자신의 조사에게 이 날짜를 알려 참석할 수 있는지 파악

하여, 그들 사람의 수정된 명단을 위원회 위원장에게 알리도록 하다. 보고서를 채택하다.

11.   라이얼이 교육위원회 보고서 일부분을 제출하다. 항목별로 논의하다.

1항목은 위원회로 다시 보내다.

2~3항목은 다음과 같이 채택되다.

2항목: 우리 선교회 연합 활동의 일환으로 내년 평양의 유니언칼리지 재정으로 50엔을 기부할 것이며, 비록 우리는 아직 학생이 없지만, 칼리지 위원회의 요청에 동의한 대로 우리는 협력할 계획이다.

3항목: 엥겔의 유니언크리스천칼리지의 이사 임기가 지난 6월에 끝났기에, 우리는 2년 더 연장하여 임명하기로 추천하다.

12.   니븐이 여성성경학교위원회 보고서를 제출하다. 보고서를 진행되고 있는 사항으로 받다. 보고서에는 다음과 같은 여성성경학교 규정이 포함된다.

1) 성경학교는 모든 전도부인과 각 선교부가 적절하다고 여기는 모든 여성에게 열려있고,

2) 입학 신청하는 여성은 최소 지난 1년 동안 교회 회원이어야 하며, 연단된 기독교인으로 알려진 여성이어야 하며, 그녀가 속하여 있는 선교부 책임 선교사의 추천서를 제시해야 하며,

3) 입학을 원하는 여성은 개학 최소 1개월 전까지 여성성경학교위원회 위원장에게 신청서를 내야 하며,

4) 글을 읽을 수 있어야 하며,

5) 50센의 입학금을 내야 하며,

6) 자녀와 동반할 수 없으며,

7) 전도부인을 제외하고는 22세부터 50세 사이어야 하며,

8) 기차와 배 비용 지원은 전도부인에만 적용되며,

9) 학교 개학 시기와 장소의 결정은 위원회의 추천을 받아 공의회가 결정하며,

10) 학습 기간은 2개월씩 5년 동안이며, 이 모든 과정을 성공적으로 마친 여성에게만 졸업장을 주며,

11) 학습 시간은 찬송가 시간을 제외하고 하루에 3시간씩 주 5일이다.

여성성경학교 강의계획서는 다음과 같다.

1학년: 그리스도 일생, 마태복음, 누가복음, 신약성서지리, 작문, 숙제- 산상수훈 암기.

2학년: 창세기 일부, 요한복음, 사도행전과 지리, 필요시 작문, 숙제-선택된 여호수아서 1~2장, 사무엘서, 로마서, 선택된 구절 암기.

3학년: 로마서, 선택된 출애굽기, 일주일에 3일 갈라디아서, 일주일에 2일 가르침의 예술. 숙제-선택된 예레미아서, 에스더서와 룻기, 선택된 구절 암기.

4학년: 선택된 이사야서, 구약 역사, 일주일에 3일 에베소서, 일주일에 2번 목회 방법. 숙제-선택된 레위기서, 히브리서, 다니엘서 1~6장.

5학년: 히브리서, 요한계시록을 제외한 남은 신약성경 개요, 교회 역사. 부산진, 통영, 거창의 선교부 기록검사위원회는 기록이 정확하다고 보고하다. 보고서가 채택되다.

마산포선교부 기록검사위원회의 켈리는 보고서를 마산포회의록보고서로 하기로 추천하고 보고서가 채택되었음을 보고하다.

13. 마산포선교회가 돈을 직접 송금해 달라는 요청을 이번에는 묵인하나, 앞으로는 공의회 모임 중간의 요청을 공의회의 일반 수단(임원회를 통하거나 순환)을 통하라고 지도할 것을 엥겔이 동의하다. 승인되다.

커를은 조정위원회로 넘어온 내용을 보고하다. 세 항목 모두 승인된 부분은 다음과 같다.

14. 상황의 변화로 여중등학교를 위하여 구별해둔 1,200파운드의 일부분 요청될 것 같고, 또한 거창에 학교 건물이 2~3년 동안은 요청될 것 같지 않으므로, 현재 긴급히 필요한 마산포의 여자기숙사를 고려하여 기숙사를 먼저 짓도록 빅토리아여선교연합회에 요청하기로 공의회에 제안하다.

또한, 계약 비용이 1,400엔(144.7.6파운드), 바닥 종이를 위한 50엔(5.3.2파운드), 그리고 부엌 설비를 위한 50엔(5.3.2파운드)를 합하여 총 1,500엔 혹은 154.13.10파운드를 초과하지 않을 것을 제안하다.

15. 자전거로 다니는 것이 선교사의 시간 중 최소 반을 절약하는 것과, 하루에 50센을 주어야 하는 나귀와 비교하면 순회전도에 자전거 비용은 아주 작은 비용이다. 그러나 자전거도 고장이 나고 수리가 필요하므로 하루에 50센 정도가 적당하다고 고려된다. 그러므로 자전거를 이용하기 원하는 인원에 한하여 그 정도의 여행 경비를 허락하기로 하다.

16. 공의회는 배돈기념병원의 의사와 간호사 그리고 진주선교부의 회원 두 명으로 구성하여 병원위원회를 임명한다.

아담슨이 회계보고서를 제출하다.

17. 일반 회계보고서 대차대조표를 감사에게 넘기기로 동의 제청하고, 마산포 회계보고서와 선교부의 일반 회계보고서를 구

별하기로 의뢰하기로 하다. 승인되다.

18. 추천안을 포함하는 위원회 보고서 부분을 명기할 것을 서기에게 요청하기로 매크레이와 왓슨이 동의 제청하다. 통과되다.

진주선교부의 기록 검사에 관하여 보고서가 정확하다고 왓슨이 보고하다. 보고서가 채택되다.

왓슨이 건물보고서를 제출하고, 보고서 완성을 위하여 다시 위원회로 보내기로 동의하다.

19. 맥라렌은 작년에 임명된 일본인 사역을 위한 정책특별위원회 보고서를 제출하였고 채택되다.

19A. 이 보고서는 전체 경상도의 한국인 사역에 대한 질문이 고려될 때까지 연기될 것을 커를과 매크레이가 동의 제청하다. 승인되다.

20. 맥켄지가 나환자요양원보고서를 읽다. 보고서가 채택되고, 부산진보고서의 부록으로 첨부할 것을 지도하다.

21. 평양의 신학교 '빅토리안기숙사'에 관하여 엥겔이 구두로 보고하다. 그는 임원회의 제안에 동의하였다는 미국남장로교선교회의 구두 통보를 받았으며, 문서로 보낼 것을 요청하였으나 아직 받지 못하였다 하다. 진행 사항으로 받기로 하다.

재정보고서에 관하여 감사보고서가 제출되다. 보고서를 채택하다.

22. 감사는 또한 일반 재정보고서를 마산포 재정보고서와 구분하는 작업이 매우 어려움을 특별히 보고하였고, 이 일을 다루기 위하여 3명의 선교부 회계인 라이얼, 왓슨, 매크레이를 임명할 것을 제안하다. 통과되다.

23. 선교사 안배에 관한 질문이 나왔고, 무어를 통영으로 발령낼

것을 왓슨이 요청하다. 이 요청을 조정위원회로 보내다.

24.	공의회는 주일학교 사역과 주일학교 교과 과목 논의를 위하여 시간을 따로 배정할 것을 매크레이가 동의하고 알렌이 제청하여 통과되다.

	아담슨이 구두로 조선성서위원회 사역에 대해 보고를 하다. 채택되다.

25.	1911년의 33번 규정은 서신으로 투표할 것을 고려하기로 엥겔과 아담슨이 동의 제청하다. 통과되다.

	서신에 의한 사업 거래에 관한 규정안은 임원회로 넘길 것을 엥겔과 매크레이가 동의 제청하다. 통과되다.

26.	진주선교부의 여자기숙사 설비와 사감의 봉급을 위하여 빅토리아여선교연합회에 기금을 직접 요청한 것을 묵과한 것과 공의회의 허락이 있을 때까지 기금 사용을 중지한 것에 관하여 라이얼이 공의회의 주의를 끌다.

	이와 관련하여 진주선교부 기록검사보고서의 행위를 재고할 것을 엥겔과 왓슨이 동의 제청하다. 승인되다.

	진주 기록검사보고서를 기록검사위원회로 보낼 것을 엥겔과 왓슨이 동의 제청하다. 통과되다.

27.	조사 임명(회의록 1912년 29항) 규정 수정 재고를 엥겔이 동의하다. 제청되고 통과되다.

	이 안을 임원회에 넘겨 수정된 규정을 공의회에 보고하도록 엥겔이 동의하고 커를이 제청하다. 통과되다.

6	보충. 엥겔이 임원회 회의록을 읽고 내용을 공의회 회의록에 기록할 것을 동의하다.

	"공의회는 해외 선교의 중요성을 확인하며 우리의 교육가들이 임기를 마칠 때 거주지에 관하여 협력해야 한다.

커를이 동의하고 매크레이가 제청하여 원안에 다음의 구절을 보충하도록 동의 제청하다.

그리고 우리의 선교 영역 안에 교육가들이 일하도록 파송하겠다는 원래 결정을 따르도록 해외선교위원회를 격려한다."

수정안이 6명의 찬성과 2명의 반대로 통과되다.

엥겔과 라이얼은 이 안에 대하여 그들의 영향력을 공의회 안에서 사용할 것을 동의했다는 근거로 그들의 반대가 기록되기를 원하다. 승인되다.

왓슨과 매크레이가 수정안을 다음의 구절을 더하여 재수정하기로 동의 제청하다.

"그러나 우리는 더 나아가 해외선교위원회에 추천하기를 대구의 북미장로교선교회의 남학교에 먼저 임기가 5년 이상 넘지 않는 산업 교사를 보내 협력할 것을 고려하도록 추천한다. 그 후에는 우리가 동의하면 우리 영역에 보내어 그 학교의 산업반 비용을 부담하여 계속하기로 한다." 통과되다. 이 안을 투표하여 승인하다.

28D. 뉴욕에 있는 북미장로교선교회 이사회에 자신들의 부산 재산을 매도할 때 발생한 손실을 보상해 준다는 보장을 해외선교위원회가 해 줄 것과 그들의 밀양 재산은 원래 가격대로 구매할 것을 협상하도록 제안하다. 통과되다.

28E. 대구 남학교에 산업 교사를 임명하는 것에 대한 질문에 대체 방안을 고려해 줄 것과 부산의 의료 사역을 북미장로교선교회가 계속하는 질문, 특히 이 병원은 기념병원으로 설립되었고 부산에 의료 사역이 필요하다는 사실을 해외선교위원회는 뉴욕의 북미장로교선교회와 연락하여 재산 질문과 관련하여 협상할 것을 맥라렌이 동의하고 커를이 제청하다. 6명이 동의

하고 4명이 반대하여 통과되다.

28F. 해외선교위원회가 공의회의 전체 의견을 알 수 있도록 우선
투표를 할 것을 엥겔이 제안하고 아담슨이 제청하다.

대구에 산업 교사 한 명 임명과 그 후 우리 선교 영역에 계속
할 것을 우선 선호하는 회원은 다음과 같다: 아담슨, 엥겔, 커
를, 라이얼, 매크레이, 왓슨, 라이트, 알렌, 커닝햄.

부산의 전킨기념병원에서 의료 사역을 계속하는 것을 선호하
는 회원은 다음과 같다: 없음.

28G. 최소 올해 말까지 영역을 이전을 위한 북미장로교선교회의
선교 영역 수용에 관한 결정을 전보로 보내줄 것을 해외선교
위원회에 요청하기로 엥겔과 라이얼이 동의 제청하다. 이것은
특히 자매 선교회의 선교사들이 그들의 봉사가 시급히 요청
되는 새 선교부로 이전할 필요가 있기 때문이다. 승인되다.

28H. 선교 영역 분할이 성공적으로 되기 위하여 이전 후에도 북미
장로교선교회에 선교사 1명을 부산에 6개월 동안 남겨둘 것을
요청하기로 라이얼이 발의하고 엥겔이 제청하다. 통과되다.

19 보충. 일본인 사역 정책을 위한 특별위원회의 보고서를 논하
다. 만장일치로 승인하다.

"A. 1. 우리 선교회의 영역에 두 개의 구별되는 언어 – 한국어와
일본어를 사용하는 사람들이 있다는 사실과,

2. 이미 진행되고 있는 일본인 사역과 손이 닿지 않은 많은 부
분에 관한 파악의 필요성과,

3. 일본인 사역이 우리의 한국인 사역 진보에 어떤 긍정적인
도움이 되는지에 대한 성찰과,

4. 남성 선교사가 한국인 사역을 하면서 일본인 사역을 위하
여 충분히 시간을 낸다는 것은 불가능하다는 것을,

본 위원회는 공의회가 해외선교위원회에 경상남도의 일본인 사역을 위하여 남성 목사 한 명 파송을 고려하도록 추천해 주기를 요청한다.

    B. 본 위원회는 또한 공의회에 카와카미 씨를 위한 봉급과 여행경비 예산을 세워줄 것을 진주선교부에 요청하도록 제안한다."

29.   엥겔과 아담슨은 임원회가 제시한 각 선교부의 새 지역에 동의할 것을 제청하다. 커를과 아담슨이 다음의 구절을 포함하여 수정할 것을 동의 제청하다.

"한가지 예외 사항은 부산진선교부가 10개의 지역을 포함하므로, 공의회는 해외선교위원회에 요청하여 한 명의 남성 선교사를 더 부산진 지역에 임명할 것을 요청한다."

수정안이 부결되다. 원안이 만장일치로 통과되다.

각 선교부에 안배된 지역은 다음과 같다.

부산진 – 네 명의 목사 선교사가 현재 5개의 지역에서 일한다: 동내, 기장, 울산, 언양, 울릉도 그리고 또한 양산, 김해, 밀양, 영산, 창녕 등 총 10개 지역.

마산포 – 두 명의 남 선교사가 함안, 창원, 웅천, 칠원 등 4개의 지역에서 일한다.

통영(칠암) – 두 명의 남 선교사가 거제, 칠암(영남), 고성, 진해 등 4개의 지역에서 일한다.

진주 – 네 명의 남 선교사가 현재의 지역에서 일한다: 진주, 사천, 곤양, 하동, 남해, 단성, 삼가 그리고 산청과 의령을 포함하여 총 9개의 지역이다.

거창 – 두 명의 남 선교사가 현재의 3개 지역에서 일한다: 안의, 함양 그리고 합천과 조계 총 5개의 지역이다.

30. 자매 선교회로부터 선교 영역 분할 제안으로 남해선교부 개설 계획은 취소하기로 라이얼과 매크레이가 동의 제청하다. 통과하다.

23 보충. 조정위원회 보고서가 커를에 의하여 제출되다. "무어를 보내 달라는 통영선교부의 요청을 받아들이고, 빅토리아여선교연합회에 그곳에 교육 선교사 한 명 파송과 또한 여선교사관 건축을 가까운 시일에 진행하도록 제안하다. 그러나 이것은 거창선교부에 현장 선교사를 보내 달라는 먼저의 제안에 불이익이 없어야 한다." 통과되다.

31. 부지를 더 확보한다는 전제하에 남자 중등학교를 마산포에 건립하도록 라이얼과 맥라렌이 동의 제청하다. 만장일치로 통과되다.

32A. 교육 선교사가 올 때까지 남자 중등학교 장소를 확정하지 않기로 라이얼과 아담슨이 동의 제청하다.

32B. 그곳에 남학교 장소를 선택할 때 교육위원회도 협력할 것을 매크레이와 알렌이 동의 제청하다. 통과되다.

32C. 마산포의 남자 중등학교 대지를 위하여 임시로 200파운드의 승인을 해외선교위원회에 요청하기로 라이얼과 엥겔이 동의 제청하다. 승인되다.

33. 우리 선교에 대한 절박한 필요성과 목사 선교사의 봉급이 지난 몇 해 동안 정해진 것을 참작하여 적절한 남성을 영국 신학교에서 찾을 수 있다고 믿는다. 그러므로 커를과 아담슨이 동의 제청하기를 해외선교위원회에 이른 시일 안에 그러한 남성 지원 확보를 위한 노력을 요청하다.
   논의 후에 커를은 자신의 제안을 취소하다.
   커닝햄과 왓슨이 동의하고 제청하기를 우리의 선교 영역이 늘어난 것을 기회로 그리고 우리 선교 정책을 곧 완성하기 위하여 호주에 새 선교사 파송을 호소하고, 공의회는 호주에서 새 일꾼을 찾는 것이 크게 유익하다고 생각하지만, 그런 사람이 곧 나타나지 않으면 매우 긴급한 현재의 필요를 충족시키기 위하여 호주 밖에서도 찾아볼 것을 제안하다. 승인되다.

24 보충. 우리 선교회의 주일학교 사역을 위한 소위원회를 구성하기로 매크레이와 아담슨이 동의 제청하다.

라이얼과 엥겔이 구절을 보충하는 수정안을 제시하다. "공의회는 비기독교 어린이를 위한 주일학교 조직 정책을 승인하며, 각 선교부에 이 사역을 열정적으로 시행하기를 추천하다." 부결되다.

커를과 커닝햄은 다른 구절을 보충하기 위하여 뒤의 말을 삭제하기로 제안하다. 통과되다.

커를과 켈리가 다음과 같이 수정안을 제시하다. "각 선교부에서 선출된 인원으로 위원회를 구성하여 우리 선교회의 현재 주일학교 상황을 평가하고, 더 효과적인 사역의 방법을 제시할 것을 제안하다."

엥겔과 알렌이 그 수정안에 다음과 같은 구절을 보충하기로 제안하다. "그리고 또한 공의회의 한국주일학교연합회 대표에게 그 사이에 제기되는 질문을 통지한다." 수정안의 수정안이 부결되다.

엥겔과 라이얼이 다음과 같은 말을 더하기를 제안하다. "그러나 그 위원회에는 여행 경비가 지급되지 않는다." 부결되다.

커를의 수정안이 승인되다.

수정된 원안이 승인되다.

각 선교부는 주일학교위원회에 각각의 대표를 추천하기로 라이얼과 엥겔이 동의 제청하다. 통과되다.

34. 공의회는 위원회를 임명하여 케인즈 여사에게 서신을 보내기로 하다. 별세한 그의 한국 선교를 위한 큰 봉사에 감사하며, 사별로 인한 슬픔을 위로하기로 아담슨과 엥겔이 동의 제청하다. 통과되다.

    소위원회에 커를과 회장이 임명되다.

35. 1911년 1월 10일의 공의회 회의록 4항 두 번째 내용 중 '여자중등학교(Girl's Middle School)'는 우리 선교회로 이전되는 영역으로 인하여 여자중등학교를 부산진에 두기로 임원회가 임시 결정함에 따라 교육 여선교사를 4월 1일까지 진주에서 부산으로 이전시키기로 엥겔과 라이얼이 동의 제청하다. 만장일치로 통과되다.

36. 데이비스가 진주에서 부산진으로 이전하여 여자중등학교 책임을 맡기로 엥겔과 라이얼이 동의 제청하다. 만장일치로 통과되다.

37. 알렉산더는 부산진선교부와 관련된 전도사역자로 임명하기로 엥겔과 왓슨이 동의 제청하다.

    매크레이와 커를은 이 안을 조정위원회로 보내기로 제안하다. 통과되다.

    라이얼이 보고서위원회 보고를 하다.

38. 마산포 남학교에 관련하여 학교의 기독교 정체성, 지원 그리고 운영에 관하여 떠오르는 질문을 교육위원회로 보내어 조정하기로 엥겔과 알렌이 동의하고 제청하다. 만장일치로 통과되다.

39. 다음의 선교부보고서위원회 전체 보고서를 채택하기로 하다.
    1. 각 선교부의 보고서는 아내를 포함한 한 명의 선교사당 500단

어로 제한하여 총 5,000단어를 최대로 하며, 5명 이하의 선교
부는 2,500단어까지로 허용한다.

2. 모든 남녀 순회선교사는 순회한 일수를 보고하고, 남선교사는
각 교회를 방문한 횟수도 보고하기로 추천하다.

3. 에든버러대회의 추천에 맞추어 모든 보고서에 '이교도인
(heathen)'을 '비기독교인(non-Christian)'이란 단어로 대체
하고, '원주민(native)'를 '한국인(Korean)'으로 대체하다.

4. 한국인 이름 철자법을 통일하는 제도를 위하여 공의회가 위
원회를 구성하기를 제안하다.

5. 앞으로 일반 선교사역은 선교부 보고서에 포함하지 않고, 별
도로 보고하도록 하다.

결론적으로 모든 선교부의 연례보고서를 승인하며, 해외선교
위원회로 발송하도록 하다.

40. 선교회의 교회 재산 인수에 관한 진주선교부 보고서를 커닝
햄이 제출하다. 1910년 진주의 재산 인수를 위한 협상이 시작
되었을 때, 그 가치는 65파운드 정도였다. 그 대지에 대한 가
치가 평가된 이래로 지금은 한 평에 2엔으로 총 700엔의 가
치이다. 그러므로 대지와 건물을 인수할 때 한국인 교회는 보
상을 받아야 하며, 선교회가 그 대지 위의 건물값은 지급하지
않으므로 한국인 교회가 그 건물을 수리하여 학교 건물의 목
적으로 사용하도록 허락하다.

보고서를 채택하고, 진주선교부는 남해선교부 대지 기금을
그 목적으로 사용하도록 승인하고, 부족한 기금은 해외선교
위원회에 신청하도록 하다.

41. 진주선교부의 제안으로 진주병원의 개원식을 1913년 11월 4
일로 할 것과 개원식을 위해 필요한 비용 지출을 승인할 것을

커닝햄이 보고하다. 엥겔과 커닝햄이 동의 제창하다. 통과되다.

42. 대지를 구매할 목적으로 현금을 가지고 있는 선교부는 다음 안건으로 공의회에 보고하도록 엥겔과 왓슨이 동의 제청하다. 통과되다.

37 보충. 조정위원회는 부산진선교부의 요청에 따라 알렉산더를 그곳의 전도사역에 투입할 것을 공의회가 받기를 보고하다. 채택되다.

조정위원회는 부산진선교부의 사역 안배에 관련하여 동의를 표하였고, 그대로 승인되다.

43. 남선교사 한 명을 진주에서 부산진으로 이주시키자는 부산진선교부의 요청에 대하여 논하다.

진주선교부는 진주의 남선교사 한 명이 다음 해 부산진에 두 차례 순회 전도를 할 것과 엥겔이 휴가 중일 때 그의 시골 사역도 할 수 있도록 라이얼을 통하여 제안하다.

아담슨과 왓슨이 그 제안을 받기로 동의 제청하다. 승인되다.

44. 멜버른에 전보를 보내 부산진에 즉시 남선교사 한 명을 파송할 것을 커를과 아담슨이 동의 제청하다. 승인되다.

마산포, 진주, 통영, 그리고 거창의 사역 배분에 대하여 논하다. 조정위원회는 수정을 거쳐 그들의 안을 채택하였음을 보고하다. 진주와 거창선교부의 경우 공의회 회의 석상에서 몇 가지 수정하였고, 이외의 모든 배분에 대한 수정안은 승인되다.

45. 각 선교부 서기는 사역 안배 목록과 그에 따른 예산까지 복사하여 공의회 서기에게 제출할 것을 엥겔과 아담슨이 동의 제청하다.

46. 통영 대지구매위원회는 다음과 같이 보고하다. "작년에 대지 하나를 70엔에 구매하였다. 긴급기금에서 통영선교부 통장으로 잔액 951.95엔을 이체할 것을 제안한다. 그리고 위원회는 해산한다." 통과되다.

47. 거창선교부는 대지 기금에 대하여 보고하다. 선교부는 대지 구매기금에 대한 정확한 상황을 보고하지 못하다. 그러나 대지 구매가 더 필요한지에 대한 결정을 가능한 빨리하여, 공의회 회계가 남은 재정을 긴급기금에 다시 넣도록 돌려줄 것이다. 통과되다.

48. 남해 대지 기금 288.04엔은 은행에 그리고 200엔은 남해에 있어 총 488.04엔이 있음을 라이얼이 보고하다. 통과되다.

49. 마산포선교부가 대지 기금에 대해 보고를 하다. 보고서가 채택되고, 회계는 마산포선교부에 현재의 긴급기금에서 잔액 38.85엔을 지급하기로 승인하다.

12 보충. 여성성경학교위원회의 캠벨은 내년 여성성경학교를 부산진에서 개최할 것을 제안하다. 보고서의 이 제안 부분을 동의하다. 전체 보고서가 채택되다.

50. 공의회의 여성 투표에 관한 규정을 논할 것을 커를과 알렌이 동의 제청하다. 승인되다.

해외선교위원회에 선교회의 여성 투표에 관한 규정을 다음과 같이 수정할 것을 커를이 제안하다: (1) "여성의 사역이 평가될 때 그들은 투표하며"라는 말을 "여성의 과거 사역을 평가하고 미래 사역을 준비할 때 그들은 투표하며"로 수정한다; (2) 또한 여성이 관계되는 정책에 관하여서는 남성의 투표가 기록된 후 여성의 투표를 기록할 것이며, 그 안에 대하여 여성의 입장을 고향 교회가 알도록 한다.

이 안에 대한 의견이 갈리다. 첫 번째 부분은 통과되다.

두 번째 부분은 7명의 동의와 1명의 반대로 통과되다. 전체 안이 통과되다.

엥겔은 자신의 반대 이유가 다음과 같이 기록되기를 원하다.

(1) 그러한 결정은 두 그룹에 불화를 가져올 수 있고,

(2) 남성이 선교회의 행정적인 힘을 가지고 있으므로, 정책에 대한 그들의 질문 제기가 고향 교회 책임자들을 위한 안내 요소이기 때문이다.

기록으로 남기기로 승인하다.

34 보충. 소위원회가 작성한 케인즈 여사 위로의 편지를 그대로 채택하기로 만장일치로 동의하다.

41 보충. 라이얼이 위원회로 돌려보내진 교육위원회 보고서 첫 번째 항목을 제출하다. 채택하기로 동의하고 엥겔이 제정하다. 보고서를 승인하고, 커닝햄이 평양 유니언칼리지에서 교수하는 것을 함께 추천하다. 전체 보고서가 채택되다.

22 보충. 마산포선교부 재정에서 일반선교 재정을 분리하는 위원회가 보고하다. 이 둘의 재정을 분리하는 것은 불가능하며, 전체를 선교회의 일반 비용 기금으로 취급할 것을 추천하다. 마산포선교부는 다른 선교부와 같은 일반 재정 기입 방식을 따를 것을 권고하다. 보고서가 채택되다.

51. 왓슨이 건물보고서를 제출하다. (켈리의 사택에 철대문을) 포함하는 5번째 항목을 보충하여 채택하다. "거창선교부는 해외선교위원회에 사용된 기금 75엔을 직접 신청할 것을 허락하다." 전체 보고서가 채택되다.

26 보충. 왓슨이 보고하기를 그가 진주선교부 기록을 다시 검사한 결과, 그들은 임원회나 공의회 승인 없이 기금을 요청하였

다. 그 기금을 사용하기 전 그들은 공의회의 허락을 받을 심산이었기에 묵과하기로 동의하다. 승인되다.

52. 부산진시약소 사역을 계속할 것을 한국인 의료인에게 요청하거나 혹은 만약 그들이 영선고개의 건물을 사용할 수 있게 한다면 한국인 의료인의 봉사를 하게 할 준비가 되어있다고 북미장로교선교회에 알리기를 커를과 라이얼이 동의 제청하다. 아담슨과 엥겔의 동의 제청으로 일 년 동안 보류하기로 하다. 서기는 마산포선교부에 의하여 수정된 교회 헌금 통계에 관하여 보고하고, 그에 따라 필요한 전체 통계 수정 내용을 보고하다. 전체 보고서 채택을 동의하다. 승인되다.

53. 공의회는 요청하기를 각 선교부가 접대하는 비용을 매년 공표하여 접대를 받는 개인들 각자가 지불하기로 하다. 동의 제청되어 통과되다.

54. 라이얼과 왓슨이 동의 제청하기를 현장에서 최소 일 년 이상 지낸 회원만 공의회 내에서 투표하는 특권을 주기로 요청하다. 승인되다.

55. 교육연맹의회가 1913년 3월 24일 회의에서 채택된 헌법 4조 2항의 의미는 여자 '고등학교'를 가지고 있는 모든 선교회는 의회에 여성협동회원을 보낼 수 있으므로, 공의회는 여성 한 명을 그 자리에 임명하기로 라이얼이 동의하다. 제청되어 통과되다.

56. 각 선교부는 감사를 받은 회계보고서를 매년 12월 31일이 종료되는 다음 연도에 제출하기로 라이얼과 엥겔이 동의 제청하다. 통과되다.

57. 선교회 재산을 자신의 이름으로 등록한 모든 개인은 증인이 서명한 증명서를 하나는 회계에게 또 하나는 서기에게 제출

해야 하며, 그 재산은 자신의 후계자나 채권자의 권리 없이, 빅토리아주의 호주장로교회 선교회 소유임이어야 함을 엥겔이 동의하고 라이얼이 제청하다. 승인되다.

58. 서기는 에든버러선교대회 계속위원회와 연관되어 한국을 위한 현장자문위원회 규정 초안을 제출하다.

커를은 2조(b)에 의하여 영국과해외성서공회, 미국성서공회 그리고 YMCA의 1명의 대표, 구세군의 1명의 대표, 그리고 조선성교서회(Korean Religious Tract Society)에는 대표를 보내지 않는 것으로 제안하다. 제청되어 통과되다.

수정된 규정은 채택되다.

엥겔과 커를을 위 위원회의 위원으로, 그리고 라이얼을 대체 회원으로 추천하다. 동의 제청되어 통과되다.

24 보충. 각 선교부는 주일학교위원회 위원으로 다음의 회원을 추천하다: 매크레이, 캠벨, 알렉산더, 맥피, 네피어. 회장이 매크레이를 위원장으로 임명하다.

59A. 언어시험위원회로 보내진 2~3학년 언어 학생에 관한 규정에 대하여 위원회의 추천안을 엥겔이 다음과 같이 보고하다.

(1) 2학년부터 남학생은 한 시험관 앞에서 한 해에 두 번 설교하고, 여학생은 여성 모임에서 선임 선교사가 참석한 가운데 비슷한 수로 설교한다.

(2) 3학년 학생은 첫 9개월 동안 시험위원회 위원 한 명에게 교사가 수정하지 않은 한국어 작문을 두 번 제출하고, 이 작문을 시험 결과에 반영하지는 않는다. 보고서가 채택되다.

59B. 언어공부 수업계획서 관련 안은 언어시험위원회로 보냈고, 엥겔이 그 보고서를 제출하였으며, 3학년 과정을 수정하기로 동의하다.

엥겔이 임원회의 보고서를 제출하다.

60. (1) 서신에 의한 사업 거래 규정을 아래와 같이 채택하기로 제안하다.

(a) 서신에 의한 결의는 가능한 공의회가 제공하는 양식에 작성하며,

(b) 그러한 안건은 제청을 요구하지 않으며,

(c) 그러한 안건은 자격이 되는 공의회의 모든 회원이 투표할 때까지 채택이나 거부를 고려하지 않고,

(d) 그 안이 특별히 중요하다고 생각하는 선교회 몇 명의 회원이 그 안건에 투표하였을 때, 그는 찬반에 대한 이유를 회원에게 설명할 수 있으며, 그것을 서기에게 보고하여 누가 이미 투표하였는지 알려줄 수 있다. 그러한 보고는 새 투표를 위한 요청을 고려하고, 이미 투표한 회원들이 자신의 의견을 바꾸거나 고수할 때까지 의문시되는 결의는 수용되거나 거절된 것으로 인정하지 않는다.

(e) 그러한 안건은 마지막 투표라는 고지를 서기가 받는 그 날 채택되거나 거부된 것으로 보아야 한다.

(f) 만약 투표할 수 있는 공의회 회원 3인이 요청할 때, 공의회가 소집될 때까지 그 안에 대한 논의는 연기되어야 한다.

(g) 앞에서 언급한 규정(f)은 해외선교위원회가 임시 결정을 위하여 보낸 안건에 포함되지 않으며, 수정된 옛 규정과 해외선교위원회가 비준한 것을 따르는데 다음과 같다. "해외선교위원회가 회원들의 의견을 긴급하게 물어오는 경우 순환 투표로 결의할 수 있으며, 몇 명이 찬성 혹은 반대하였는지 해외선교위원회에 즉시 통보해야 한다."

보고서가 채택되다.

27   (2) 보충. 선교회가 봉급을 주는 조사 임시 임명에 관하여는 각 선교부가 임시 조사 임명을 주관하되, 가능한 한 빨리 그 사람의 과거 역사와 사역 자격 내용을 임원회에 제출하기로 추천하다. 채택되다.

(3) 일부분 한국인에 의하여 봉급이 지출되는 조사에 관하여는 규정을 그대로 두는바, 노회에 그 임명을 보고하기로 하다. 채택되다.

61   (4). 조사성경반에 참석지 않는 조사, 전도자, 매서인에게는 선교회 사역을 계속하기 원하는지 그 이유를 설명하도록 하다. 채택되다.

62.   회장은 한국어이름철자법위원회에 다름의 회원을 임명하다: 엥겔과 커를. (39, 4항 참고)

16   보충. 병원위원회에 라이얼과 알렌, 그리고 2명의 의사와 간호사를 승인하다.

63.   교육연맹의회(Senate of the Education Federation)의 규정 수정 허락을 라이얼이 제안하다. '허락되다' 다음에 다음의 내용을 추가하다. "휴가나 병가로 6개월 이상 현장을 떠나는 경우는 제외한다. 이러한 경우 부재한 기간을 위하여 대체 위원을 임명하고, 그 대체와 모든 공석은 선교회의 임명에 의한다." 통과되다.

64.   한국으로 임명된 것으로 알려진 스키너와 에버리 사역 안배는, 만약 함께 오면 공의회는 이들을 거창으로 발령하고, 여선교관을 위한 거창선교부의 재정 신청을 허락하며, 봄에 건축을 시작하여 그들이 도착할 때쯤 준비되도록 매크레이와 왓슨이 동의 제청하다. 통과되다.

65.   작년에 발생한 부산진선교부 재산 등록을 위한 134.92엔을

선교회 회계가 내도록 부산진선교부 회계가 요청하다. 선교회 회계가 그 액수를 지급하도록 하다.

66. 아담슨이 일본인 의사에게 받은 의료 비용과 마산포로 간 이후 쓴 약값으로 20엔을 지원하기로 해외선교위원회에 요청하기로 동의 제청하다.

67. 부산진선교부 회계가 1914년 예산을 제출하다. 조정위원회는 채택에 동의하고, 다음을 제안하다. "4번째 선교사의 사택을 위한 대지 구매 비용 300파운드를 해외선교위원회에 요청하고, 초량의 옛 대지 매매를 위하여 최대로 노력할 것." 수정된 대로 부산진의 예산안을 승인하다.

68. 라이트가 1914년 마산포 예산안을 제출하다.
조정위원회가 그것에 대하여 다음의 추천안과 함께 보고하다.

1. 각 선교부 조사성경반 비용 나눔과 건물 세금과 수리 비용은 현재의 지출 통장에서 나가야 하므로, 20엔을 '현재 경비' 항목 아래 더하여 총 80엔이다.

2. 새 지역 분할로 인하여 마산포 3명의 조사가 34개의 교회에서 일해야 하고, 그중 2명은 마산포 지역에 거주하고 있으므로, 한국인 서기의 봉급은 허락하지 않기로 추천하다.

3. 맥피의 언어교사 봉급은 12개월이 아닌 10개월로 총 70엔을 추천하다. 예산안은 수정안이 채택되다.

69. 라이얼이 1914년 진주 예산안을 제출하다.
조정위원회가 그것에 대하여 다음의 추천안과 함께 보고하다.

1. 김정수가 2엔의 기근 보조금과 같이 13엔을 받기로 수정하고, 의령의 조사도 같은 봉급을 받도록 조정하다.

2. 빅토리아여선교연합회 청구서 단위를 엔 대신에 파운드로 한

다. 환율은 1엔당 2실링 4분지 3이다. 예산안은 수정된 대로
채택되다.

70. 왓슨이 통영선교부의 예산안을 상정하다. 조정위원회가 채택
하기로 제안하므로 승인되다.

71. 매크레이가 1914년 거창선교부의 예산안을 상정하다. 조정위
원회가 1개의 추천과 함께 보고하였는바, 여선교관을 위하여
5,200엔(536파운드 5.0.)를 추가하고, 수정된 대로 채택되다.

72. 커를이 조정위원회로부터 보고서를 제출하였는바, 1915년 3
월 20일까지의 각 선교부 소유 건물 보험 예산을 편성할 것
과, 선교부의 내년 보험 예산은 그때부터 하기로 추천하다. 통
과되다.

73. 알렌이 1914년 진주 병원의 예산안을 상정하다. 조정위원회
는 채택하기로 추천하고, 그대로 채택되다.

74. 커를은 진주 병원에서 일할 수 있는 자격 있는 한국인 의사 봉
급을 위하여 4월 1일부터 월 30엔, 총 270엔을 요청하기로
제안하다. 제청되어 통과되다.

75. 엥겔이 임원회에 보고하다.

1. 조선성교서회는 한국의 선교 수단의 중요한 요소이며, 그
것이 가치 있게 증명되었고, 성서공회나 개 선교사가 할 수 없
는 기독교 문서 분포 기구이다. 선교회들이 현재의 위기를 극
복하지 못하여 서회가 불가피하게 없어질 경우, 공의회는 해
외선교위원회에 조선성교서회 매니저의 봉급을 위하여 연
170엔을 지원할 것을 요청하다.

76. 2. 공의회는 해외선교위원회에 연합공의회 비용 16.68엔 지
원을 요청하고, 제안된 주일학교 서기 봉급 일부 지원을 고려
하도록 요청하다. 보고서가 채택되다.

77. 엥겔이 임원회가 준비한 예산안을 제출하고, 채택하기로 동의하다. 통과되다.

78. 상임위원회 위원 선출안이 제기되다. 임원회의 현 인원에 두 명을 더 하기로 동의하다. 커를과 왓슨이 선출되어 임원회에 합류하다.

79. 건물위원회에 커를, 매크레이, 왓슨 그리고 라이트가 선출되다.

80. 언어위원회의 현 위원들이 재선출되다: 엥겔, 아담슨, 커를.

81. 조사성경반위원회의 현 위원들이 재선출되다: 엥겔, 아담슨, 커를, 라이얼.

82. 교육위원회에는 라이얼과 엥겔, 그리고 데이비스와 맥피가 (여학교를 위하여) 선출되다.

83. 나환자요양원위원회에 엥겔과 맥켄지가 선출되다.

84. 여성성경학교위원회에 니븐, 스콜스, 네피어가 선출되고, 엥겔 부인과 커를 부인이 협동위원으로 선출되다.
    대표자 선출안이 제기되다.

85. 성경위원회에 아담슨과 엥겔이 선출되다.

86. 연합공의회 대표자는 임원회로 넘기기로 동의 제청하여 승인되다.

87. 연합공의회 임원회에 엥겔이 재선출되다.

88. 주일학교연합회에 매크레이가 대표자로 재선출되다.

89. 교육연맹의 여성 대표로 데이비스가 선출되다.

90. 커를은 다음 해의 공의회 모임을 진주에서 열기로 정중하게 초청하다. 초청을 받아들이다.

91. 공의회 모임은 1914년 9월 16일 수요일로 하되, 임원회가 필요에 따라 조정할 수 있도록 동의 제청하다. 승인되다.

92. 선교회 회계 장부 감사로 맥켄지를 임명하다.
93. 부산진선교부의 가중된 일로 인하여 맥켄지의 3학년 언어시험을 감면하고, 구술시험만 치르도록 왓슨과 매크레이가 동의 제청하다. 승인되다.
94. 커를은 진주의 교회 대지 위에 있는 건물 수리를 위하여 해외선교위원회에 140엔 지원 요청을 하기로 제안하다. 동의 제청되어 통과되다.
95. 현재와 미래의 모든 회원이 과거의 행위를 인식할 수 있도록 1909년부터 지금까지의 공의회 회의록을 발췌하여 인쇄하도록 엥겔이 동의하고 라이얼이 제청하다. 승인되다.

다음 공의회는 1914년 9월 16일 진주에서 모이기로 하다.
휴회하기로 동의하여 다 같이 일어나, 시편 122편 6~9절 찬송을 하고, 기도와 축도로 폐회하다.

공의회의 회의록에서 발췌함

엥겔, 서기.
['호주장로교선교사공의회 회록', 1913, 41-72]

87. 호주선교사공의회 연례회(1914)

일시: 1914년 9월
장소: 진주
회원:
목사 – 엥겔, 커를, 라이얼, 맥켄지, 매크레이, 왓슨, 맥라렌, 켈리,
　　　라이트, 알렌, 커닝햄, 테일러, 로마스.
여성 – 멘지스, 무어, 니븐, 스콜스, 클라크, 데이비스, 알렉산더,
　　　맥피, 캠벨, 네피어, 레잉, 에버리, 스키너.
임원: 회장 – 매크레이, 서기와 회계 – 라이얼.

공의회는 예정에 따라 1914년 9월 16일 수요일 오후 3시에 모이다.

회장인 맥켄지가 기도로 개회하다. 시편 121편으로 하나님을 찬양하고 몇 편의 찬송 후에 디모데후서 4장 2~5절의 말씀을 나누다. 그리고 회장이 성찬식을 집례하고, 테일러와 로마스가 성찬을 배분하다.

서기가 임원회 회록과 지난해 임시 결의안을 보고하다.

제안에 따라 회의 시간을 오전 9시부터 12시 그리고 오후 2시부터 4시까지로 하다.

매크레이가 회장으로, 라이얼이 서기와 회계로 선출되다.

맥켄지와 라이트가 뉴질랜드장로교회가 운영하는 칸톤빌리지선교회의 밀레 목사를 본 회의에 선임되도록 동의 제청하다. 통과되다.

지난 공의회 이후 한국에 온 로마스, 스키너, 에버리 그리고 테일러 부인을 환영하다.

1. 엥겔과 왓슨이 매일 회의 내용을 회록에 기재하고, 같은 것을 3장 복사하는 일에 켈리, 커닝햄, 테일러를 임명하기로 동의 제청하다. 승인되다.
2. 라이얼과 엥겔이 각 선교부의 대표 1명을 조정위원회에 임명하도록 동의 제청하다. 통과되다.
3. 엥겔과 라이얼이 연합공의회에 우리 대표를 임명할 것을 제안하다. 통과되다. 맥켄지가 임명되다.
    조정위원회에는 엥겔, 라이얼, 커를, 왓슨, 매크레이가 임명됨을 선포하다.

호주선교사공의회와 엥겔 부부(Australian Mission Council, Chinju, 1914)
*Photo: 'The Chronicle', 1919.

회장은 이 위원회에 엥겔을 위원장으로 임명하다.

부산진, 마산포, 진주, 통영, 거장선교부와 나환자요양원, 그리고 병원위원회의 연례보고서가 제출되다. 모두 채택되다.

회장은 각 선교부 기록검사위원회에 다음의 인원을 임명하다; 부산진-라이트, 통영-로마스, 마산포-알렌, 거창-테일러, 진주-왓슨.

4. 지난 한 해 선교사역 요약을 엥겔이 보고하도록 라이얼과 알렌이 동의 제청하다. 통과되다.

5. 회계보고서가 라이얼에 의하여 보고되다. 맥켄지가 감사보고서를 제출하다. 보고서가 채택되다.

6. 임원회에 남은 3명을 임명하는 안을 논하다. 커를, 맥켄지, 왓슨이 추천되었고, 더는 추천이 없으므로 이들이 임명된 것으로 회장이 선포하다.

7. 이번 공의회에서 발언 시간을 제약하는 규정을 보류하기로 동의 제청하다. 통과되다.

빅토리아여선교연합회 해외선교위원회 서기의 (1) 한국인 사역자 명단, (2) '더 크로니클'을 위한 보고서, (3) 의상에 필요한 물품 목록에 관한 서신이 접수됨을 보고하다.

8. (1) 엥겔과 무어는 각 선교회가 올해 사역자 목록을 준비하여 공의회에 보내도록 하고, 이후에는 그 목록을 연례보고서와 함께 제출하되 제한된 단어 숫자에 저촉받지 않도록 동의 제청한다. 승인되다.

9. (2) 엥겔과 무어는 부산진과 진주선교부의 빅토리아여선교연합회 여선교사 1인이 한 달에 한 번, 마산과 거창은 두 달에 한 번 '더 크로니클'을 위하여 글을 쓰고, 무어는 원하는 대로 글을 쓰되 최소한 넉 달에 한 번 쓰도록 동의 제청하다. 통과

되다.
10. (3) 알렉산더와 맥피는 의상에 필요한 물품 목록 수정을 위한 소위원회 위원으로 멘지스, 무어, 스콜스를 추천하다. 통과되다.

부산의 건물 매매에 관하여 해외선교위원회의 연락을 받다.

11. 엥겔과 라이트는 부산의 건물 매매에 선교부의 이익을 보호하기 위하여 맥켄지와 라이얼을 임원회의 소위로 구성하고, 이 소위원회는 해외선교위원회가 제안한 대로 권위를 행사할 수 있도록 추천하다. 통과되다.

12. 나환자 구제를 위하여 기증된 돈에 대하여 해외선교위원회의 연락을 받다. 맥켄지와 엥겔은 나환자를 위한 선교회의 희망에 협력하도록 동의 제청하다. 통과되다.

13. 마산포선교부는 1915년의 공의회를 마산포에서 개최하기로 초청하다. 이 초청에 관하여 추천안을 내도록 소위원회를 구성하고, 위원으로는 멘지스, 네피어, 클라크, 무어 그리고 스키너를 임명하다.

멘지스는 1915년 공의회 모임 장소 소위원회를 대신하여 마산포선교부의 초청을 받기로 추천하다. 채택되다.

14. 조선성교서회 총무 봉급에 관한 임원회의 보고서를 라이얼이 낭독하다.

1항과 2항이 채택되었는바 그 내용은 다음과 같다: (1) 작년에 그들이 요청한 액수 중 부족금 170엔을 해외선교위원회가 보내도록 요청한다. (2) 1915년을 위한 340엔은 서회의 규정이 선교회의 통제하에 들어오는 것으로 수정될 때 지출한다.

15. 엥겔이 조사성경반 보고서를 읽다. 맥켄지와 왓슨은 조사성경반과 부산진의 성경학원이 상호관계를 맺기로 동의 제청하

다. 승인되다.

16. 해외선교위원회에 1913년의 회의록 76항 두 번째 부분을 상기시키고, 주일학교 서기 지원에 관한 위원회의 생각과 가능성을 공의회에 알리도록 하다.

    알렌이 병원 재정보고서를 읽다. 토론하다.

    엥겔과 라이얼이 모든 선교부에 선교부의 과제와 예산을 조정위원회에 제출하도록 동의 제청하다. 통과되다.

17. 엥겔이 언어시험위원회 보고서와 함께 다음의 제안서를 제출하다: 올해의 필기시험은 11월 20일에 하기로 제안하다. 엥겔과 알렌이 동의 제청하여 채택되다.

    맥켄지와 왓슨이 '12월 15일'이란 단어를 '11월 20일'로 대체하기로 동의 제청하다. 수정안이 통과되다.

    엥겔과 라이트가 1915년의 시험은 11월 셋째 주에 하기로 동의 제청하다. 통과되다.

18. 니븐이 여성성경학교위원회 보고서를 낭독하고, 1915년 5월과 6월 부산진에서의 성경학교 개강과, 교사진은 멘지스, 니븐, 스콜스, 알렉산더, 맥켄지 부인으로 할 것을 제안하다. 엥겔과 니븐이 동의 제청하여 보고서를 받다. 승인되다.

19. 라이얼과 왓슨은 추천위원회를 엥겔, 매크레이, 스콜스로 구성하기로 동의 제청하다. 승인되다.

    일본인 사역에 대하여 논의하다.

20A. 현재 일본인 사역자의 사역은 중지시키고, 그에게 한 달의 말미와 함께 한 달의 봉급과 그와 가족의 여행 경비를 주기로 맥라렌과 라이얼이 동의 제청하다. 승인되다.

20B. 커티스의 우리 영역 순회 비용을 진주선교부의 예산에 반영하기로 엥겔과 맥켄지가 동의 제청하다. 통과되다.

선교부 기록검사위원회의 보고서가 제출되다.

부산진의 라이트, 마산포의 알렌, 진주의 왓슨, 통영의 로마스, 거창의 테일러가 기록이 올바르다고 보고하다. 모두 채택되다.

엥겔과 알렌은 앞으로 병원위원회 기록도 검사하기로 동의 제청하다. 승인되다.

21. 진주선교부가 1월 1일부터 대금을 지급하기까지 구 교회 대지 구매 비용 이자 납부를 승인하기로 커닝햄과 알렌이 동의 제청하다. 부결되다.

22. 뉴질랜드장로교회의 해외선교위원장에게 편지하여 한국과 극동을 방문하여 우리의 선교 활동을 직접 보도록 제안하고, 서기가 초청 편지를 쓰기로 맥켄지와 엥겔이 동의 제청하다. 통과되다.

23. 현장의 우리 일꾼들은 해외선교위원회의 한국과 다른 선교지의 재정 지원이 현재 어려운 상황이라는 것을 깨닫고, 우리가 그들과 함께 진정으로 기도하고 있다는 것을 알리기로 커닝햄과 라이트가 동의 제청하다. 통과되다.

24. 한국에서 우리의 선교가 거의 시작될 때부터 빅토리아여선교 연합회 해외 서기 앤더슨 부인의 큰 공헌에 우리는 감사하며, 그녀가 아프다는 소식과 강제된 은퇴의 소식에 우리의 동정심과 계속되는 기도 약속을 편지로 쓸 것을 엥겔과 멘지스가 동의 제청하다. 통과되다.

25. 미국장로교 한국선교회 임원회 회장으로부터 그들의 선교를 우리에게 이전하는 선교지 분할과 선교지 재산 매매에 관한 서신이 도착함.

엥겔과 맥켄지는 서신을 접수할 것과 미국장로교 한국선교회 임원회에 서기가 편지하여 그곳 선교사들이 준비를 마치는 대로 우리 공의회가 접수할 것이며, 우리에게 이전되는 교회들은 우리가 힘을 다하여 돌볼 것을 자매 교단에 확인시키며, 계속 협력할 것임을 편지하도록 동의 제청하다. 통과되다.

26. 멘지스가 빅토리아여선교연합회 일꾼들의 의상에 관하여 소위원회 보고서를 보고하다. 채택되다.

27. '빅토리안기숙사' 위원회의 보고서를 엥겔이 보고하다. 또한, 내년에는 라이얼이 이 일을 책임 맡을 것을 제안하다. 보고서와 제안이 승인되다.

    왓슨이 건물위원회의 보고서를 낭독하다. 보고서가 채택되다.

28. 작년 공의회 모임에서 각 부서의 보고를 4분으로 제약하기로 하였지만, 규정으로 생각지 말고, 각 부서가 알아서 보고의 시간을 제약하기로 맥켄지와 엥겔이 동의 제청하다. 승인되다.

    라이얼과 엥겔은 공의회가 맥라렌의 상실에 깊은 동정을 표하기로 동의 제청하다. 통과되다.

29. 엥겔과 알렉산더는 미래의 여성성경반위원회는 독신 여성으로만 구성하기로 동의 제청하다. 통과되다.

30. 호주장로교선교회 교육연합회의 요청은 교육위원회로 넘겨 보고하도록 엥겔과 맥켄지가 동의 제청하다. 통과되다.

31. 맥켄지와 커를은 서기가 공의회와 임원회의 회의록 기록 복사본 파일을 보관할 것을 동의 제청하다. 통과되다.

15 보충. 조사성경반위원회로 보내진 부분의 보고서를 엥겔이 읽다. 전체 보고서와 추천안이 채택되다. 결의 사항은 다음과 같다: 1915년 12월의 조사성경반은 부산진남성경반과 합치며, 라이얼과 맥켄지로 구성된 위원회가 두 개의 교과과정을 합하며, 내년 공의회에 보고토록 한다. 합쳐진 과정의 교사진은

다음 연례 회의에서 뽑도록 한다.

32. 커를이 매서인봉급위원회의 보고를 하고 다음과 같이 추천하다. 매서인이 시골에 다닐 때 음식을 제공 받는 것과 판매되는 책의 수수료를 받는 것을 감안하여, 봉급은 9엔으로 한다. 보고서가 채택되다.

    맥켄지와 라이얼은 병원 대차대조표를 안건으로 다루지 않기로 동의 제청하다. 통과되다.

33. 엥겔이 한국인이름철자법위원회의 보고를 하고, 다음과 같이 채택되다. (이하 생략)

    라이얼이 서울의 코리아크리스천칼리지(Korea Christian College) 규정 초안을 소개하다.

    라이얼과 엥겔은 이 규정을 일 년 동안 안건으로 다루기로 동의 제청하다. 통과되다.

34. 엥겔이 추천위원회의 보고를 하다. 약간의 수정과 함께 보고서가 채택되다. 각 위원회의 위원은 다음과 같다.

    임원회: 매크레이, 라이얼, 커를, 맥켄지, 왓슨.

    건물위원회: 커를, 맥켄지, 왓슨, 로마스(1915년부터).

    언어시험위원회: 커를, 라이얼, 스콜스.

    조사성경반위원회: 1915년 선출.

    교육위원회: 라이얼, 맥라렌, 로마스(1915년부터), 그리고 캠벨, 맥피(여학교를 위하여)

    병원위원회: 커를, 맥라렌, 알렌, 커닝햄, 클라크, 네피어.

    여성성경학교위원회: 니븐, 스콜스, 네피어.

    주일학교위원회: 매크레이, 테일러, 캠벨, 맥피, 알렉산더.

    감사: 맥켄지.

대표단

성서위원회: 커를, 라이얼.

연합공의회: 커를, 라이얼, 맥켄지, 매크레이, 왓슨, 스콜스(교장으로), 그리고 켈리, 라이트, 알렌, 커닝햄, 테일러, 로마스(대체 인력으로).

교육연맹 여성대표: 데이비스 자리에 캠벨.

유니언기독교칼리지 이사회, 평양: 라이얼(2년 동안).

35. 본 공의회에 나환자요양원위원회를 두지 않기로 하다.

36. 라이얼과 알렌은 공의회의 회의록 100부를 복사하기로 동의 제창하다. 승인되다.

맥켄지와 라이얼은 진주선교부의 환영과 접대에 마음속의 감사함을 표하기로 제안하다. 모두 일어나 승인하다.

맥켄지와 켈리는 엥겔에게 공의회의 안부를 고향 교회에 전하며, 그들의 기도와 기억에 감사하며, 한국에 더 많은 선교사가 긴급히 필요한 것을 알리도록 요청하다. 통과되다.

공의회의 회의록에서 발췌함

라이얼, 서기.
['호주장로교선교사공의회 회록', 1914, 73-83]

---

88. 1913년~1914년 엥겔의 사역

엥겔이 돌보고 있는 교회에서는 심 목사를 부산진과 동래읍 목사로 뽑는 것이 가장 큰 일이었다. 1913년 8월 31일 청빙을 위한 탄원 서명의 목적으로 공동의회가 열렸다. 9월에 노회는 탄원의 기도를 허락하였고, 11월 2일에 목사 청빙을 위한 공동의회가 소집되었다. 회원들은 오랫동안 장로로 교회를 섬겼던 심 목사를 만장일치로 선택하였다. 12월 31일 노회는 그 청빙을 확인하였고, 1월 7일 심 목사는 노회의 위임으로 엥겔의 지도하에 취임하였다.

동래읍교회에 두 명의 장로 피택이 허락되었으며, 그 결과 지도자 박 씨와 노인 옥 씨가 선출되었다. 결과가 발표되자 옥 씨는 눈물을 터트리며 감탄하였다.

"나와 같은 큰 죄인을 선출하지 말아 달라고 기도했습니다. 나는 그러한 큰 직책을 맡을 자격이 없습니다."

이와 같은 진정한 겸손한 정신은 그러나 그가 자격이 있다는 것을 보여주는 명백한 증거이다. 비록 가난하지만, 이 나이든 형제는 종종 매우 관대하게 헌금하고 기부하였는데 자신의 형편을 뛰어넘는 것이었다. 이 교회에 장로로써 더는 좋은 사람이 없었다. 이들은 1914년 8월 23일 장립을 받았다.

지난 가을 두 개의 공동체에 세례받은 신자가 생기므로 교회로 발전되었다. 언양의 교회들은 올해 매우 저조하다. 초기 언양읍교회에 많은 불성실한 요소가 있었지만, 점차 사라지고 있다. 이제 남은 자들은 성실한 신자들로 구성되고 있다.

엥겔은 심 목사 취임식을 주관한 외에도 노회의 위탁으로 부산과 마산포 중간에 있는 웅천읍교회에 김기원 목사 안수와 취임을 책임 맡았다. 이 사람은 원래 부산진교회의 회심자였다가 교사가 되었고, 후에 대구의 미장로교선교회 아담스의 조사가 되었다. 또한, 대구 근교 교회에서 장로로 섬기었다.

안수식 전날에 태풍이 불어닥쳤고, 그곳은 배로만 편리하게 닿을 수 있는 곳이어서 이틀 후로 연기되었다고 전보로 알렸다. 노회위원회는 새벽에 떠나 정오에 교회에 도착하여 점심을 먹었다. 그 후 재판에 관해 보고를 받고, 1시부터 2시 30분까지 안수식이 거행되었다. 그 후 다른 항구가 있는 곳까지 10마일을 걸어가 마산포로 가는 배를 탔다. 그곳 선교부에서 저녁을 먹고 7시에 떠나 기차로 부산진에 밤 11시 15분에 도착하였다. 이날 여행한 거리는 120마일이나 되었다.

선교사의 사역은 자신이 돌보는 교회나 심지어 노회에만 국한되지 않는다. 교회 직분자를 위한 성경반과 대회, 그리고 남성성경학교, 지난 가을 진주에서 열린 조사성경반, 이번 여름 마산포에서 열린 반들, 지난 겨울 미국선교회와 공동으로 400명이 참석한 밀양의 남성성경학교 운영, 그리고 무엇보다도 196명이 있는 평양의 신학교 교수 등이 포함된다. 엥겔은 이 학교에서만 여러 반에서 강의하느라 125일을 사용하였다.

총회, 노회 그리고 각종 위원회의 일, 그리고 교회 방문으로 인하여 선교부를 161일을 비웠고, 기차로 배로 나귀로 그리고 도보로 5,276마일의 거리를 순회하였다. 만약 그가 총회장의 일로 교회 방문에서 벗어나지 못하였다면 마일 수는 배 이상이 되었을 것이다.

많은 부재에도 불구하고 엥겔은 부산진교회에서 14번 설교하였고, 동래읍교회에서 7번 설교하였다. 그는 당회에 17번 참석을 하였

266

고, 조사와 매서인들의 보고와 이야기를 듣는데 9일을 사용하였고, 개인 조사와 지도자들과의 행정적인 모임에 5일을 사용하였다.

그뿐만 아니라 작년에 많은 시간을 선교회 서기 일을 위하여 헌신하였다. 최소한 45일을 사용하였다. 많은 시간 또한 글을 썼는바, 특히 평양에서 발행을 위하여 두 편의 논문을 썼고, 다른 글도 집필하였다.

엥겔은 요한복음 반, 웨스트민스터 신앙고백 반, 특별히 30명의 대학원 학생반이 포함된 교회 역사 4개의 반에서 강의하였다.

연합공의회 찬송가위원회 회장으로 그는 호주머니에 넣을 수 있는 신약과 찬송가 책을 합본으로 출간하였으며, 찬송가 음악 편집 최종 수정본을 다루었다. 조선성교공회의 검사관으로 활동하였고, 존 웨슬리의 생애와 교회 역사 수정본도 다루었다.

한국의 교회 생활 전반에 공헌할 수 있어 영광이고 기쁨이지만, 이 의무들로 인하여 지역 사역과 시골의 교회 돌봄이 불가피하게 불리하게 되었다. 그러나 더 큰 의무가 잘 충족된다면 더 큰 공동체에 더 큰 유익을 줄 수 있다. 그리고 이것은 작은 교회나 시골 교회에도 선한 영향력을 간접적으로 미친다.

엥겔은 더 먼 지역의 교회를 한 번 이상 방문할 수 없었으나, 맥켄지가 울산의 북서쪽과 언양 지역들을 다시 방문할 수 있었다. 그러므로 교회들은 선교부의 선교사들로부터 매년 두 번의 목회적 행정적 지원을 받을 수 있었다.

지난 가을과 겨울에 엥겔은 감기로 4번 앓았고, 그로 인하여 13일 병가를 하였다.

('Our Missionaries at Work', 1915년 1월, 2-4)

Engel's Work in 1913~1914

A missionary's activities are not confined to the care of his own churches or even to the work of his own Presbytery. The local class and conference for the church officers and the Men's Bibile Institute, the helper's class held at Chinju last autumn, those held at Masanpo this summer, and the annual men's Bible class held at Miryang in conjuction with the American missionaries last winter, when about 400 men present, but above all the work of the Theological seminary at Pyeng Yang, with its 196 regular students, claimed a great deal of Mr Engel's time, 125 days being given entirely to teaching in these various classes.

This Assembly, Presbytery and committee business and visiting of churches involved as absence from the station of 161 days and travelling a distance of 5276 miles by rail, steamer, pony back, and on foot.

Could Mr. Engel have been set free for visiting the church of Korea during his moderatorial year, this mileage would have been more than doubled.

('Our Missionaries at Work', 1915년 1월, 3)

89. 빅토리아여선교연합회 연설

1914년 12월 14일, 빅토리아여선교연합회 회원들은 한국에서 막 돌아온 엥겔 부부와 그들의 두 자녀를 만나는 기쁨을 가졌다. 엥겔은 말하기를 우리 연합회 기도회에서 제일 먼저 보고하는 것이 적절한 것은, 자신이 멜버른을 떠나기 전, 우리 여선교회연합회가 거행한 환송식에서 마지막 인사를 하였기 때문이라고 하였다.

왕길지 가족(Engel's Family, 1915) *Photo: Engel Family Archives

자신은 또한 직전에 여선교연합회 선교사였고 공식적인 관계는 아니지만, 지금도 관계가 유지되고 있음을 기뻐하는 것은 선교사가 어려움에 빠질 때 여선교연합회 회원들이 기도하고 있음을 알고 힘을 얻을 수 있기 때문이라고 하였다.

엥겔은 한국에서 이루어진 변화에 대하여 깊은 인상을 받았다고 하였다. 그가 만나기를 바랐던 많은 사람이 별세했으며, 혹은 은퇴를 하였다고 말하였다.

더 좋은 변화도 많이 있는바, 전체 한국장로교회에 관한 사실을 주로 지적하며 우리의 선교가 많이 성장하였다고 하였다. '더 크로니클'의 독자들은 아마 알고 있는바 한국의 두 주요 교회는 장로교와 감리교이다. 그리고 그중에서 장로교회가 더 강하다. 그곳의 교회 선교지역은 분할되어 있다. 만약 장로교 교인이 자신의 지역을 떠나 감리교회의 지역으로 들어가면, 그곳의 감리교회를 다녀야 하고, 그것은 그 반대의 상황에도 적용된다.

8년 전에는 18,000명이나 19,000명의 장로교 세례 교인이 있었는데, 지금은 60,000명이 있다. 작년에 세례받은 교인이 7천 명이 넘는다. 교회에 입교한 사람이 약 25,000명이고, 그중 9천 명은 작년에 들어온 사람들이다. 이것은 교회가 살아있다는 증표이며, 한국인은 여전히 활동적으로 전도하고 있다는 것이다.

북쪽 지역은 음모로 인한 박해와 시험을 받아 전체 교회 신자는 좀 줄었었다. 그러나 다시 143,000명으로 증가하였는데, 이 수치는 전례가 없는 것이다. 일부 신자는 신앙에 깊은 관심이 없으므로 그 숫자는 유동적이고, 어떤 사람들은 이상한 이유로 교회를 나오기도 한다. 예를 들어 한 유교 신자는 아들이 없어 자신이 죽을 때 장례 치러 줄 사람이 없다는 생각에 아들이 없어도 되는 교회를 나오고 있다. 그러나 이런 사람은 박해를 견디지 못할 것이고, 신앙을 잃을 것이다.

한국교회의 성장은 주로 한국 기독교인들의 전도로 인함이다. 외국 선교사는 한국인들의 마음속에 들어갈 수 없는바, 그들은 이 교도의 환경과 생각 속에 성장하였기 때문이다. 외국인 선교사가 한국말을 잘할 수는 있으나 한국인과는 다른 어휘를 구사한다. 그러나 회심한 한국인은 비기독교인의 생각과 말을 알기에 그들에게 접근할 수 있다. 그때 선교사가 개입하여 질문에 대답하며 가르침을 더할 수 있다.

한국교회의 조직은 놀라운 방법으로 진보하고 있다. 1907년 첫 한국인 7인이 목사로 안수를 받았다. 지금은 91명이 당회장을 맡고 있으며, 자신들의 교회에서 지원을 받고 있다. 또한, 장로는 332명이다.

그와 더불어 한국교회는 선교사도 파송하고 있다. 안수받은 7인 중의 한 명은 제주도로 파송되었고, 그다음 해에는 한국인의 이민을 따라 선교사가 블라디보스토크로 파송되었고, 작년에는 그곳의 미국장로교 아래에 일하려고 중국 산둥성으로 3명이 파송되었다. 언어의 어려움에도 불구하고 그들은 6개월 안에 영향력을 끼치었고, 중국인 기독교인에게 자신의 이웃에게 전도할 것을 격려하고 있다. 일본 동경에는 많은 한국인 유학생이 있다. 장로교회와 감리교회가 번갈아 가며 그들에게 2년 임기의 선교사를 파송하고 있다.

국내와 해외 선교를 위하여 한국교회는 작년에 2만 파운드를 헌금하였다. 막노동자의 하루 임금이 10다임이고 기술노동자의 임금이 1/8인 나라에서, 쌀을 팔아 자신은 조밥을 먹을지라도 교회에 헌금하여 큰 공헌을 하고 있다.

엥겔이 마지막으로 우리에게 남긴 메시지는 다음과 같다.

"예수 그리스도는 한국인들의 마음과 생활 속에 능력으로 살아계시다."

('The Chronicle', 1915년 1월 1일, 7)

90. 독일인이 아닌 호주인

　엥겔은 호주에서 휴가를 마치고 한국으로 돌아가려 하였다. 그러나 호주 정부는 그를 독일인으로 규정하고 있었다. 엥겔은 자신이 호주인임을 강변하며 자신의 가족사와 경력을 적은 8쪽의 문서를 작성하였다. 당시는 일차대전 중이었고, 호주는 독일과 전쟁을 하고 있었다.

　엥겔은 자신이 1898년 이후 호주와 단절 없는 관계를 이어왔다고 하면서 다음과 같이 주장하였다. 빅토리아에 거주지(16 Valetta St Malvern)가 있으며, 1900년 5월부터 빅토리아장로교회 한국선교사이며, 1906년부터 1907년의 휴가를 호주에서만 보냈고, 자신의 첫 아내가 아플 때 그녀를 두 아이와 함께 호주로 보냈고, 다른 아이들도 학교에 입학해야 할 때 그들을 호주로 보내어 호주 문화 속에서 자라도록 하였다. 국적에 관하여 자신의 공식적인 관계는 오직 호주, 특별히 멜버른이라고 항변하였다.

(Statement of the Case of G Engel, 멜버른, 1915)

Engel wrote an eight paged statement during the first World War – he'd come back to Australia on furlough and wanted to get back to Korea. However, the Australian authorities wanted to classify him as German (and of course Australia was at war with Germany).

Statement of the Case
of G. Engel, Presbyterian Minister
and Missionary of the Presbyterian Church of Victoria & Korea.

———·—

I the Undersigned Gotthob (Gustav) Engel was born on Oct. 10th 1868 in
Rottenacker in the Kingdom of Württemberg, Germany.

1. Movements.

I left Germany in August 1889 and studied in Basel, Switzerland. For
this purpose I obtained a passport (Heimatschein) issued on Sept. 6th 1889
and available for five years. At the beginning of July 1892 I left Basel and arrived
in Edinburgh (Scotland) on July 4th 1892 and later went to London. Thence I
returned to Basel via Belgium and Germany in November 1892, took passage
from Genoa for India and arrived in Bombay on November 24th 1892. I remained
in India till October 1898 and, taking passage from Bombay via Colombo, I
arrived in Melbourne on November 11th 1898. In January 1899 I settled in
Stawell, Victoria, as Principal of the Harvard College there. In May 1900 I was
admitted as a minister of the Presbyterian Church in Victoria in full standing,
and in September 1900 pursuant to a call for work in Korea I left Victoria. I returned
to Australia direct from Korea in November 1906, residing for three weeks in
Albury, N.S.W., and from December 1906 in Melbourne. In August 1907 I left
again for Korea and after an absence of seven years and four months I returned
again to Melbourne direct from Korea, arriving on December 11th 1914.

2. Attempts towards obtaining Naturalisation.

While residing in India I took steps to obtain naturalisation, but was
informed that seven years' residence in British Dominions would be necessary for
that. Consequently, after I had been residing a little more than seven years in

엥겔의 친필 문서(Engel's eight paged Statement, Melbourne, 1915)
*Photo: Engel Family Archives

91. 1,480명을 세례하다

지난 화요일 저녁 엥겔 목사는 '한국 선교'를 주제로 강의하였다. 그는 지난 14년을 한국에서 살았는데 현재 휴가 중에 있다. 그 나라에서의 일에 대하여 그는 매우 흥미로운 이야기를 하였고, 미국과 호주선교회가 경이로운 성공을 거두고 있다고 말하였다.

엥겔은 자신이 그곳에 일하면서 1,480명을 기독교로 회심시켜 세례를 주고 교회의 친교 안으로 받아들였다고 하였다.

강의 끝에 그는 한국의 수공예품과 동과 은 조각품 등 흥미로운 물품들을 보여주었다. 그는 또한 유명한 사쓰마(밀감)가 일본 제품으로 알려져 있으나 오직 한국 생산임을 언급하였다.

('The Minyip Guardian', 1915년 6월 29일, 2)

Missionary Work in Korea.

"Missionary Work in Korea" was the subject of a lecture given by Rev. G. Engel in the Presbyterian Church last Tuesday evening. Mr Engel, who has been for fourteen years in Korea, and is now on furlough, gave a very interesting account of the work in that country, and of the phenomenal success achieved by both American and Australian missions. During his residence there, Rev. Engel said he had himself baptised and received into church fellowship 1480 converts to Christianity. At the close of the lecture, some interesting curios were exhibited, including needlework, carving on brass, silver, etc. Incidentally the lecturer remarked that the celebrated Satsuma ware, which is generally supposed to be of Japanese manufacture, is made solely by the Koreans.

엥겔의 세례('The Minyip Guardian', 1915 06 29, 2)

92. 미션 스쿨과 정부 학교

　나는 한국(조선)의 교육과 종교에 관한 한 신문 기사를 주의 깊게 읽었다. 이 기사는 미션 스쿨이나 한국교회가 운영하는 학교가 정부가 요구하는 수준에 못 미친다는 내용인데 잘못된 글이라고 생각한다. 이것은 모든 규정을 따르고 있는 미션 스쿨에 대한 공정하지 못한 기사이다. 일본어를 가르치는 시간에 관하여 지금까지 어느 정도의 관용이 있었는데 말이다.

　물론 정부 학교보다 미션 스쿨은 일본어를 적게 가르치고 있지만, 그 수준은 규정대로 유지하고 있다. 기사 전반에 걸쳐 국가 교육이 강조되었는데, 그 의미는 한국 학생들을 충실한 일본 시민으로 만들라는 것이다.

　"만약 그들이 적지 않게 섞이면…."

　이 말은 한국의 미션 스쿨이 전도를 위한 도구로 사용되는 것 같은 인상을 준다. 장로교 미션 스쿨은 그렇지 않은바, 기독교인 학생에게 기독교 교육을 제공하는 것을 목적으로 하고 있다.

　만약 이 원칙이 계속된다면, 한국 정부가 미션 스쿨에서 성경 과목을 금지할 이유가 없다. 해외선교회나 지역교회가 이 원칙을 엄격하게 주장하고 실행할수록 자신들의 학교에서 성경 과목을 가르칠 권리를 더 공고히 할 수 있을 것이다.

　이런 경우의 약점은 좋은 교사 확보가 쉽지 않고, 그 결과 요구된 기준을 유지하기 어려울 수 있다. 이것은 해외선교위원회가 미션 스쿨을 더 충분히 지원하면 극복할 수 있다.

만약 '조선(한국) 정부'가 제시한 대로 계속 밀어붙인다면, 기존의 학교들이 문은 안 닫을지라도 상황은 심각해질 것이다. 그리고 이것은 장차 우리의 교육 기관 확장에 심각한 영향을 미칠 것이다.

먼저 마산포의 남학교(중등학교 – 아니면 기존의 상급 초등학교 연장으로 취급될 수 있다)가 염려이고, 통영과 거창의 여학교도 염려이다. 이 학교들은 아직 등록 신청을 안 한 상태이거나, 등록이 불허된 미션 스쿨이기 때문이다.

('Our Missionaries at Work', 1915년 7월, 13-15)

I have perused the newspaper clipping re Education and Religion in Korea (Chosen). The article is certainly misleading, in that it conveys the impression that private religious schools, which in the majority of cases are mission schools and schools maintained by local churches in Korea, have not conformed to the standard demanded by the Government.

This is not fair to the mission schools, at any rate, as they have conformed to all the regulations, which hitherto have allowed some latitude with regard to the hours in which Japanese should be taught. Though the hours devoted to that subject have been fewer in mission schools than Government schools, yet the standard, as laid down by the regulations, has been maintained. Throughout the article the emphasis is on national education, which means that the Korean students must be made loyal Japanese subjects.

The words underlined: "If they are mixed ... in no small

degree," convey the impression as though mission schools in Korea, in harmony with the policy of those maintained formerly in Japan, were being used as instruments for religious propaganda. This is not the case in Presbyterian mission schools, which aim at giving a Christian education to Christian students.

If this principle is maintained, the Government of Korea will have no real grounds for banning Scripture instruction from those mission schools. The mo-re the missions and their home authorities assert this principle and carry it out rigidly, the stronger will be their position for demanding the right of giving Scripture instruction in their schools and also in schools maintained by local churches in their territories. The weakness of the latter lies in their inability to obtain good teachers and consequently to maintain the standard required by the regulations. This inability can be removed by Foreign Mission Boards granting adequate sums in aid of these schools.

If the "Government of Chosen" (Korea) insists on carrying out its scheme as outlined, the situation will become serious indeed, though it need not result in the abolition of existing schools. But it will seriously affect the future expansion of our educational system. This concerns chiefly our Boys' High School ("Middle School") in Masampo- (though there is a possibility of its being treated as an extension of the existing Primary and Higher Primary —"Higher Common"—Boys' School there) and the Girls' School in Tongyeng and Kuchang, if they have not yet applied for registration or failed to obtain it.

('Our Missionaries at Work', July 1915, 13-15)

93. 세례문답의 첫 질문

KOREAN MISSIONS.

The Rev. Geo. Engel, M.A., of Korea, occupied the pulpit at St. John's Presbyterian Church last evening, when there was a good congregation. In the course of an interesting address, Mr. Engel referred to the marvellous work accomplished during the 30 years Protestant missionaries had been engaged in that land. The native Christians and those influenced by the preaching of the Gospel were most ardent in seeking to spread the good tidings, and one of the first questions put to a candidate for baptism was as to whether he had tried to bring anyone else to a knowledge of the Gospel. Out of 12,000 candidates examined by him during the past 14 years only two confessed that they had not done so. These were refused baptism by the elders on the ground that they did not truly appreciate and appropriate Christianity, otherwise they would at least have tried to influence someone else. Last year no fewer than 20,000 adherents were added to the church, chiefly through the agency of the native Christians. The emigration of Koreans to Manchuria had been an important factor in spreading Christianity in the latter country, as the Korean Christians carried the Gospel into the new land, established places of worship there and preached to the Manchurians. Mr. Engel related several interesting instances of the changed lives of the people when brought within the influence of the Gospel. This evening in St. John's Hall he will give an address on the work of the missionaries in Korea, illustrated by lantern views.

엥겔 보고회('The Warrnambool Standard', 1915 08 09, 2)

한국의 겔슨 엥겔 목사는 지난 저녁 샌 존스장로교회에서 보고회를 하였다. 엥겔은 지난 30년 동안 개신교 선교사들이 그 땅에서 한 일은 놀랍다고 말하였다. 한국인 기독교인과 복음에 의하여 영향받은 사람들은 좋은 소식을 전할 기회를 열렬히 찾고 있으며, 세례 후보자에게 제일 먼저 묻는 것은 전도한 경험이 있는가 하는 질문이라고 한다.

지난 14년 동안 엥겔은 12,000명의 후보자에게 세례 문답을 하였는데, 오직 두 사람만이 전도한 적이 없다고 대답하였다. 이 사람들은 장로들에 의하여 참된 기독교를 알지 못한다는 이유로 세례를 거부당했다. 참된 기독교이면 최소한 타인에게 영향을 끼쳤으리라는 것이었다. 작년에는 최소 2만 명이 교회에 들어왔는데, 대부분 한국 교인들에 의하여 전도된 새 신자들이다.

한국인들이 만주로 이주하고 있는 것은 그곳에 복음을 전하는 중요한 요소가 되고 있다. 그들은 새 땅에도 복음을 가지고 가 교회를 세워 만주인들에게 전하고 있다.

엥겔은 한국인들이 신앙을 받아들이고 삶이 변하는 몇 가지 흥미로운 예화를 이야기하였다. 오늘 저녁 그는 샌 존스교회 교육관에서 환등기를 통하여 한국선교사들의 선교 활동을 또 한차례 보고할 것이다.

['더 워남볼 스탠다드', 1915년 8월 9일, 2)

94. 호주선교사공의회 연례회(1915)

일시: 1915년 9월

장소: 마산포

회원:

목사 – 엥겔(휴가), 커를, 라이얼, 맥켄지, 매크레이, 왓슨, 맥라렌, 켈리, 라이트, 알렌, 커닝햄, 테일러, 로마스.

여성 - 멘지스, 무어, 스콜스, 클라크(휴가), 데이비스(휴가), 알렉산더, 맥피, 캠벨, 네피어, 레잉, 에버리, 스키너.

임원: 회장 – 왓슨, 서기 – 라이얼, 회계 – 라이트.

1915년 9월 10일 저녁, 마산포의 여학교에서 회장 매크레이가 예배를 인도하며 사도행전 2장 36절을 본문으로 설교하다. 커닝햄과 아담슨이 성찬식을 돕다.

공의회는 예정에 따라 1915년 9월 11일 토요일 오전 9시 마산포에서 회장의 기도로 시작되다.

서기가 임원회의 회록을 보고서로 낭독하다.

1915년 7월 9일의 회의록 중 첫 번째 부분은 교육위원회로 보내기로 하다.

1.   임원회의 추천 안인 커를의 휴가를 승인하다.
     회의 시간을 다음과 같이 정하다.
     안건 회의: 9시~10시 30분, 경건회: 10시 30분-11시,
     안건 회의: 11시~12시 30분과 2시~4시.

임원회를 다음과 같이 구성하다.

회장 – 왓슨, 서기 – 라이얼, 회계 – 라이트.

조정위원회는 각 선교부에서 한 명씩 추천하여 구성토록 하다.

커닝햄이 성경반 교과과정 통합을 위한 위원회 구성을 동의하다.

맥켄지가 부산진에 3번째 남성이 임명되기를 동의하다. 본 발의는 조정위원회로 넘기다.

커닝햄은 장로교공의회로부터 한국 유니언교회 신문 창간을 위한 찬송가 기금 사용에 관하여 구술로 전달받은 내용을 전하다. 본 내용을 조정위원회로 넘기다.

연합공의회 서기가 주일학교위원회 임원회에 본 선교회가 대표를 임명하는 건에 관하여 연락을 하였다. 이 내용은 본 공의회 주일학교위원회로 넘기다.

세브란스유니언의과대학은 본 선교회가 병원이나 대학에 선교사 한 명을 임명하는 건에 관하여 연락하였고, 대학의 학칙을 보내 본 선교회의 동의를 구하고 있다. 이 내용을 조정위원회로 보내다.

빅토리아여선교연합회가 보낸 캠벨의 휴가에 관한 건은 교육위원회로 넘기다.

다섯 선교부로부터 보고서를 받고 채택하다.

나환자요양원과 병원위원회의 보고서를 듣고 채택하다.

조정위원회에 임명: 커를(위원장), 라이얼, 맥켄지, 왓슨, 맥라렌.

회록기록과복사위원회 임명: 커닝햄, 맥라렌, 테일러, 라이트, 알렉산더.

각 선교부 기록검사관 임명: 부산진 – 로마스, 마산포 – 켈리, 진주 – 라이트, 통영 – 알렌, 거창 – 테일러.

기록검사관들은 기록이 무오함을 보고하였고, 보고서가 채택되다.

2. 호주로 가는 커플과 그의 가족 여행 경비는 긴급기금에서 지원하기로 하다.

세브란스유니언의과대학의 아비슨, 미장로교 해외선교위원회의 의료자문관 보베이어드, 그리고 서울의 영국과해외성서공회 휴 밀러가 본 공의회에 초청되어 발언권을 갖다. 세 명 모두 공의회에서 발언하다.

아비슨은 북미 해외선교대회로부터 온 내용을 읽고, 그 내용을 조정위원회로 넘기다.

본 공의회 대표로 맥켄지가 연합공의회 보고를 하다. 첫 번째 항목의 종교 전파 규정에 관한 내용은 조정위원회로 넘기고, 두 번째 항목의 교육 규정은 교육위원회로 넘기다.

네피어가 여성성경학교 보고를 하였고, 보고서가 채택되다.

맥라렌이 조정위원회에서 사직하였고, 그 자리에 켈리가 임명되다.

각 선교부의 예산과 분배는 조정위원회로 직접 보내도록 하다.

라이얼이 재정 보고를 하고, 맥켄지가 감사 보고를 하다. 보고서가 채택되다.

맥라렌과 켈리가 임원회에 임명되다.

마산포의 두 번째 해외선교위원회 사택 변경에 관한 질문과 부산진의 전 빅토리아여선교연합회 사택에 결혼한 선교사가 살 수 있도록 수리하는 질문은 건물위원회로 넘기다.

서기가 평양의 유니언크리스천칼리지 보고서를 읽다. 보고서를 채택하기로 하고, 최소한 한 학기 동안 교수를 보내 달라는 요청을 조정위원회로 넘기다.

캠벨이 선교회의 교사연합회 보고서를 낭독하다.

3. 항목 1의 다음 내용이 채택되다. "여학교의 초등반 학생들 학비를 조정하되, 한 달에 10센을 넘기지 말며, 정확한 학비는 각 경우에 따라 교장이 결정한다."

항목 2는 교육위원회로 넘기다.

매크레이가 주일학교위원회의 보고서를 읽다. 채택되다.

4. 내년 공의회 모임과 경건회 시간 배정을 위한 위원회를 임명하기로 하다. 커닝햄과 매크레이가 임명되다.

로마스가 우리 지경 안의 남학교 현황에 대하여 말로 보고하다. 보고를 받다.

알렌이 병원 재정보고 하다. 감사가 병원 재정보고 감사 결과를 보고하다. 둘 다 채택되다.

5. 각 선교부는 6월 30일까지의 보고가 담긴 재정보고서를 매년 공의회에 제출하도록 결정하다.

임원회의 예산 총 132파운드 7실링이 승인되다.

6. 각 선교부의 연례 성경반에서 사용 가능한 통합된 교과과정을 준비하는 3인의 위원회를 임명하기로 하다. 통과되다. 커닝햄, 왓슨, 켈리가 임명되다.

로마스가 공의회에 한문 공부 계획안을 보고하다. 그의 계획을 왕립아시아학회 한국지부에 제출하도록 추천하다.

7. 이번 공의회 회록을 인쇄하기로 하다.

공의회가 사용할 수 있도록 의자를 빌려준 정부 행정관에 감사를 전하기로 하다.

8. 새 선교사들을 다음과 같이 각 선교부에 안배하다.

호킹 – 부산진, 스코트 – 마산포, 스털링 – 통영.

진주선교부가 지역교회에 대지를 매매하는 내용은 조정위원회로 넘기다.

9. 선교회의 통계에 관한 내용은 불완전하고, 통계책임자는 해외선교위원회와 각 선교부에 직접 보고하도록 하다.

서기와는 별개로 통계책임자를 임명하기로 하다. 로마스를 임명하다.

맥켄지가 내년 공의회 모임을 부산진으로 초청하다. 초청을 받아들이다.

내년의 모임은 총회 후에 열기로 정하고, 정확한 일시는 임원회에 일임하기로 하다.

마산포에서 보여준 환영과 접대에 박수로 감사하다.

10. 서울의 유니언크리스찬칼리지 규정안은 계속 논의하기로 하다.

11. 각 위원회 위원과 대표를 다음과 같이 선출하다.

임원회: 라이얼, 왓슨, 맥라렌, 켈리, 라이트.

건물위원회: 맥켄지, 매크레이, 왓슨, 로마스.

교육위원회: 로마스, 라이얼, 맥라렌, 맥피, 캠벨.

언어시험위원회: 라이얼, 스콜스, 엥겔(휴가에서 복귀 후).

병원위원회: 맥라렌, 알렌, 커닝햄, 네피어.

여성성경학교위원회: 멘지스, 알렉산더, 레잉.

주일학교위원회: 매크레이, 라이트, 테일러, 네피어, 스키너.

남성성경학원: 라이얼, 맥켄지, 왓슨, 라이트.

감사: 테일러.

대표단

성서위원회: 라이얼, 맥켄지.

연합공의회: 엥겔, 맥켄지, 매크레이, 왓슨, 라이트, 켈리, 무어

(교장으로), 그리고 알렌, 커닝햄, 테일러, 로마스,
스키너(대체 인력으로).

조선성교서회이사회: 매크레이.

교육연맹: 로마스(5년), 여성 대표 – 데이비스, 캠벨(데이비스
부재 시).

공의회의 회의록에서 발췌함

라이얼, 서기.
['호주장로교선교사공의회 회록', 1915, 3-15]

---

95. 호주의 소도시에서

지난 수요일 저녁 랑랑의 장로교회에서 해외 선교에 관한 흥미로운 강의를 엥겔 목사가 하였다. 그는 한국의 선교 지도자 중 한 사람으로 15년 동안 일하고 있다.

엥겔은 한국인의 습관과 외모, 그리고 그들 중에 사역하는 선교사들을 소개하고, 지난 30년 동안에 300,000명의 회심자가 있었다고 하였다. 이것은 그동안의 노력과 선교사들의 헌신을 정당화한다.

부산진에는 세계에서 가장 큰 교회가 있다. 이 사람들에 관한 별스럽고 흥미로운 특별한 많은 이야기가 있었으며, 한국인이 일본인

Foreign Mission Lecture.

An interesting lecture on Foreign Mission work was given in the Presbyterian Church, Lang Lang. on Wednesday evening by Rev. Mr Engel, who was for 15 years one of the head missionaries in Korea. The lecturer dealt with the habits and appearance of the Corean people, and the work of the missionaries in their midst, the number of converts made in the past 30 years being 300,000. This quite justified the efforts put forward, and the self-denial of the missionaries. In Fuchin there was the largest congregation in the world. Many quaint and interesting particulars of this people were given, and the lecturer laid stress on the fact that, though in appearance very like the Japanese, the Korean was of a totally different temperament. If you touched a Japanese from behind he would turn round and strike you, but a Korean would bow and humbly apologise for being in your way.

At the close of the lecture, Mr Engel showed the audience a number of most interesting curios, including a Bible and hymn book in the Korean language, a pair of chop sticks thousands of years old, and some beautiful designs in silk. There was also shown a pair of Corean spectacles made from Jade stone, and some beautiful carving in Jade stone and wood. Mr Engel sang a verse of the hymn "Sun of my Soul" in the Korean language.

엥겔의 강의('The Lang Lang Gurdian', 1915 11 10, 3)

같은 외모를 지녔으나 완전히 다른 성격을 지녔다고 하였다. 만약 일본인을 뒤에서 건드리면 그는 뒤를 돌아 때리겠지만, 한국인은 꾸벅이며 길을 방해하여 미안하다고 겸손히 사과할 것이다.

강의 끝에 엥겔은 여러 가지 흥미로운 물품을 보여주었다. 한국어로 된 성경과 찬송, 수천 년 된 젓가락 한 쌍, 수를 놓은 비단 등이다. 또한, 옥으로 된 안경과 옥과 나무로 만든 아름다운 조각품이다.

엥겔은 찬송가 '내 영혼에 햇빛 비취니'를 한국어로 불렀다.

('더 랑랑 가디언', 1915년 11월 10일, 3)

96. 호주선교사공의회 연례회(1916)

일시: 1916년 9월

장소: 부산진

회원:

목사 - 엥겔, 라이얼(휴가), 맥켄지, 매크레이, 왓슨, 맥라렌, 켈리,
라이트, 알렌, 커닝햄, 테일러, 토마스.

여성 - 멘지스, 무어, 스콜스, 클라크, 데이비스, 알렉산더(휴가),
맥피(휴가), 캠벨(휴가), 네피어, 레잉, 에버리, 스키너,
호킹, 스코트.

준회원: 엥겔 부인, 라이얼 부인(휴가), 맥켄지 부인, 매크레이

멘지스 한국선교 25주년 기념과 엥겔(Engel at the Menzies 25th Anniversary in Korea, 1916) *Photo: 'The Chronicle', 1917.

부인, 왓슨 부인, 맥라렌 부인, 켈리 부인, 라이트 부인,
테일러 부인, 토마스 부인.
　임원: 회장 – 맥라렌, 서기 – 엥겔, 회계 – 라이트.

　1916년 9월 12일 화요일 저녁 8시, 부산진에서 회장 왓슨의 기도로 공의회가 시작되다.
　회장은 휴가차 부재한 데이비스 자리에 임시로 스키너를 교육위원회에 임명하다.
　서기가 임원회의 회록을 보고서로 읽고 받아들이다.

해외선교위원회가 교육 선교사에 관한 사항을 임원회로 보내는 대신 교육위원회로 넘겨 보고하도록 하다.

전 빅토리아 레이크 엔트런스의 앤더슨 씨를 초청하여 발언할 수 있는 권한을 주다.

임원 선거 결과는 다음과 같다; 회장 – 맥라렌, 서기 – 엥겔, 회계 – 라이트.

1. 매크레이와 알렌은 서기의 임기를 3년으로 연장하기로 동의 제청하다. 통과되다.

    경건과대회특별위원회의 보고를 듣고 채택하다.

    회의 시간을 다음과 같이 정하다: 오전 9시~12시(10시 20분-11시 15분은 휴식과 경건회), 오후 2시~4시.

    조정위원회에 예년처럼 각 선교부 대표 남성 일인을 임명하다.

    맥피, 로마스, 라이얼로부터 온 서신을 읽고, 받아들이다.

    라이얼에게 회신할 서신 초안을 왓슨에게 요청하다.

    회장은 선교부 기록위원회 위원을 임명하다: 진주 – 맥켄지, 부산진 – 토마스, 통영 – 레잉, 마산포 – 왓슨, 거창 – 커닝햄.

    각 선교부는 조정위원회 위원으로 다음과 같이 추천하다: 엥겔, 매크레이, 알렌, 왓슨, 켈리. 회장은 최고 선임자 엥겔을 위원장으로 하다.

    맥피의 서신은 교육위원회로 보내다.

    마산포선교부의 연례보고서는 조정위원회로 넘기다.

    거창, 통영, 부산진, 마산포의 요청을 조정위원회로 넘기다.

    부산진선교부가 연례보고서를 제출하다. 보고서를 채택하고, 동래남학교에 관한 안은 교육위원회로 넘기다.

진주선교부가 연례보고서를 제출하였고, 받아들이다.

서기가 우사미 국장에게 편지하여 그의 주장에 관한 근거를 묻기로 하다. 그는 선교회에 속한 진주의 학교가 자발적으로 종교교육의 특권을 포기하였다고 노블 박사에게 말하였다.

통영선교부가 연례보고서를 제출하였고, 받아들이다. 여학교에 관한 안은 교육위원회로 넘기다.

맥켄지가 나환자요양원에 관한 보고를 하였고, 그대로 받아들이다.

엥겔과 왓슨은 앞으로 나환자요양원 보고서는 부산진선교부 보고서에 포함되도록 하고, 부산진보고서 분량을 적절히 늘리기로 동의 제청하다.

매일의 회록을 기록 책에 입력하는 위원으로 커닝햄, 레잉, 토마스를 임명하다.

거창선교부가 연례보고서를 제출하였고, 그대로 받아들이다.

맥라렌이 회장직을 잠시 내리고 병원위원회 보고를 하다. 그대로 받아들이다.

멘지스가 여성성경학교위원회 보고를 하다. 그대로 받기로 하고, 건물에 관한 안은 조정위원회로 넘기다.

엥겔과 알렌은 경상북도의 동역자들에게 성탄절과 새해 사이 전도대회를 개최할 것을 동의 제청하다. 찬성 7표, 반대 6표로 통과되다.

맥켄지가 조사성경반과 남성성경학원위원회 보고를 하다. 그대로 채택하다.

왓슨, 토마스, 레잉은 마산포, 부산진, 통영선교부의 기록을 조사한 결과 흠이 없다고 보고하다. 언급된 선교부들의 보고서가 채택되다.

회계가 그의 보고서를 제출하였고, 감사가 무오하다고 보고하므로 그대로 채택되다.

평양의 유니언크리스천칼리지 이사회 보고를 서기가 하다. 보고서를 받아들이고, 교육위원회로 넘기다.

다음 공의회 회의와 경건회를 위하여 커닝햄, 테일러, 스키너를 위원으로 임명하고, 계획을 세워 본 공의회에 보고하도록 하다.

본 공의회는 한국을 위한 현장자문위원회(Field Advisory Committee for Korea)에 대표를 지금 임명하지 않기로 동의하다. 위원회가 설립되면 임원회가 대표를 보내기로 하다.

2. 알렌과 왓슨이 선교회의 결혼한 여성은 공의회의 준회원으로 인정할 것을 동의 제정하다. 승인되다.

3. 알렌이 가정 사정으로 5월 중순부터 1917년 9월 중순까지 휴직을 요청하다. 이 휴직은 그의 정기 휴가로부터 공제되고, 비용도 본인이 부담하기로 하다. 해외선교위원회에 그의 휴직 승인을 추천하기로 하다.

4. 매크레이와 엥겔은 비교재정위원회를 임명하여 각 선교부와 학교와 현장의 사역 비교지출을 공의회에 보고하도록 동의 제청하다. 매크레이와 왓슨이 임명되다.

엥겔과 왓슨은 미래의 나환자요양원 감독자를 공의회가 임명할 것을 동의 제청하다. 부결되다.

다음과 같은 수정안이 승인되다. "본 공의회는 해외선교위원회에 더 이상의 재정적 부담을 지우기 원하지 않지만, 평양의 유니언크리스천칼리지 학장 라이너 씨의 학교에 관한 호소를 듣기 위하여 그를 초청하기로 하다."

5. 커닝햄과 왓슨은 선교회에 남성성경학원 하나만을 두기로 동

의 제청하다.

5A. 이 안은 일 년 생각해보기로 하다.

엥겔과 알렌은 다음 해의 조사성경반에 관한 안은 조사성경반과 남성성경학원위원회로 넘겨 공의회에 보고할 것을 동의 제청하다. 통과되다.

교회 안에서 질병 치료의 의무와 특권을 실행하며 하나님의 은혜를 나누기 위하여, 각 선교부는 그러한 사역을 효과적으로 이행하기 위한 규정을 준비할 것을 맥라렌과 테일러가 동의 제청하다. 승인되다.

모든 선교부에 의료선교를 준비하는 계획을 세우도록 맥라렌, 테일러, 네피어, 맥켄지를 위원으로 임명하고, 또 현재의 의료 사역에 진 데이비스와 관련된 질문을 고려하도록 엥겔과 알렌이 동의 제청하다. 통과되다.

부산진선교부가 요청한 교실 건물에 관한 안은 조정위원회로 넘기다.

켈리가 거창선교부의 두 가지 요청을 제시하다. 하나는 거창지역을 위하여 세 명의 복음 전도자를 임명해 달라는 발의이다. 맥라렌이 회장직에서 내려와 제청하다. 긴 논의 후에, 두 개의 안을 조정위원회로 넘기기로 하다.

맥켄지가 건물위원회 보고서를 제출하였고, 그대로 받다.

맥켄지가 자신이 진주선교부 보고서를 검사한 결과 흠이 없다고 보고하다. 커닝햄이 거창보고서를 검사한 결과 역시 흠이 없다고 보고하다. 보고서 모두 채택되다.

비교재정위원회가 보고하다. 보고서를 다시 위원회로 넘기다.

매크레이가 마산포선교부의 두 가지 요청을 제시하다. 요청을 조정위원회로 넘기다.

6.　라이트와 커닝햄은 예산의 목적을 위한 환율을 2실링과 2펜스(2/2)로 정하기로 동의 제청하다. 통과되다.

조정위원회는 보고서 일부를 제출하다.

항목 1-5는 별개의 안건으로 채택되다.(회록 30-34를 보시오.)

항목 6(회록 35)은 수정된 대로 채택되다. 매크레이는 자신의 반대표가 기록되기를 원하다.

맥켄지는 서울의 세브란스유니언의과대학 학장인 아비슨을 공의회에 소개하며, 발언권을 주도록 동의하다. 통과되다.

회장이 휴가에서 돌아온 클라크와 데이비스를 환영하다.

아비슨은 연합 의료 사역(세브란스유니언의과대학)을 위한 여러 선교회의 연합 기초가 일정 부분 변화해야 할 필요성에 대하여 설명하다. 공의회는 아비슨의 연설에 감사를 표하고, 그가 제시한 내용은 조정위원회와 교육위원회로 넘길 것에 동의하다.

맥켄지와 테일러는 아비슨에게 일반 교육 상황에 대하여 공의회에 설명해 달라고 요청하기로 동의 제청하다. 승인되어 아비슨은 공의회에 그 주제로 설명하다.

조정위원회는 보고서 일부를 제출하다.

항목 7(회록 36)은 동의 제청되어 채택되다.

테일러와 데이비스는 다음의 내용을 추가하여 수정하도록 동의 제청하다. "빅토리아여선교연합회가 보내는 선교사가 도착할 때까지 의료 활동을 근거로 임시 사역자를 통영으로 보내도록 한다." 수정안이 부결되다.

항목 7이 승인되다.

항목 8-10(회록 37-39)은 별개로 승인되다.

항목 11(회록 40) 채택은 동의 제청되다.

켈리와 커닝햄이 다음의 내용 수정을 동의 제청하다. '한 명의 전도자'를 '두 명의 전도자'로 대체한다. 수정안이 부결되다.

원래의 안건이 찬성 7표와 반대 1표로 통과되다.

켈리는 자신의 반대표가 기록되기를 원하다.

항목 12-13(회록 41-42)은 승인되다.

부산진과 마산포선교부 할당에 관한 안건인 항목 14-15(회록 43-44)가 승인되다.

진주선교부 할당에 관한 항목 16(회록 45)은 맥라렌의 과제 내용 중 '테일러가 4개월 동안 교대하다'를 삭제하기로 맥라렌과 테일러가 동의 제청하다. 수정안이 통과되다. 진주선교부 할당은 수정된 대로 승인되다.

통영과 거창선교부 할당에 관한 항목 17-18(회록 46-47)은 승인되다.

연례성경반을 위한 통합된 교과내용위원회가 보고서를 제출하여 채택되다.

7.　각 선교부 사택 보험을 위한 예산은 임원회에 올렸으며, 공의회 예산에도 포함될 것이다.

조정위원회가 보고하고, 보고서의 항목 19(회록 48)가 채택되다.

교육위원회가 보고하고, 항목 1과 2(회록 54와 55)가 채택되다.

8.　올해 임원회에 3명의 회원을 추가로 선출하기로 동의 제청하다. 통과되다.

9.　선거가 거행되다. 임원회에 왓슨, 매크레이, 켈리가 선출되다. 언어시험위원회에는 엥겔과 스콜스, 건물위원회(자산위원회)

에는 맥켄지, 매크레이, 왓슨이 선출되다.

10. 투표권이 없는 회원은 상임위원회의 회원이 될 수 없음을 동의 제청하다.
    토마스를 1917년 3월 1일부터의 건물위원회 위원으로 선출하다.

11. 교육위원회는 3명의 남성과 3명의 여성으로 구성하기로 하고, 엥겔, 왓슨, 알렌, 스콜스, 데이비스, 스키너를 선출하다.

12. 병원위원회에 진주 밖에서의 회원도 포함하기로 하고, 맥라렌, 테일러, 알렌, 커닝햄, 클라크를 선출하다.

13. 1917년 부산진에서 개회하기로 한 여성성경학교는 부산진에 새 건물이 준비될 때까지 연기하기로 하다.

14. 여성성경학교위원회에 결혼한 여성도 준회원으로 받아 확장하도록 동의 제청하다.

15. 여성성경학교위원회 위원으로 멘지스, 데이비스, 네피어, 레잉이 선출하였고, 라이트 부인을 준 회원으로 하다.

16. 주일학교위원회에 매크레이, 테일러, 데이비스, 레잉, 에버리를 선출하다.

17. 조사와남성성경학원위원회가 보고하다. 보고서가 채택되다.
    다음의 위원이 선출되다: 엥겔, 맥켄지, 왓슨, 커닝햄.

18. 감사로는 테일러가, 통계기록자로는 알렌이 선출되다.
    항목 20(회록 49)의 조정위원회 보고를 받아 채택하다.
    항목 3과 4(회록 56과 57)의 교육위원회 보고서를 받아 채택하다.

19. 진주선교부는 전도부인 1인을 더 고용할 수 있는 예산을 허락하고, 그 재정은 퀸즐랜드여선교연합회에서 제공하기로 하다.

20. 데이비스와 멘지스는 각 선교부에 해외선교위원회를 통하여

빅토리아여선교연합회와 소통하는 공식 위원을 임명하기로 동의 제청하다. 위원은 여선교연합회의 선교사로 그리고 사역에 영향을 미치거나 변화케 하는 보고는 사전에 각 선교부의 동의를 얻어야 한다. 승인되다. 각 선교부의 위원을 다음과 같이 선출하다: 데이비스, 네피어, 스콜스, 무어, 스코트.

알렌이 공식적으로 감사를 마친 1915년 병원대차대조표를 제출하다. 채택되다.

언어시험위원회보고서를 제출하다. 그대로 통과되다.

경건회와 회의위원회가 보고서를 제출하다. 보고서가 채택되고, 각 위원회가 세부사항을 준비하도록 하다.

21. 엥겔과 맥켄지는 해외선교부 총무가 가능한 한 빨리 한국 현장을 또 한 번 방문할 수 있도록 해외선교위원회에 요청하도록 동의 제청하다. 박수로 통과되다.

테일러가 각 선교부 의료사역위원회 보고를 하다. 그대로 채택되다.

교육위원회는 항목 5-8(회록 58-67)을 보고하다. 그 항목을 채택하고, 보고서 전체를 받아들이다.

건물위원회가 추가 보고서를 내다. 채택되다.

22. 왓슨과 엥겔은 건물위원회의 활동을 선교회의 재산 관리에 관한 자문 기능까지 확장하여 위원회 명칭을 '재산위원회(Property Committee)'로 바꾸기로 동의 제청하다. 승인되다.

조정위원회는 항목 21(회록 50)을 보고하다. 받아들이다.

항목 22(선교부 예산, 회록 51)에 건물위원회 보고서에 언급된 재정을 서기가 반영하도록 하고, 승인되다.

항목 23과 24(회록 52와 53)가 승인되다.

23. 선교회의 연 예산(266파운드 2실링 4펜스)이 제출되어 통과

되다.

24. 엥겔과 맥켄지는 장로회 공의회가 승인한 장로회신학대학 (22쪽 참고)의 필요성에 따라, 본 공의회도 그것에 전반적으로 동의하며 이 내용을 해외선교위원회가 알 수 있도록 하기로 동의 제청하다. 통과되다.

통계위원회가 보고하고, 그대로 받아들이다.

25. 공의회의 대표단을 다음과 같이 선출하다.

성서위원회: 엥겔과 왓슨.

연합공의회: 엥겔, 매크레이, 왓슨, 켈리, 커닝햄, 데이비스, 레잉(대체 위원: 라이트, 테일러, 스코트).

조선성교서회이사회: 매크레이.

유니언크리스천칼리지, 평양: 엥겔.

26. 엥겔과 맥켄지는 본 공의회의 주일학교위원회 대표를 뽑는 권한을 연합공의회로 넘길 것을 동의 제청하다. 통과되다.

맥라렌의 호의로 일본 시모노세키 북장로교선교회 커티스 목사에게서 온 편지를 서기가 읽다.

27. 엥겔과 알렌은 커티스의 편지 중에 한국에서 일하는 선교사가 알지 못하는 어려운 내용과 심각한 상황의 문제를 담고 있으니, 해외선교위원회가 그의 편지를 심사숙고하도록 동의 제청하다. 우리에게 알려진 사역의 상황과 또 커티스가 언급한 대로, 스미스가 그 현장을 우선 방문하여 가능한 많은 정보를 얻도록 하다. 승인되다.

28. 그 외 커티스의 3개 안건은 지금 다루지 않기로 하고, 임원회로 넘겨 남성친교위원회가 고려하도록 하다.

29. 본 공의회는 휴가를 떠나는 맥라렌의 여정과 안전한 복귀를 기원하며, 공의회의 따뜻한 인사를 고향의 해외선교위원회와

교회에 전하는 기회로 삼기로 하다. 박수로 통과되다.

공의회는 내년 공의회 모임 장소로 진주선교부의 초청을 수락하다.

내년 공의회 모임의 일시는 올해와 비슷한 시기로 하고, 세부 결정은 임원회로 넘기다.

마지막 날(9월 21일) 회록을 읽고, 확인하다.

찬송가 339장을 함께 부르다.

축도하다.

다음 모임까지 공의회를 휴회하다.

공의회의 회의록에서 발췌함

엥겔, 서기.
['호주장로교선교사공의회 회록', 1916, 3-15]

97. 제1회 경남노회 회록

1. 조직회

1. 주후 1916년 9월 20일 상오 9시에 부산진일신학교 내에서 경상남도 노회를 조직하는데 왕길지 목사가 임시 조직회장으로 인도하여 개회하고 임시 서기는 심취명 목사로 자벽하다. 참석원은

목사에 왕길지, 매견시, 맹호은, 왕대선, 마잘유, 길야곱, 예알배, 안란애, 권임함, 위대인, 도마서, 심취명, 김기원, 정덕생,

장로에 권두정, 김응진, 이현필, 정국현, 이승규, 김주관, 이춘서, 박문길, 박영숙, 정준모, 서성숙, 제씨더라.

2. 임원선정

2. 왕길지씨가 총회의 명령에 의하여 본 노회 조직함을 설명하고 투표하여 임원을 선정하니 회장 왕길지 서기에 정덕생씨라.

3. 이제풍 목사는 거창군 11처 교회에 조사 일을 보게 하며 한석진 목사는 경기노회에서 사면할 동안에, 마산교회에서 맹호은 목사 아래 일 보기로 허락하다.

3. 전도목사 청빙

4. 왕대선씨가 고성과 통영 7처 교회에서 봉급 16원으로 전도목사 1인 청빙할 것을 청원하니 청원을 허락하다.

4. 시찰구역 제정

5. 시찰 지방은 1 부산, 2 마산과 통영, 3 진주와 거창 3구역 정하고 그 위원은 목사와 장로가 된다.

5. 장로피택 보고

6. 칠원 영동교회에 김세민은 장로 문답은 하였고 장립할 허락이 있다고 보고하며, 마산교회에서 이순상, 황찬주, 구 언양읍에 김준홍, 울산읍에 박민윤, 병영에 이규한, 이용하, 하동군 악양에 심영섭 제씨는 장로로 피택 됨을 채용하다.

6. 장로허락

7. 부산 영선동교회에 장로1인 택할 허락하다.
장로 문답은 노회 앞에서 하기로 작정

7. 총회노회 비부족 보고

8. 맹호은씨가 마산지방 33명에 대한 총노회비와 매견시씨가 나병원과 울릉도교회에서 합 150명에 대한 총노회비가 부족하다고

보고하다.

9. 총노회비 내지 못한 일을 조사하기 위하여 매견시 안란애 길야곱 예알배씨로 위원을 정하여 내회에 보고케 하다.

8. 선교사 맡은 교회 보고

10. 선교사 구역을 보고하니

왕길지는 23교회, 매견시는 37교회, 예알배씨는 42교회, 맹호은씨는 46교회, 안란애는 23교회, 권임함은 37교회, 왕대선은 22교회, 위대인은 8교회, 길야곱은 22교회니 조선 목사 보는 교회 외에 260처 교회더라.

9. 예배당 방매금

11. 동래군 모라(란)예배당 방매 대금 30원은 노회에 수입하고 동래군 엄궁교회 예배당 이건시에 20원, 김해군 통전교회에 금 10원 연보하다. 울산군 학동예배당 판값 14원을 노회에 수입하다.

10. 장로 허락

12. 거창읍교회에 장로 2인 택할 것을 허락하다.

13. 울릉도교회를 경북노회에 부여할 교섭위원은 회장이 정덕생 매견시씨로 자벽하다.

11. 회원 차선비 급식비

14. 회원의 차, 선비를 노회비로 지출케 하다.
1) 회원의 식비는 1일 40전으로
2) 총회비는 3전, 노회비는 2전씩 정하다.

12. 조사에게 학습권 허락

15. 각 조사에게 학습권을 인허하니 문덕인 김정수 이용하 이기연 박성태 장상언 최상림 여병섭 제씨라.

13. 사무조사씨명

16. 사무 보조조사는 여좌하니 김형택, 도문주, 진종학, 이현필, 최경호 장로, 장상언 장로, 정준모 장로, 서성숙 장로, 박문길 장로, 김주관 장로, 박성태 이기연 이용하 박성애 장로, 박영숙 장로, 한익동, 문덕인, 김정숙, 이재풍 목사, 최성봉, 최상림, 여병섭, 진종학 23인이더라.

17. 총계위원 2인을 회장이 심취명, 안란애씨로 자벽하다.

18. 전도국위원 3인을 회장이 3년에 심취명, 2년에 정준모, 1년에 권임함씨를 자벽하다.

19. 부회계 1인을 회장이 이현필씨로 자벽하다.

20. 노회 분립한 결과 전노회의 남은 재산 중 5분의 1을 받을 위원을 서기에게 맡겨 경북노회에 교섭케 하다.

14. 정기 노회

21. 정기노회는 매년 총회 후와 1, 2월 간과 6, 7월 간 3기로 정하다.

15. 내회처소급일자

22. 내 회는 1917년 1월 23일 하오 7시에 마산교회에서 모이기로 정하다.
23. 6월 노회록 30권 가량 남도노회 위하여 출판할 것을 서기로 북노회에서 교섭케 하다.

16. 폐회

24. 회장이 김기원 목사의 기도로 폐회하다.

주후 1916년 9월 20일

회장 왕길지
서기 정덕생

98. 경남노회 노회장 왕길지

Engel, Chairperson of Kyungnam Presbytery
From September 1916 to June 1917.

겔슨 엥겔(Gelson Engel) *Photo: The PCV Archives

제1회

일시: 1916년 9월 20일
장소: 부산진일신학교
노회장: 왕길지
서기: 정덕생

제2회

일시: 1917년 1월 23~24일
장소: 마산 문창교회
노회장: 왕길지
서기: 정덕생

제3회

일시: 1917년 6월 26~27일
장소: 부산진교회
노회장: 왕길지
서기: 정덕생

99. 평양신학교 교회사 강의

3월 4일 토요일 우리는 호주에서 돌아왔다. 부산진에서 며칠 머물렀는데, 주일에 한국인 교인들을 만나고 임원회에 참석하기 위함이었다. 그리고 우리는 짐을 다시 정리하였다. 평양에는 8일 저녁 도착하였고, 다음 날 아침부터 신학교에서 일을 시작하였다.

이후 14주간 나는 이곳에 있으면서 교회사 5과목과 교육학 1과목을 강의하였다. 보통 하루에 3개 반에서 강의한 셈이다. 대학원 반은 한 달간 계속되었는데 44명의 한국인 목사가 참석하였다. 성 어거스틴의 생애와 신학을 가르쳤고, 교재까지 써야 하였다. 시간을 절약하기 위하여 나의 조교 학생이 등사판으로 교재를 인쇄하였다.

내 과목의 모든 반에서 내가 강의할 시간 여력이 없었기에 롭 목사와 레이놀드 목사가 한 반씩 맡았다. 다른 반에서는 예전 강의안을 가지고 가르쳤으며, 시간이 될 때마다 새 내용으로 보충하였다. 또한, 모든 반에서 오랫동안 원하던 벽걸이 지도 3개 만드는 일도 지도하였다. 하나는 로마제국 시대의 초대교회 지도이고, 하나는 중세시대 교회 확장지도이고, 마지막으로는 종교개혁 시대 지도이다. 모든 지명의 이름을 음역하는 것에 적지 않은 시간이 할애되었다.

교회사 교재가 몇 권 있기는 하지만 이 과목 연대 전체를 망라하는 교재가 필요하다. 대학원 학생을 포함하여 학생들은 완전한 교회사 교재를 조속히 발간해 달라고 나에게 종종 요청하고 있다. 이것은 시간문제이다. 내가 할 수 있는 만큼 해 보겠다고 하였지만, 선교회에서 나를 자유롭게 해 주어야 이 가장 시급한 문서 작업을 1~2년 안에 이룰 수 있을 것이다.

평양에 머물 동안 나는 3월 서울에서 열린 교육 의회 모임과 평양에서 열린 유니언크리스천칼리지 이사회에 참석하였다. 그리고 6월 11일 주일에는 중앙장로교회에서 열린 이 학교 학사 학생들을 위한 설교를 하였다. 신학교의 사서로 도서관에 필요한 업무도 보았다.

나의 동료들처럼 나는 6월 말에 5일 동안 노회에 참석하였고, 대구에서 열린 전도사역을 위한 선교사대회에 참석하였다. 그곳의 중앙 교회에서 주일 설교도 하였다.

부산진에 돌아와 나는 부산진교회와 동래읍교회에서 주일 설교를 계속하였다. 주중에는 우리의 몇 명 선교사들을 위한 언어시험을 주관하였고, 당회에도 참석하였다. 공문서들도 챙기었고, 시간이 나면 한자도 공부하였고, 교재 집필이나 다른 글을 썼다.

('Our Missionaries at Work', 1917년 1월, 6-7)

---

100. 호주선교사공의회 연례회(1917)

일시: 1917년 9월

장소: 진주

회원:

목사 – 엥겔, 라이얼(휴가), 맥켄지(휴가), 매크레이, 왓슨, 맥라렌, 켈리, 라이트, 알렌, 커닝햄, 테일러, 토마스.

겔슨 엥겔(Gelson Engel)
*Photo: Engel Family Archives

여성 – 멘지스(휴가), 무어, 스콜스, 클라크, 데이비스, 알렉산더
    (휴가), 맥피(휴가), 캠벨, 네피어(휴가), 레잉, 에버리, 스키
    너, 호킹, 스코트.
준회원: 엥겔 부인, 라이얼 부인(휴가), 맥켄지 부인(휴가), 매크
    레이 부인, 왓슨 부인, 맥라렌 부인, 켈리 부인, 라이트 부
    인, 테일러 부인, 토마스 부인.
임원: 회장 – 켈리, 서기 – 엥겔, 회계 – 라이트.

1917년 9월 20일 목요일 저녁 8시, 진주에서 회장 맥라렌의 기
도로 공의회가 개회되다. 성찬예배는 이번 주일 4시 30분에 거행하
기로 하다.

임원회의 회록을 보고서로 읽다.

마산포선교부 두 개의 학교에서 온 요청을 담은 임원회 회록 45와 46은 공의회 기간 토론하여 교육위원회로 넘기기로 하다.

1. 임원회의 추천(회록 52)에 따라 일본인사역위원회를 승인하다.

    임원 선거 결과는 다음과 같다; 회장 – 켈리, 서기 – 엥겔, 회계 – 라이트.

    경건과회의위원회가 보고하다. 다음 월요일 하루 전체를 콘퍼런스로 하기로 특별 추천하며, 보고서를 채택하다.

    회의 시간은 오전 9시 30분부터 오후 12시 20분, 오전 10시 30분부터 11시 15분까지는 경건회와 휴식, 그리고 오후 2시 30분부터 4시 30분까지 하기로 하다.

    휴가 중인 빅토리아여선교연합회 선교사들의 활동에 관한 로란드 여사의 서신을 읽다.

    회의록을 기록 책에 매일 기재하는 위원으로 커닝햄, 테일러, 토마스를 임명하다.

    교육연맹에 관한 안은 교육위원회로 넘기다.

    회장은 각 선교부 기록자로 다음의 위원을 임명하다:

    진주 – 매크레이, 부산진 – 왓슨, 통영 – 토마스, 마산포 – 커닝햄, 거창 – 라이트.

    부산진과 마산포선교부 보고서를 읽고, 각각 채택하다.

    라이트는 나환자요양원에 관하여 기록보고서가 부족하여 구술로 보고하다. 현재 158명의 환자가 있으며, 한 해 동안 평균 인원은 150명이다. 이 중에 20명이 세례를 받고 교회 회원이 되어, 총 66명이다. 보고서를 채택하다.

2. 맥라렌, 테일러, 클러크, 라이트를 회원으로 나환자요양원위원회를 특별히 구성하여, 임원회에서 토론한(회록 59) 새 요양원 개원 질문을 논의하도록 하다.

각 선교부는 각각의 대표를 조정위원회에 임명하니 다음과 같다: 엥겔, 매크레이, 맥라렌, 왓슨, 켈리. 회장이 선임 선교사 엥겔을 위원장으로 임명하다.

진주, 거창, 통영선교부 보고서를 읽고, 각각 채택하다.

엥겔과 왓슨은 공의회를 대신하여 멘지스와 무어의 한국 선교 25주년을 진심으로 축하하고, 그들을 통하여 역사하신 전능한 하나님께 감사하는 안을 동의 제청하다. 승인되다.

맥라렌은 병원위원회 보고서를 제출하다. 보고서가 채택되다.

경상북도의 동역자들에게 대구전도대회를 1년 연장하도록 동의하여 통과되다.

예산을 위한 목적으로 환율을 2/2다임으로 하기로 정하다.

조사성경반과 남성성경학원위원회의 보고서를 제출하다. 추천안과 더불어 보고서가 채택되다.

마산포 빅토리아여선교연합회 선교관 변경에 관한 질문과 계획은 스키너, 레잉, 호킹으로 구성된 위원회로 넘기며, 토론된 최종 보고서를 건물위원회에 보고토록 하다. 통과되다.

부산진선교부는 우리의 시골 교회를 강하게 하는 방법과 수단을 찾도록 요청하고, 이 내용과 관계된 질문을 조사 모임에서 토론하기로 하다.

데이비스의 여성성경학원보고서와 추천안이 채택되다. 다음 해를 위한 변경된 교과과정이 통과되다. 보고서 전체가 채택되다.

선교부 기록검사위원회가 보고하다. 채택되다.

평양 유니언크리스천칼리지 학장의 보고서를 읽다. 보고서를 채택하고, 요청 사항은 교육위원회로 넘기다.

공의회는 9월 23일 일요일 오후 4시 30분에 다시 모여 성찬식을 거행하다. 직전 회장 맥라렌이 집례하다.
지난번 결정대로 9월 24일 월요일은 성경공부와 콘퍼런스를 하다.

회계와 감사보고서가 제출되다. 채택되다.
언어시험위원회 보고서가 제출되다. 채택되다.
지난해 안건인(회록 5) 선교회의 하나 된 남성성경학원에 대한 내용을 토론하다. 결론이 나지 않아 취소되다.
비교재정위원회가 구문으로 보고하다. 통과되다.
교육위원회가 보고하다. 6번 항이 통과되어, 전체 보고서가 채택되다.
어제 대회에서 토론된 자급발전위원회 보고서를 해외선교위원회로 보내기로 동의하다.
내년 경건과대회위원회를 위하여 토마스, 데이비스, 캠벨을 임명하고, 보고서를 이번 공의회 기간에 제출하도록 하다.
조정위원회가 보고서를 제출하다. 추천안 1은 채택하고, 추천안 2는 부결되다.

3. 레잉과 에버리는 빅토리아여선교연합회 전도부인 봉급을 월 8엔에서 9엔으로 올릴 것과 5년이나 5년 이상 일한 성경학원 출신의 전도부인 경우에는 월 10엔으로 하기로 동의 제청하다. 통과되다.
4. 1910년 호주대표단 한국 방문 시의 현장 상황이 많이 바뀌었

음과 해외선교 총무가 현재의 상황을 직접 보아야 하는 당위성에 근거하여, 페이튼을 호주에서의 직무에서 잠시 벗어나게 하여 최소한 1918년 가을에 한국을 방문하도록 알렌과 엥겔이 동의 제청하다. 통과되다.

주일학교위원회가 보고서를 제출하다. 통과되다.

스키너와 왓슨은 우리 지경의 마을들에 여학교 설립을 고려할 것을 공의회가 빅토리아여선교연합회에 추천하기를 동의 제청하다. 토론 후에 엥겔과 맥라렌은 이 안의 계획을 포함하여 교육위원회로 넘길 것을 동의 제청하다. 통과되다.

5. 매크레이와 왓슨은 노회가 남성성경학원을 위한 교과과정을 채택하거나 제안하므로, 작년에 공의회가 채택한 과정은 더 사용하지 않기로 동의 제청하다. 통과되다.

6. 선교회 시골 교회들의 상황이 많이 바뀌었으므로 (1) 조사들의 순회를 가능한 곳에는 각 6개의 교회로 줄이고, (2) 목회자들이 더 부임할 것을 고려하여 작은 교회 모임도 조사의 순회에 포함시키고, 교회가 재정적으로 충분히 강하면 조사의 봉급 전부를 부담케 하고, 혹은 이미 다른 직업이 있거나 봉급을 받는 새 남성이 있으면 교회에서 부분적으로 일하거나 적은 봉급으로 시작하게 하도록 공의회가 조정할 것을 엥겔과 매크레이가 동의 제청하다. 통과되다.

오늘의 주제인 여선교사의 사역 안배를 토론하다.

건물위원회가 보고하다. 통과되다.

맥라렌과 클라크는 선교회 건물의 좀 더 효과적인 난방 문제 방안에 대하여 건물위원회에 요청하도록 동의 제청하다.

7. 엥겔과 커닝햄은 거주 선교 사택에서 멀리 떨어진 다른 사택에는 하인의 숙소를 제공하는 것을 공의회의 정책으로 삼기

로 동의 제청하다. 통과되다.

조정위원회는 보고서 보충 부분을 제출하다. 항목 3이 채택되다.

엥겔과 알렌은 모든 선교사가 일본어를 공부할 것을 격려하지만, 교육 선교사를 제외하고는 모두에게 과제로 주지 않기로 동의 제청하다. 9대 8표로 부결되다.

8. 일본어 공부를 원하거나 기회가 있는 사람은 공부하도록 격려하며, 재정적으로 지원하고, 시험에 참석하도록 하다.

선교회 교회 안의 가난한 자들을 위한 산업 선교 발전이 긴급히 필요하므로, 공의회는 해외선교위원회에 그 목적으로 자격 있는 한국인 교사 임명을 고려할 것을 왓슨과 매크레이가 동의 제청하다. 이 안을 조정위원회로 넘기다.

교육위원회는 마을 어린이 성경학교에 관한 특별 보고서를 제출하다. 항목 1-10까지 각각 통과되다. 전체 보고서를 채택하다.

맥라렌은 자신이 전쟁을 위한 봉사에 자원하였고, 곧 징집될 것임을 알리다. 여기에 대한 질문을 조정위원회로 넘기다.

9. 엥겔은 자신을 위한 언어 조교를 임명할 것을 요청하다. 이 요청을 연례 예산에 포함할 것에 동의하다.

매서인에 관계된 문제를 토론하다.

10. 매크레이와 엥겔은 본 공의회가 성서공회에 의한 현재의 성서판매 방식에 불만족함을 확인하며, 각 선교부에 가능한 다음과 같이 조정하도록 추천하다.

(a) 성서공회의 매서인은 성서판매를 위하여 시간의 반을 쓰고, 나머지 시간은 전도지 판매와 분배 그리고 다른 전도사역을 하도록 한다.

(b) 선교사는 매서인의 사역 후속 조치를 위하여 함께 노력한다.

(c) 교회는 정기적으로 복음서를 팔도록 격려하고, 안동에서 한 것과 같이 지역 선교사회를 이용하도록 한다. 안건이 승인 되다.

연합공의회 임원회와 연합공의회 회원 선교회에 대표를 보낼 것과 내년 공의회 모임을 원산 바닷가에서 개최할 것과 다음 연례 회의는 서울에서 개최할 것을 요청하기로 동의하다.

나환자 사역에 관한 진행 보고를 구문으로 하다. 보고를 받기 로 동의 제청하고, 발전되는 대로 위원회는 임원회에 보고하 도록 하다.

건물위원회는 보충 보고를 하다. 채택되다.

11. 거창선교부가 약 구매를 위한 예산으로 50엔을 반영하도록 허락하다.

각 선교부는 공유하려는 내용과 요청을 매 공의회 첫 안건으 로 제출하거나, 더 좋은 방법은 회의 일주일 전 서기에게 알리 도록 하다.

경건과대회위원회가 보고서를 제출하다. 채택되다.

전체위원회의 여성선교사 사역 안배는 약간의 수정과 함께 다음과 같이 통과되다.

13(1). 캠벨: 스콜스가 휴가 떠날 때까지 통영에 임명. 그 전 혹은 그 후에 진주의 여학교 책임자로 임명.

14(2). 스코트: 원래의 선교부인 마산포에 임명.

15(3). 위더스: 거창에 임명.

16(4). 스키너: 맥피가 돌아올 때까지 교육 사역을 위하여 마산포에 둠.

전도사역으로 바꾸어 달라는 맥피의 요청은 귀국 후에 다루 기로 하다.

의자를 무료로 임대한 지방 정부에 감사하기로 동의하다.

임시 통계 담당 켈리가 보고서를 제출하다. 채택되다.

통계공백위원회가 보고하다. 새 공백이 기재되도록 요청하고 보고서가 채택되다.

켈리는 자신의 전도자 사역을 구문으로 보고하다. 채택되다.

17. 매크레이와 엥겔이 다음과 같이 동의 제청하다: 공의회의 사역 안배를 위하여 현장에 아직 도착하지 않은 새 선교사의 자격증, 성취 내용, 과거 경험 등에 관한 정보가 절대적으로 필요함에 따라, 해외선교위원회와 빅토리아여선교연합회에 그러한 정보를 공의회 모임 전에 서기에게 기밀 정보로 보내도록 요청하다.

조정위원회의 보충 보고가 있고 난 뒤, 항목 11-20이 각각 채택되다.

18. 임원회가 준비한 선교회의 1년 예산이 보고되고, 채택되다.

19. 알렌과 커닝햄은 공의회 모임에 결혼한 여성들도 참석하기를 독려하며, 공의회 참석을 위한 그들의 왕복 여행 경비를 각 선교부 여행 경비 기금에서 지급할 것을 해외선교위원회에 요청하다. 승인되다.

20. 학교 장학금 규정을 만드는 안은 임원회에 일임하기로 하다.

각 위원회에 다음과 같이 위원이 선출되다.

21. 임원회: 회장, 서기, 회계에 더하여 매크레이(매크레이가 현장을 떠나면 라이얼이 승계함), 알렌.

22. 언어위원회: 엥겔, 스콜스.

23. 재산위원회: 매크레이, 토마스, 커닝햄.

24. 교육위원회: 엥겔, 매크레이, 알렌, 데이비스, 캠벨, 스키너.

25. 병원위원회: 맥라렌, 테일러, 알렌, 커닝햄, 클라크.

26. 여성성경학원위원회: 데이비스, 레잉, 캠벨, 스콜스, 라이트 부인은 준회원.
27. 남성성경학원위원회: 엥겔, 라이트, 커닝햄.
28. 주일학교위원회: 매크레이, 테일러, 데이비스, 레잉, 에버리.
29. 일본인사역위원회: 매크레이, 라이트, 커닝햄, 테일러.
30. 감사: 테일러.
31. 통계 담당: 켈리.
32. 대표단: 성서위원회 – 엥겔, 매크레이, 연합공의회 – 엥겔, 라이얼, 켈리, 알렌, 라이트, 클러크, 호킹(대체 회원: 커닝햄, 토마스, 캠벨, 에버리), 연합공의회 임원회 – 엥겔, 빅토리아여선교연합회 연락관 – 호킹, 스코트, 스콜스, 무어, 에버리.
33. 내년의 공의회 장소를 임원회에 일임하다.
34. 내년 공의회 모임은 9월 중순쯤에 개최하기로 동의하고, 정확한 일시는 임원회에 일임하다.
35. 임원회의 중요한 회록은 공의회 회록과 함께 인쇄하도록 하다.

기도와 시편 23편 찬송과 축도로 모임을 마치고, 내년까지 공의회를 휴회하다.

엥겔, 서기.
('호주장로교선교사공의회 회록', 1917, 3-13)

101. '신학지남' 편집인이되다

1918년 평양의 장로회신학교는 '신학지남'을 창간하였다. 동 신학교 교수들의 연구 논문을 출판하기 위한 목적이었는데, 엥겔이 편집인이 되어 3월에 창간호가 나왔다.

그는 사설에서 '진지남'이라는 점을 명시하여 "차기보는 성경으로 진남을 삼아 의하여 매기에 특별히 우리 장로교회의 목사와 신학생들에게 신학의 광해에 방향을 지남하려는 목적"을 가진다고 하였다.

'신학지남'은 그 후 신학생과 목회자들에게 신학 지식을 전달하는 데 큰 공헌을 하였다. 엥겔은 1920년까지 편집인을 맡아 보았고, 자신의 논문도 이곳에 수십 편 남기었다.

1938년 평양의 장로회신학교는 당시 일제의 신사참배를 거부함으로 학교가 폐교되었고, '신학지남'도 그 후 곧 폐간되었다.

The Theological Review: A Theological and Homiletical Quarterly

The Rev. G. Engel, in addition to his Church History Classes at the Union Theological Seminary at Pyengyang, is also teaching Greek and writing his own text-book.

He has now been appointed Editor of the "Theological and Homiletic Review' which is to appear quarterly. The Review will

'신학지남' 창간호
(Engel, G. ed., 'The Theological Review', Pyengyang, 1918)

THE THEOLOGICAL REVIEW

EDITOR:

Rev. G. Engel.

OCTOBER 1919

CONTENTS

SUBSCRIPTIONS

Subscription rates payable in advance   Annual 80 sen Postpaid
Single copy 25 sen
In Europe and America, Annual ¥1.10 "

Send all subscriptions to the Korean Religious Book and Tract Society,
Seoul; all manuscripts to Rev. G. Engel, Pyengyang; and all advertising
copy and other business communications to Chas. Allen Clark, Seoul, Korea.

When writing our advertisers, please, mention the Review.

'The Theological Review' 1919

be issued in mixed script, and is intended to help the Korean pastors in their work. We congratulate Mr. Engel on his new honours.

('Our Missionaries at Work', 1917년 7월, 6)

---

102. 호주선교사공의회 연례회(1918)

일시: 1918년 9월
장소: 마산포
회원:
목사 – 엥겔, 라이얼, 맥켄지, 매크레이(휴가), 왓슨(휴가), 맥라렌 (전쟁 봉사), 켈리(병가), 라이트, 알렌, 커닝햄, 테일러, 토마스.
여성 – 멘지스, 무어(휴가), 스콜스(휴가), 클라크, 마가렛 데이비스, 알렉산더, 캠벨, 네피어, 레잉(휴가), 에버리, 스키너, 호킹, 스코트, 진 데이비스, 위더스, 매카그.
준회원: 엥겔 부인, 라이얼 부인, 맥켄지 부인, 매크레이 부인(휴가), 왓슨 부인(휴가), 맥라렌 부인(휴가), 켈리 부인, 라이트 부인(휴가), 커닝햄 부인, 테일러 부인, 토마스 부인.
임원: 회장 – 라이트, 서기 – 엥겔, 협동 서기: 데이비스, 회계 – 라이얼.

1918년 9월 14일 토요일 오후 2시 15분 마산포, 회장 켈리의 불가피한 불참으로 맥켄지의 기도로 공의회가 개회되다.
월요일은 임원회가 따로 정한 영성대회를 하기로 동의 제청하다.
성찬예배는 15일 주일 4시 30분에 거행하기로 하다.
회의 시간은 오전 9시~10시, 10시 45분-12시, 그리고 오후 2시
~4시까지 하기로 하다.
임원회의 회록을 보고서로 낭독하다.

1. 각 선교부는 현재 임원회 회록을 받고 있으므로, 앞으로 공의
    회 개회 시 임원회 회록 낭독은 생략하기로 동의 제청하다. 승
    인되다.
    휴가를 요청한 켈리의 청원은 조정위원회로 넘기다.
    서기는 켈리에게 위로의 편지를 보낼 것을 요청하다.
    대구의 남학교 교장 아담스의 편지는 교육위원회로 넘기다.
    부산진교회로부터 온 요청은 부산진선교부로 넘기다. 라이트
    에게서 온 요청 - 통영선교부(2), 거창선교부(2), 진주선교부

평양의 엥겔 부부에게 보낸 엽서(Postcard to Rev & Mrs Engel, 1919)

(4), 하동교회, 한국의 중국인사역은 조정위원회로 넘기며, 마산포선교부의 요청은 교육위원회로 보내다.

엥겔이 공의회의 서기직 사임서를 제출하다. 서기직 사임을 철회할 것과 부서기를 임명할 것을 동의 제청하다. 엥겔이 서기직 사임서를 철회하다.

다음과 같이 직분자를 선출하다: 회장 – 라이트, 회계 – 라이얼, 부서기 – 데이비스.

조정위원회 위원이 다음과 같이 선출되다: 엥겔, 라이얼, 알렌, 테일러, 토마스. 엥겔이 위원장으로 임명되다.

각 선교부는 재정보고서를 제출하다.

회록기입위원회로 데이비스, 알렉산더, 커닝햄이 임명되다.

라이얼이 다음과 같은 안건을 제시하다.

(1) 임원회 조직은 선교공의회 조직과 구분한다.

(2) 공의회의 직분자는 회장, 서기, 회계로 한다.

(3) 임원회는 5명의 남성, 2명의 여성으로 구성하되, 여성은 여성 사역에 관한 평가나 토론이 있을 시 투표할 수 있다.

(4) 임원회 위원은 공의회 회원 중에 공의회에서 선출되며, 공의회의 언어공부 과정 요청을 만족한 자라야 한다.

(5) 임원회 7명의 회원은 가능한 그들 중에서 다섯 선교부의 대표가 되어야 한다. 만약 어떤 선교부가 대표를 내지 못할 경우, 이웃의 한 선교부에서 그들의 관심을 대변해 주어야 한다.

(6) 임원회의 회장 임명은 공의회에서 하며, 회장은 한 해 동안 통신하여야 한다.

9월 15일 일요일 오후 4시 30분, 공의회는 직전 회장 맥켄지의 설교를 듣고 성만찬에 참여하다.

9월 16일 월요일 영성대회 개회를 하고, 그 내용은 다음과 같다.

9시 30분(오전) 연합 경건회

9:45-10:45   그룹 성경공부(예수의 일생과 성령)

10:45-12:00   '선교사의 정당한 기대' - 인도자: 클라크

2:30-4:00(오후) '기대: 성취된 것과 미성취된 것' - 인도자: 라이얼

8:00-10:00   '성취를 위한 방법' - 인도자: 토마스

2. 클라크와 테일러는 진주의 병원에 체코인과 같은 사람들을 보내어 구조할 것을 영국영사관을 통하여 일본에 있는 미국 적십자회에 전하기로 동의 제청하다. 통과되다.

3. 작년 선교회의 직접 고용인 봉급 견적을 1919년의 예산에도 반영하며, 그들의 봉급이 완전히 인상되는 것이 아니라 전쟁이 계속되는 동안의 물가 상승으로 인한 보너스이며, 전쟁이 끝나면 다시 원래대로 돌아가리라는 것을 고용인들에게 알리도록 엥겔과 알렌이 동의 제청하다. 통과되다.

4. 조사를 위한 전쟁 보조금에 관하여는 현재 선교회가 정상적인 봉급에 월 11엔 이상의 지원을 못 한다는 전제하에, 전체 봉급 18엔에 상응하는 보조가 교회에서 나오지 않는 한 선교회로부터 지원이 불가함을 알렌과 테일러가 동의 제청하다.

5. 매서인의 봉급은 4분지 1 정도 인상을 허락하며, 하프타임 매서인은 반은 선교회가 나머지 반은 성서공회가 인상한다. 승인되다.

6. 선교회 전도부인 봉급을 10엔으로 인상할 것을 성서공회에 요청할 것을 라이얼과 스키너가 동의 제청하다. 승인되다.

유니언크리스천칼리지 이사회의 연례보고서를 읽고 그대로 받다.

1918년 4월 2일 열린 세브란스유니언의과대학 3차 연례이사회 회록 복사본을 읽고 그대로 받다.

예산을 위한 목적의 환율을 2/3으로 정하다.

선교부기록검사관으로 다음을 임명하다: 부산진 – 테일러, 마산포 – 맥켄지, 진주 – 라이트, 통영 – 토마스, 거창 – 알렌.

부산진, 마산포, 진주, 통영, 거창선교부의 보고서가 제출되었고, 모두 채택되다.

켈리의 편지를 읽고 받아들이다.

각 선교부 연례보고서를 개선하는 목적의 위원회에 알렌, 캠벨, 스키너, 라이얼을 임명하고, 본 공의회에 보고하도록 하다. 통과되다.

클라크가 병원위원회보고서를 보고하다. 그대로 받다.

나환자 사역(통영 부근) 특별위원회의 보고를 받고, 통과시키다. 본 프로젝트에 관련하여 알렌이 서울의 당국과 인터뷰를 하도록 하다.

부산진 나환자요양원 보고를 받고, 통과시키다.

경상북도의 동역자들에게 전도대회를 11월 4일과 5일에 개최하는 것을 제안하기로 라이얼과 맥켄지가 동의 제청하다. 통과되다.

7. 1915년 '더 크리스천 메신저' 대출금 2,500엔을 제외한 현재 찬송가 기금 반을 조선성교서회의 찬송가 발행을 위한 신탁 기금으로 넘겨주려는 장로교회와 연합공의회의 결정을 본 공의회가 승인하고, 다른 장로교 선교회의 기금과 함께 우리의 원래 기금을 '신학 리뷰'(Theological Review) 기금으로 사용하려는 장로교 공의회의 제안을 승인하며, 이 제안 승인 요청을 해외선교위원회에 하기로 엥겔과 맥켄지가 동의 제청하

다. 통과되다.

8.   전체 도를 위한 12월의 노회 지도자 성경반에 선교회 회계가 일반 기금에서 40엔을 지원하기로 라이얼과 알렌이 동의 제청하다. 한 사람만 반대하여 통과되다.

조선성교서회에서 온 내용은 조정위원회로 넘기다.

조정위원회가 보고하다. 항목 1-7, 9, 10이 채택되다. 항목 8은 토론하기로 하고, 항목 11-12는 위원회로 돌려보내다.

조정위원회가 보고하다. 항목 11-18이 채택되다.

여성성경학원 보고서가 제출되다. 추천안 1은 공의회의 연례 회의가 마칠 때까지 상의하고, 추천안 2는 채택되다.

남성성경학원 보고서가 제출되다. 채택되다.

9.   선교회의 고용인들이 공공운송으로 제일 가까운 기차역이나 항구로 가는 비용을 허락하고, 성경학원 참석을 위한 여행은 가장 저렴한 수단을 이용하도록 각 선교부 회계가 확실히 지도하기로 알렌과 토마스가 동의 제청하다. 승인되다.

10.   성경학원에 참석하는 고용인들의 식사 보조를 전쟁으로 인한 물가 상승으로 하루 12센에서 20센으로 인상하되, 이 임시 조치를 빅토리아여선교연합회 고용인들에게도 적용한다. 승인되다.

비교재정위원회는 해산하기로 하다.

선교회기록감사위원회가 보고하다. 무오함을 확인하고 채택하다.

맥켄지를 병원 기록검사관으로 임명하다.

라이얼이 구문으로 산업 훈련에 대하여 보고하다. 훈련 교사가 통영, 마산포, 부산진에서 가르치다 건강으로 인하여 사직하였다. 그는 일을 잘 수행하였다는 보고서가 채택되다.

라이얼(후에 매크레이로 대체)과 왓슨을 산업훈련위원회 위원으로 임명하고, 내년 새 계획서를 제출하도록 하다.

회계와 서기는 조정위원회에 선교 일반예산을 제출하도록 하다.

11. 모든 회계는 연말까지 예산 행정을 완성하기로 동의 제청하다. 라이트가 통계보고인의 보고를 하다. 채택되다.

엥겔과 토마스는 우리의 교수를 평양으로 보내는 안건을 조정위원회로 넘기기로 동의 제청하다. 승인되다.

브흐만 씨와의 만남을 위한 초청장과 전도대회를 연기하자는 제안의 대구선교부 전보를 읽고 접수하다.

12A. 북장로교 선교회 서기로부터 온 요청을 읽다. "우리 선교회는 조선에 YWCA를 설립할 것을 함께 하기로 초청하며, 이 나라에서 일하는 다른 선교회들과 연합한다." 본 공의회는 이 요청을 받아들이고, 동참할 것을 동의하다.

교육위원회, 재산위원회, 언어와 주일학교위원회가 보고하다. 각각 채택되다.

조정위원회가 보고하다. 항목 19-21을 채택하다.

회계가 1917년의 재정보고를 하다. 감사도 보고하다. 채택되다.

라이얼이 연합공의회 회록을 구문으로 보고하다.

선교부보고서를 위한 특별위원회가 보고하다. 채택되다.

13. 부산진선교부로 넘겨진 내용을 다음과 같이 보고하다. "성경학원 재산의 쓰이지 않은 부분을 지역교회로 이관하며, 지역교회는 전체 재산 분할을 위한 모든 법적인 비용과 요청한 부분의 이관 비용을 부담하기로 한다."

다음과 같이 수정안이 제안되다. "지역교회는 그 대지 비용인 100엔을 부담하고, 만약 그 대지 위에 교회 건물을 세우지 않으면 같은 조건으로 그 대지를 선교회로 돌려줄 것을 지역교회는 동의한다."

수정안이 승인되고, 전체 보고서가 수정안과 같이 통과되다.

조정위원회가 보고하다. 보고서의 항목 22-26이 채택되다.

맥피는 최근에 그녀의 부친과 막내 남동생을 잃은 소식을 전하다. 서기가 맥피에게 위로의 편지를 보내도록 하다.

맥켄지는 병원위원회의 기록을 검사하고, 무오함을 보고하다.

14. 병원위원회가 추천안을 내다. "개인이 특별한 이유로 병원에 헌금할 경우, 본관에서 떨어진 부엌을 만드는데 병원위원회가 그 헌금을 사용할 수 있도록 한다." 승인되다.

15. 빅토리아여선교연합회 사택을 보수하기 위한 비용으로 연 예산 100엔을 책정할 것을 빅토리아여선교연합회에 요청하며, 그 기금을 매년 공의회가 집행하도록 캠벨과 알렌이 동의 제청하다. 승인되다.

임원회의 재조직에 관하여 항목 1-3을 통과시키고, 항목 4를 다음과 같이 수정하도록 라이얼과 엥겔이 동의 제청하다. "공의회의 요구사항인 언어공부 과정을 만족시킨"을 "한국에 5년 이상 산 사람"으로 수정한다. 부결되다. 이 계획은 취소되다.

조정위원회가 보고하다. 스키너가 항목 27에 수정안을 다음과 같이 내다. "스키너를 거창에 즉시 임명한다." 부결되다.

보고서의 항목 8, 27-32의 예산(항목 33)과 사역 안배(항목 34)가 채택되다.

16. 빅토리아여선교연합회에 원래 정책에 맞게 전도 선교사 한 명을 임명할 것을 요청하기로 캠벨과 클라크가 동의 제청하다. 진 데이비스 박사는 전도 선교사가 아니므로, 일의 시급함을

볼 때 전도 선교사도 임명되어야 한다. 만장일치로 승인되다.

17. 매해 두 명의 빅토리아여선교연합회 선교사를 임원회에 임명할 것과 여성 사역에 관련되는 모든 안건에 투표할 수 있는 권한을 그들에게 부여하기로 알렌과 엥겔이 동의 제청하다. 만장일치로 통과되다.

18. 1913년 회록 29의 ("부산진의 4명의 목사 선교사... 마산포의 두 명의 남성 목사와 진주의 4명의 남성 목사..."를) "부산진의 3명의 순회 목사... 마산포의 3명의 순회 목사와 진주의 3명의 순회 목사"로 바꾸기로 라이얼과 엥겔이 동의 제청하다. 만장일치로 통과되다.

19. 내년 연례공의회 모임은 6월 21일에 소집하기로 알렌과 라이얼이 동의 제청하다. 통과되다.

1919년 6월 공의회 모임 장소로 부산선교부의 초청을 수락하다.

여성성경학원위원회의 첫 추천안을 다루다. "4월 19일부터 6월 15일까지"로 수정하고, 수정안을 받아들이다. 전체 보고서를 채택하다.

각 위원회에 다음과 같은 위원을 선출하다.

임원회: 직분자에 더하여, 알렌, 테일러(왓슨이 휴가에서 귀환할 때까지).

언어위원회: 엥겔, 커닝햄, 캠벨.

재산위원회: 맥켄지, 왓슨, 토마스.

교육위원회: 라이얼, 엥겔, 알렌, 데이비스, 캠벨, 스키너.

병원위원회: 알렌, 클라크, 데이비스, 테일러, 네피어.

여성성경학원위원회: 멘지스, 데이비스, 네피어, 알렉산더, 호킹.

남성성경학원위원회: 엥겔, 라이얼, 라이트, 커닝햄.

일본인사역위원회: 라이얼, 라이트, 알렌, 테일러.

주일학교위원회: 토마스, 테일러, 데이비스, 클라크, 스코트, 에버리.

대회와 경건위원회: 맥켄지, 스코트, 위더스.

감사: 테일러.

통계: 왓슨.

대표단

성서위원회: 엥겔, 라이얼.

연합공의회: 엥겔, 라이얼, 맥켄지, 알렌, 토마스, 캠벨, 알렉산더.(대체 인원: 매크레이, 왓슨, 테일러, 스코트, 위더스)

연합공의회 임원회: 엥겔.

조선성교서회 이사회: 라이얼.

연합공의회 주일학교위원회: 매크레이를 대행하여 테일러.

세브란스유니언의과대학이사회: 테일러.

체코인구호사역(미국적십자회와 연결하여): 라이얼.

빅토리아여선교연합회 연락관: 데이비스, 네피어, 캠벨, 알렉산더, 위더스.

찬송과 기도 후에 휴회하기로 하다. 1919년 6월 21일 부산진에서 만날 때까지 휴회를 선언하다.

엥겔, 서기.
라이트, 회장.

['호주장로교선교사공의회 회록', 1918, 1-12]

103. 호주선교사공의회 연례회(1919)

일시: 1919년 6월

장소: 부산진

회원:

목사 – 엥겔, 라이얼, 맥켄지, 매크레이, 왓슨, 맥라렌(전쟁 봉사),
켈리(휴가), 라이트(휴가), 알렌, 커닝햄(휴가), 테일러,
토마스.

여성 – 멘지스, 클라크, 마가렛 데이비스, 알렉산더, 맥피(휴가),
캠벨, 네피어, 레잉(휴가), 에버리(휴가), 스키너(병가),
호킹, 스코트, 진 데이비스, 위더스, 매카그.

준회원: 엥겔 부인, 라이얼 부인, 맥켄지 부인, 매크레이 부인,
왓슨 부인(불참), 맥라렌 부인(휴가), 켈리 부인(휴가),
라이트 부인(휴가), 커닝햄 부인(휴가), 테일러 부인(불참),
토마스 부인.

임원: 회장 – 알렌, 서기 – 라이얼, 협동 서기: 위더스,
회계 – 맥켄지.

1919년 6월 21일 토요일 오전 9시, 부산진에서 회장 라이트의
휴가로 왓슨이 기도하므로 공의회가 개회되다.

서기가 회원 명단을 제출하고, 변동사항을 보고하다.

고 넬리 스콜스를 위한 추모 회록 승인을 위하여 서기와 캠벨이
임명되다.

경건과대회위원회가 보고하다. 그대로 통과되다.

성찬예배는 22일 주일 오후 4시 30분에 거행하기로 하다.

회의 시간은 오전 9시~10시, 10시 45분-12시, 그리고 오후 2시 ~4시까지 하기로 하다.

서신: 페이튼의 방문에 관한 해외선교위원회의 1919년 4월 2일 자 편지를 읽고 조정위원회로 넘기다.

맥피의 복귀에 관한 빅토리아여선교연합회의 1919년 4월 18일 과 28일 편지 그리고 6월 18일 전보를 읽고 접수하다.

평양유니언크리스천칼리지의 보고서를 읽고, 요청 사항을 조정 위원회로 넘기다.

조선성교서회의 패튼과 본위크의 방문에 관한 서회의 편지를 받고, 6월 20일 오전 10시 45분 공의회 모임에 조선의 기독교 문헌 주제의 강연을 초청하기로 동의 제청하고 승인하다.

편집부에 관한 조선성교서회의 편지를 조정위원회로 넘기다.

아비슨의 조선기독교칼리지 질문에 관한 편지를 받고, 서기가 회신하도록 하다.

조선성교서회의 회계가 본 선교회 회계 앞으로 보낸 편지를 조정위원회로 넘기다.

우리가 요청한 방문(회록 58)을 수용할 수 없다는 브흐만의 3월 12일 자 편지를 읽고 정보를 받아들이다.

진주(1), 거창(1), 통영(2) 선교부의 요청을 조정위원회로 넘기다.

맥피와 테잇의 사역 안배에 관한 질문을 조정위원회로 넘기다.

다음과 같이 직분자를 선출하다: 회장 – 알렌, 서기 – 라이얼, 회계 – 맥켄지.

조정위원회에 각 선교부 대표와 공의회 여성 회원의 투표로 두 명의 여성 선교사를 더하기로 라이얼과 엥겔이 동의 제청하다. 승인되다.

조정위원회에 다음의 위원이 임명됨을 보고하다: 엥겔, 라이얼, 알렌, 왓슨, 토마스, 클라크, 데이비스. 위원장으로 엥겔이 임명되다.

환율에 관한 질문은 조정위원회로 넘기다.

회장이 선교부와 병원기록검사관으로 다음의 인원을 임명하다: 부산진 – 라이얼, 마산포 – 왓슨, 진주 – 토마스, 통영 – 알렌, 거창 – 맥켄지, 병원 – 맥켄지.

각 선교부 보고: 부산진, 마산포, 진주, 통영, 거창과 병원위원회, 나환자요양원위원회의 보고서를 읽다. 병원위원회의 추천안은 조정위원회로 넘기고, 나머지 보고서는 받아들이다.

7월 1일부터 맥켄지가 회계 일을 넘겨받는 것으로 하다. 승인되다.

회록기입위원회 위원으로 다음의 인원을 선출하다: 매크레이, 알렉산더.

스콜스가 사망하였다는 전보를 받은 것과 그녀의 부친에게 위로의 편지를 보낸 내용을 엥겔이 보고하다. 보고서를 채택하다.

통영선교부 의료사역의 상세 보고를 위하여, 연례보고서 단어를 1,200개까지 허락하도록 동의 제청하다. 승인되다.

1918년 공의회 회록 13의 사용되지 않은 성경학원 재산에 관하여, 지역교회가 선교회의 제안을 받아들이지 않았다고 엥겔이 보고하다. 보고서를 받아들이다.

세브란스유니언의과대학 회장 아비슨이 참석하여, 발언을 할 수 있는 권한을 부여하다.

조정위원회 보고서 항목 1-5를 보고하고, 받아들이다.

아비슨은 의료사역에 관한 몇 가지 내용을 발언하고, 세브란스 유니언의과대학병원의 완전 설비 구비 계획을 설명하다.

회장은 아비슨의 연설에 공의회의 감사를 전하다.

공의회는 6월 22일 일요일 오후 4시 30분 다시 만나 매크레이의 인도로 설교를 듣고 성찬식에 참여하다.

6월 23일 월요일 대회를 개최하다. 대회 프로그램은 다음과 같다.

9시 30분(오전)	연합 경건회
9:45-10:45	그룹 성경공부(현재 위기의 도전)
10:45-12:00	'한국 기독교인과 비기독교인에 대한 우리의 책임' - 인도자: 왓슨
2:30-4:00(오후)	'한국인을 포함한 동역자에 대한 우리의 책임' - 인도자: 캠벨
8:00-10:00	'하나님에 대한 우리의 책임' - 인도자: 토마스

연설 중에 언급한 아비슨의 요청은 조정위원회로 넘기다.

화요일이나 수요일에 공의회를 방문하겠다는 대영성서공회 밀러의 편지를 읽다. 받아들이다.

휴가로 인한 사역 기간 단축에 관한 1919년 3월 26일 해외선교위원회 편지를 조정위원회로 넘기다.

통일된 예산위원회보고서를 제출하다. 위원회에 임시 권한을 주는 동시에 보고서를 조정위원회로 넘기다.

언어시험위원회의 보고서를 채택하다.

회계와 감사의 보고서를 채택하다.

1. 조정위원회는 다음 해 휴가를 떠나는 선교사 명단을 매년 보고하도록 하다.

경건과대회회위원회 위원을 지금 임명하여 공의회 회기 내에 보고하도록 하다. 다음의 위원이 임명되다: 왓슨, 캠벨, 매크레이.

휴가에서 돌아오는 에버리의 선교부 안배는 조정위원회로 넘기다.

대영성서공회의 휴 밀러에게 발언권을 주다. 밀러는 성서공회의 사역과 한국교회 신문에 관한 주제로 연설하다. 한국의 복음화를 위한 성서공회의 사역과 지난 20년 동안 선교회의 사역에 큰 가치 있는 도움이 되었음을 공의회는 감사하다. 공의회 회장은 밀러에게 그의 방문과 연설에 마음속의 감사를 전하다.

데이비스가 다음의 안건을 제시하다. "본 공의회는 현장의 상황과 필요를 조사하기 위한 최소한의 위원 2명을 파송할 것을 빅토리아여선교연합회에 요청한다."

병원위원회 서기가 다음의 안건을 제시하다. "한국인 의사가 사표를 낼 경우

그리고 다른 의사를 곧바로 찾을 수 없는 경우, 테일러를 임시로 진주로 이전시키도록 공의회에 요청하다."

선교부와 병원위원회 기록검사관의 보고를 받고 무흠하므로 그대로 받다.

1919년 5월 13일 자 해외선교위원회 총무의 편지를 읽다.

부산진 재산의 매도 손해를 북장로교선교회 이사회에 보상하는 문제를 조정위원회로 넘기다.

조정위원회의 항목 6을 보고하고, 토론하다.

왕길지와 평양신학교 교수와 학생들(Prof Engel with Pyengyang Seminary teachers & students at his home, 1922) *Photo: Busanjin Church

2. 데이비스와 클라크는 선교 현장의 상황과 필요를 조사하기 위한 최소한의 위원 2명을 파송할 것을 빅토리아여선교연합회에 요청하기를 동의 제청하다. 통과되다.

조정위원회의 항목 6은 토론 후에 위원회로 다시 돌려보내기로 하고, 더 많은 대표를 요청하는 문제를 고려하도록 하다. 항목 7-10은 승인되다.

여성성경학원위원회의 보고서를 받고, 추천안을 승인하다. 다음의 인원이 위원으로 선출되다: 멘지스, 데이비스, 네피어, 알렉산더, 호킹.

맥켄지를 통하여 재산위원회가 구문으로 보고하다. 선교회의 여러 건물에 보수가 필요함을 언급하다. 보고서를 받아들이다.

병원의 재정보고를 하고, 그대로 채택하다.

마산포, 진주, 거창선교부의 재정 보고를 조정위원회로 넘기다.

조정위원회의 항목 6이 다시 보고되고, 채택되다. 항목 11~15도 채택되다.

교육위원회 보고서를 받다. 항목 1~2가 승인되다.

패턴 박사가 공의회에 참석하여 연설하다. 회장이 공의회를 대신하여 연설에 감사하다.

캠벨이 다음의 안건을 발의할 것을 통지하다. "1920년 1월 1일부터 10엔을 넘지 않는 월 연료비를 기숙사에 제공하며, 통영과 거창도 같은 목적으로 각각 2엔씩 제공한다."

3. 현재 재정 형편상 부산진, 마산포, 진주의 여학교 상급반 두 학년을 다음 4월 1일부터 1년 동안 임시로 중지하기로 하다.

    남성성경학원위원회 보고서를 받아 추천안 1-3을 승인하고, 전체를 통과시키다.

    주일학교위원회가 보고하다. 추천안 1, 3, 4가 통과되다. 추천안 2는 위원회로 다시 돌려보내다. 매크레이를 위원으로 보충하다.

4. 1920년 1월 1일부터 미우라학원과 기숙사에 매달 연료비 반액 최대 10엔을 보조하기로 캠벨이 동의하다. 제청되어 승인되다.

    주일학교위원회의 보고서 항목 2가 다시 보고되다. 승인되다. 전체 보고서를 채택하다.

    다음의 기록을 캠벨과 엥겔이 동의 제청하다.

    "큰 슬픔과 함께 우리의 친구이자 동역자인 스콜스의 죽음을 기록으로 남긴다. 1907년 초 그녀가 한국에 도착하였을 때부터 1918년 7월 떠날 때까지 이 땅에서 그녀의 생명은 그리스도를 위하여 전폭적으로 드려졌다.

그녀는 동역자들에게 사랑과 존경을 받았고, 그녀에게는 지혜, 재치 그리고 인내의 성품이 있었고, 무엇보다도 그녀는 모든 사람에게 관대하게 베풀었다.

언어공부에 있어서 그녀는 이미 훈련된 마음을 가지고 있었을 뿐 아니라 자신의 주인을 위하여 언어의 어려움을 정복하려는 결단과 자연스러운 재능이 있었다. 그녀의 노력은 주목할만한 성공으로 빛났고, 비교적 짧은 시간 안에 그녀의 한국인 친구들의 삶 속에 평범하게 적응하였다.

지난 2년 반 동안 한국에서의 그녀의 생활은 매우 연약한 육체의 조건 속에 일하였으며, 그러나 절대 노력을 그치지 않았고, 그녀 가까이 있던 사람들은 용기와 인내의 새로운 배움을 얻었다.

먼저는 수년 동안의 도전받는 조건 속에 진주 여학교의 교장으로, 그다음에는 순회전도자로 그리고 다시 학교에서 하나님과의 동역자로 일하였다. 우리는 그녀 속에 한국인과 우리에게 주신 주님의 은사로 인하여 감사한다."

모두 일어나 기록을 승인하다.

조정위원회 보고서 항목 16, 18, 19, 21, 22, 23을 채택하다.

각 위원회에 다음과 같은 위원을 선출하다.

임원회: 왓슨, 토마스, 캠벨, 데이비스.

언어위원회: 라이얼, 캠벨, 데이비스.

재산위원회: 맥켄지, 왓슨, 토마스.

교육위원회: 라이얼, 엥겔, 알렌, 데이비스, 캠벨, 위더스.

병원위원회: 맥라렌, 알렌, 클라크, 진 데이비스, 테일러, 네피어.

남성성경학원위원회: 라이얼, 맥켄지, 왓슨, 라이트.

일본인사역위원회: 매크레이, 라이트, 테일러, (매크레이 부인은 준회원)

주일학교위원회: 매크레이, 테일러, 데이비스, 클라크, 스코트.

산업교육: 매크레이, 왓슨.

감사: 테일러.

통계: 왓슨.

대표단

성서위원회: 엥겔, 라이얼.

연합공의회: 엥겔, 라이얼, 맥켄지, 왓슨, 알렌, 캠벨, 알렉산더.
　　　　　　(대체 인원: 매크레이, 테일러, 스코트, 위더스)

연합공의회 임원회: 엥겔.

조선성교서회 이사회: 라이얼.

연합공의회 주일학교위원회: 매크레이.

세브란스유니언의과대학이사회: 테일러.

평양 유니언크리스천칼리지: 엥겔, 라이얼.

빅토리아여선교연합회 연락관: 데이비스, 네피어, 캠벨, 매카그, 스코트.

대회와 경건회위원회의 보고를 받고, 그대로 받아들이다.

산업교육위원회의 보고를 구문으로 받고, 그대로 받아들이다.

5. 산업교육을 위한 장학금 설립 문제를 고려하도록 산업교육위원회에 요청하다.

6. 통영의 나환자 사역위원회는 대지 매입을 위한 협상 과정이 진행되고 있음을 보고하다. 보고서를 받아들이다. 앞으로의

협상을 통영선교부의 남성들에게 맡기기로 하다.

알렌은 진주선교부가 조사의 봉급계좌에서 180엔을 병원 봉급계좌로 이체할 수 있는 권한을 주기로 요청하다. 이 요청을 조정위원회로 넘기다.

조정위원회 보고서 항목 17과 24-31을 받아들이다.

통계자의 보고서는 서기에게 직접 제출하고, 회록에 남기기로 결의하다.

7. 연례보고서 발행을 마련하는 위원회를 임명하고, 개개인 선교사의 비용 보장을 요청하기로 하다. 회장은 서기와 부서기 그리고 매크레이를 위원으로 임명하다.

여성성경학원위원회의 1920년 보고를 받고, 추천안 1-3을 채택하다. 전체 보고서를 채택하다.

8. 공의회가 인지하는 대로 이곳의 사역 필요성과 그리고 전쟁이 끝나므로 고향 교회의 해외 선교 관심이 더 높아지고 있는 것과 그동안 관대하게 여러 전쟁 기금을 지원한 것을 생각할 때, 이제는 교회의 해외선교 정책에도 같은 관대함으로 지원해 줄 것을 고향의 교회에 호소하기로 클라크가 발의하다. 제청되고 통과되다.

진주선교부는 페이튼의 진주 방문을 계기로 열리는 공의회 모임을 진주에서 개최할 것을 초청하다.

9. 공의회는 진주선교부의 초청을 받아들이고, 올해 페이튼이 현장을 방문하지 못하면 다음 연례 모임을 진주에서 열기로 하다.

다음 공의회 모임은 1920년 6월 23일 오전 9시에 열기로 하다. 마산포선교부는 올해 페이튼이 방문할 경우 그곳에서 공의회 모임을 할 것을 초청하다.

스키너가 질병으로 인하여 공의회에 참석하지 못함으로 위로의 편지와 즐거운 휴가가 되기를 기원하는 서신을 보내도록 하다.

공의회 모임을 환대한 부산진선교부에 마음속의 감사함을 전하다. 박수로 승인하다.

항목 10-11의 회록을 읽고 승인하다.

공의회는 일어서서 찬송과 기도를 하고, 1920년 6월 23일 9시 30분에 다시 만나기로 하다.

부산진선교부: 맥켄지, 라이트, 멘지스, 데이비스, 호킹, 맥켄지 부인, 라이트 부인.

마산포선교부: 라이얼, 매크레이, 맥피, 네피어, 위더스, 라이얼 부인, 매크레이 부인.

진주선교부: 알렌, 맥라렌, 클라크, 캠벨, 레잉, 진 데이비스.

통영선교부: 왓슨, 테일러, 알렉산더, 매카그, 왓슨 부인, 테일러 부인.

거창선교부: 토마스, 스코트, 테잇, 토마스 부인.

평양선교부: 엥겔.

['호주장로교선교사공의회 회록', 1919. 3-13]

엥겔과 호주선교사들(Engel at Australian Mission Council, 1925)
*Photo: 'The Chronicle', 1925.

104. '독일산, 호주적, 한국선교사'

엥겔은 1906년부터 미국선교사 사무엘 마펫이 세운 평양의 장로교신학교에서 강의를 시작하였다. 이때부터 그는 매년 3개월간 부산에서 평양으로 가 그곳에 거주하였다. 엥겔이 담당한 과목은 성경 원어와 교회사였다. 그러나 당시 학교의 상황에 따라 그는 주된 과목 외에도 다양한 과목을 가르쳤다.

엥겔은 후에 전임 교수로 임명되었고, 호주선교회는 그가 부산을 떠나 평양으로의 이전을 허락하였다. 1919년부터 그는 평양에 거주하며 호주선교회의 평양선교부를 운영하며 교수 활동을 하였다.

엥겔은 원칙주의자였지만 경건과 지성을 겸비하였고, 때로 좀 괴이한 인물로 인식되었다. 그는 자신을 스스로 '독일산(産) 호주적(籍) 한국 선교사'로 소개하였다. 엥겔에게 배운 학생으로는 한석진, 길선주, 방지일, 박윤선, 강신명, 김양선, 주남고, 손양원, 한상동 등이 있다.

엥겔의 강의, 방지일 학생-중앙(Engel's Hebrew Class in Pyengyang)

105. 숭실대학과의 협력

호주선교회는 평양의 숭실학교와도 협력하였다. 프란시스 커닝햄을 교수 요원으로 파송하려 했지만, 사정이 여의치 않았다. 그때 엥겔이 평양으로 이전하면서 숭실학교에서 강의하였다. 그는 1920년부터 1923년까지 3년여 동안 그곳에서 성경과 교회사를 가르쳤다.

동시에 엥겔은 호주선교회를 대표하여 숭실학교 법인 이사로 참여하였다. 그는 1937년 한국을 떠날 때까지 숭실대학교의 교수 혹은 이사로 봉사하였다. 호주선교회는 이런 방법으로 1913년부터 1937년까지 숭실대학교를 물적 인적으로 지원하며 관계를 맺었다.

엥겔과 히브리어 헬라어 학생들(Engel with his students, Pyengyang, 1930s)
*Photo: PCK General Assembly Archives

106. 호주 빅토리아기숙사

"호주선교회가 평양신학교 인접한 곳에 학생들을 위한 기숙사를 세우고 운영할 것을 동의 제청하였다. 안건이 통과되다." (더 레코드, Vol 1, 부산진, 1911, 12)

"It was moved and seconded that the mission procure and maintain a dormitory adjacent to the Seminary in Pyengyang for accommodation of its students. Carried." (The Records of the Australian Presbyterian Mission in Korea, Vol 1, Fusanchin, 1911, 12)

평양신학교 빅토리아기숙사(The Victoria Dormitory at Pyengyang Seminary, 1913)

107. 엥겔의 평양 사택

엥겔 부부는 오랜 기다림 끝에 새 사택에서 생활을 즐기고 있다. 임시로 살던 한국 집은 서양 가족에게 적당치 않다. 북쪽의 추운 겨울을 견딜 수 있게 지어졌고, 편리한 현대적인 설비로 꾸며졌다. 커다란 지경 내에 아름다운 곳에 집이 서 있다….

1922년 8월 7일.

['더 크로니클', 1922년 11월 1일, 4]

엥겔의 평양 사택 (Engel's House, Pyengyang, 1925)
*Photo: 'The Chronicle', 1925.

성명서

별지 부동산목록의 본인 명의는 사용에 그치고 사실은 호주 빅
토리아국 장로교 조선선교회의 공유와 다름이 없다. 이들에 대해서
는 동 선교회의 지시에 따라 언제라도 해당 부동산의 명의 변경을
하는 것에 하등 이의를 신청하는 것을 상명한다

대정 12년 12월 12일

평양부 경창리 84번지

왕길지

왕길지 성명서(Engel's Statement re. Property of PCV Mission in Korea, 1923)
*Photo: National Archives of Korea

109. 엥겔과 부산진남자성경학원

엥겔(중앙)과 부산진남자성경학원(Engel at Men's Bible School, Busanjin, 1927)
*Photo: 'The Chronicle', 1927.

110. 구약 개역위원으로

1920년부터 엥겔은 구약개역위원으로 초빙되어 성서 개역에 참여하였다. 미국장로교의 베어드, 하디, 레이놀즈 등과 함께 개역위원으로 일하였고, 한국인으로는 남궁혁, 김관식, 김인준, 이원모 등이 동참하였다. 그 후 개역 작업이 시작된 지 25년만인 1936년 개역 구약전서가 출간되었다.

신약 개역은 호주선교회의 커닝햄이 참여하였고 1938년 완성되었다. 이 공인역 개정 성경이 1952년 한글 맞춤법 통일안에 따라 수정을 거친 뒤 '성경전서 개역한글판'이 되었다.

엥겔(앞 오른쪽)과 성경개역위원회(Engel and Revised Bible Committee, 1928)
*Photo: The National Archives of PC USA

111. 명예 신학박사 학위 수여

　1921년 엥겔은 미국 오하이오주 소재 우스터대학으로부터 명예 신학박사 학위를 받았다. 한국에서의 그의 선교사역과 평양신학교에서의 교육과 연구 활동에 관한 인정을 받은 것이다. 이 학위는 평양신학교 학장이었던 사무엘 마펫의 추천으로 이루어진 것으로 알려졌다.

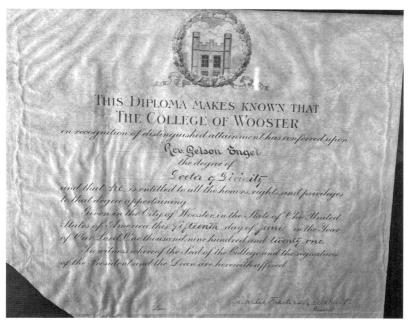

엥겔의 신학박사 학위(Engel's Doctor of Divinity, 1921)
*Photo: Engel Family Archives

112. 일신여학교 낙성식 연설

　　부산진 일신여학교를 동래로 이전한다고 함은 보도된 바니, 신축공사 이전 교사가 지난달 하순경에 준공되어 지난 이십일 오후 두 시에 동교 강당에서 낙성식을 거행하였는바, 교장 마가례 여사의 식사와 학생 일동의 교가와 동교 연혁 보고가 있었고, 동래 군수 김한식 씨의 축사와 부산 부윤소서 씨 외 축사가 있은 후, 왕길 목사의 연설과 학생 일동의 락성가로써 오후 네 시에 폐회하였다.

〔동아일보, 1925년 6월 23일, 3〕

엥겔의 동래일신여학교 낙성식 연설(Engel's speech at Dongrae Ilsin Girl's School, 1925) *출처: 동아일보

113. 번역가의 어려움과 즐거움
The Difficulties and Joys of a Translator

　...그러나 성경번역가는 번역의 규칙을 엄격하게 따라야 한다. 선
교사는 특정한 표현의 용어와 관용구를 최고로 잘 사용하기 위해서
는 최상의 토착인 의견을 참고해야 한다. 얼마나 오래 선교지에서
일하고 있던, 선교사는 항상 자신이 외국인임과 외국어를 쓰고 있다

엥겔 부부와 한국인 가족(At the Engel's House, Pyengyang,
1925) *Photo: Engel Family Archives

는 것을 의식한다. 거의 모든 주제를 얼마나 유창하게 말하던, 교회나 학교의 강당에서 복음을 얼마나 잘 선포를 하던 번역위원회의 동료들을 만나면 조심스러워진다. 선교사에게는 괜찮은 번역도 토착민에게 거부될 수 있는바, 오해의 여지가 있고, 너무 거칠고, 너무 난해하고, 너무 세련됐고, 너무 애매하고 등등의 이유이다.

또 선교사는 모국어의 깊이를 다 헤아리지 못했다는 느낌으로 괴로워한다. 토착민이 종종 새 단어를 제안하지만, 선교사나 선교사 동료들은 전에 보거나 들어보지 못한 용어이다. 때로 토착민 조교도 거의 알지 못하는 용어라고 한다….

번역가의 즐거움은 어려움보다 짧게 쓰는데, 즐거움이 적어서가 아니라 그것은 간단히 표현되기 때문이다. 어려운 성경 구절의 번역이 동료들과 특히 토착민 조교에 의하여 받아들여졌을 때 선교사는 기뻐한다. 혹은 동료들이 이것저것 제안하였지만 다 받아들여지지 않았을 때, 마지막 노력으로 나온 한 용어로 인하여 그 개인이나 모두가 진정으로 기뻐한다.

두세 번의 수정을 거쳐 전체 번역이 완성되고, 작은 거친 표현도 다듬어지고, 처음부터 끝까지 부드럽게 잘 읽힐 때, 그리고 토착민 조교들의 얼굴에서 만족스러운 미소가 번질 때, 그리고 아직 몇 번의 교정을 더 거쳐 마침내 인쇄되어 기독교 공동체에 잘 받아들여질 때, 번역가는 자신의 번역이 완전하다고는 생각하지 않지만 기쁨으로 차오른다.

그러나 가장 큰 만족은 토착민에게 영원히 살아있는 하나님의 말씀을 자신들의 언어로 읽을 수 있도록 도왔다는 생각에서 온다. 그러므로 성경 번역은 선교사에게 주어지는 가장 귀한 일이다.

('The Chronicle', 1926년 8월 2일, 19-20)

114. 엥겔 가족과 데이지 호킹

엥겔 가족과 호킹(Engel with Agnes and two children-Frank and Elsie, and Daisy Hocking, 1925) *Photo: 'The Sun', 1925 07 30.

115. 왕길지 선교 25주년 기념식

　　평양장로회신학교에서는 오는 이십오일 오후 일곱 시 반부터 동 신학교 교당 안에서 동 신학교 교수 왕길지와 곽안련 량씨의 이십오 주년 기념식을 거행하리라는 데 동 기념식에는 숭실 숭의 량교의 찬양대도 위안 출연하리라 더라.(평양)

〔동아일보, 1927년 11월 25일, 5〕

평양신학교(Presbyterian Theological Seminary, Pyengyang, Korea)

116. 엥겔 선교 27주년 기념 예배

지난 11월 흥미로운 축하식이 평양에서 열렸다. 엥겔 박사는 최근 27년 동안의 한국 선교사역을 완성하였다. 그중 21년 반이 평양의 신학교에서 가르치는 일이었다. 그는 현재 그곳에서 히브리어와 헬라어 교수이다.

1925년 휴가를 보냈을 때가 그의 25주년이었고, 그다음 해는 병으로 인하여 축하식을 열 수 없었다. 클라크 박사도 마침 25주년을 맞아 함께 축하하게 된 것이다.

1월 20일 오후 7시 30분, 한 학생이 엥겔 부부와 클라크 부부의 집을 방문하여 먼저 실크 로제트 장미꽃으로 그들을 치장하고, 신학교의 채플실로 안내하였다. 놀랍게도 그곳에는 많은 친구가 기다리고 있었고 대부분 한국인이었다. 기념식 전체를 한국인이 진행되었다. 몇 번의 연설과 두 번의 찬양이 있었는데, 여성성경학원의 학생단과 평양신학교 학생단이었다.

기념식은 공식적이고 엄숙하게 진행되다가 김 목사의 연설부터 분위기가 바뀌었다. 그는 매우 재미있게 연설을 하였고, 모두 웃었다. 그는 엥겔을 돌아보며 다음과 같이 말하였다.

"왕길 목사님, 나는 목사님이 머리카락 하나 안 남을 때까지 한국에 있기를 바랍니다."

그리고 엥겔 부인에도 다음과 같이 말하였다.

"부인, 한국을 떠나지 마세요. 평양에서 사시기를 바랍니다."

엥겔과 클라크에게 빨간색 공단의 작은 상자에 담긴 금메달이 수여되었다. 메달은 다이아몬드 형태였고, 4분의 3인치 정사각형이었다. 앞면에는 열린 성경책 위에 닻의 형상이 있었다. 그리고 아래에는 믿음, 사랑, 소망이란 글자가 한문으로 작게 적혀있었다. 엥겔의 메달 뒷면에는 "G. Engel, 1927"이라고 영어로 새겨졌고, 나머지는 한문으로 되어있다.

엥겔 부인과 클라크 부인에게는 옻칠이 된 작고 검은 진주 상감 상자를 주었는데, 매우 우아하고 예뻤다. 상자 안도 빨간 옻으로 칠해져 있었고, 한국어가 금도금 되어있었다. 제칠장로교회에서도 흰 금속의 접시를 선물과 글이 새겨진 10인치 되는 놋 촛대 한 쌍도 주었다.

한 학생이 이들에게 온 축하 전보와 편지 낭독하는 순서도 있었다. 모두가 이 모임의 전체 분위기 속에 즐거워하였다.

('The Chronicle', 1928년 4월 2일, 18)

Twenty-seven Years in Korea

An interesting celebration took place at Pyengyang in November. Dr. Engel recently completed twenty-seven years' work in Korea. For twenty-one and half years he has taught in the seminary at Pyengyang, where he is now Professor of Hebrew and Greek.

He was on furlough in 1925, when his twenty-fifth year was completed, and the following year he was too ill for any celebration. Dr. Clark had just reached his semi-jubliee, it was decided to combine the two occasions.

엥겔과 평양신학교 교수진(Engel with Staff of Pyengyang Theological Seminary, 1929)

At 7.30 p.m on the 20th January a student called for Dr. and Mrs. Engel and Dr. and Mrs. Clark at their homes, and, having first decorated them with silk rosettes, conducted them to the Seminary. There students ushered them into the chapel, which they were surprised to find filled with interested friends, mostly Koreans.

The whole programme was carried out by Koreans. There were speeches and two choruses, one by the students of the Women's Bible Institutes, and the other by young men from the College.

Things were formal and serious until Kim Moksa began to speak. He was very humorous. Everyone laughed. Turning to Dr. Engel, he said, "Wangil Moksa, I hope you will stay in Korea until you haven't a hair on your head," then, turning to Mrs. Engel, "Pueen, don't go away from Korea. Please stay in Pyengyang."

Drs. Engel and Clark were presented with gold medals in tiny red satin cases. The medals are diamond shape and about three-quarters of an inch square. On the obverse is an anchor, on which lies an open Bible; at either side and at the bottom of the book are tiny Chinese characters for faith, love and hope. The reverse of Dr. Engel's medal has "G. Engel, 1922" in English, the rest of the inscription being in Chinese.

Mrs. Engel and Mrs. Clark were given small black lacquer inlaid boxes, very dainty and pretty, finished inside with red lacquer and gilt Korean lettering.

The seven Presbytrian churches also gave them each a white metal chafing dish, and a pair of engraved brass canlesticks standing about nine or ten inches high.

A number of congratulatory telegrams and letters were read by a student during the evening. The whole spirit of the gathering was much appreciated.

('The Chronicle', April 2, 1928, 18)

117. 경상남도 신학생들

    나는 작은 사진을 한 장 동봉한다. 신학교에 기숙하는 경상남도 학생들과 찍은 것이다. 내 왼편의 키가 작은 학생이 김영환인데 중간 반에서 헬라어와 히브리어를 배우고 있다. 뒷줄 오른편(나의 왼편)은 동래에서 온 김대엽이고 역시 헬라어를 공부하고 있다. 그 줄에 나이 든 학생은 금 장로로 연산에서 왔다. 이 학생은 40살이 넘었는데 잘하고 있다.

('The Chronicle', 1930년 8월 1일, 19)

엥겔과 부산경남신학생들(Engel and Students from South
Kyungsang Province, 1930) *Photo: 'The Chronicle', 1930.

118. 하나님이 가라는데!

　　하루는 왕 목사가 교실에 들어오며 싱글벙글한다. 그는 다음과 같이 말했다. "내가 조선에 온 지 40년 되었지요. 나는 한국에서 늙어 죽기로 생각했지요. 얼마 전에 미슌회(선교회)가 모였지요. 그러나 미슌회는 나보고 본국에 돌아가라고 했지요. 나는 불가불 돌아갈 수밖에 없지요."

엥겔 송별 리셉션(Farewell Reception to Engel, Pyengyang, 1932)

그는 이 말을 하면서 좋아하였다. 학생들은 조용히 이 말을 듣고 있었다. 이때 박창목이라는 학생이 입을 열었다. "아니 선생님이 본국으로 돌아가시면 누가 우리에게 어학을 가르쳐 주겠습니까?" 이때 왕길지 목사는 마루를 쾅 하고 구르더니 '하나님이 가라는데!' 하며 고함을 질렀다.

엥겔과 헬라어와 히브리어반 학생들(Engel with Greek and Hebrew Students, Pyengyang, 1932) *Photo: Engel Family Archives

Korea Mission Council Group, January, 1934.

매카울리 총회장과 호주선교사들-엥겔 맨 아래 오른쪽, 진주(Engel with the Victoria Moderator Rev RW Macaulay & Australian Mission Council members, Jinju, 1934) *Photo: 'The Key to the Far East', 1934.

120. 송별회

왕길지 송별식, 평양(Farewell for Engel, Pyengyang, 1937)

왕길지-아래 중앙, 방지일, 안광국, 김석구, 강문구 등-뒷줄, 김형모, 김성덕, 김양선 등-앞줄 (Engel with Students, 1937)

엥겔 교수에 대한 송별예배는 1937년 3월 6일 오후 7시 평양신학교 강당에서 개최되었다….

('기독신보', 1937년 3월 17일)

121. 은사 왕길지 박사를 보냄

(중략) 이제 필자는 우리 조선의 은사, 우리 교회의 은사, 우리 신학교에 은사되는 왕길지 박사를 보내는 글을 쓰려고 할 때 일어나는 감상이 복잡하다.

(중략) 그는 일찍 호주와 영국에서 대학을 마친 후 우스터칼리지에서 신학박사의 학위까지 얻은 후 한창 혈기만장하시던 때에 하나님의 부르심을 받아 우리 조선으로 건너 오셔서 37년이라는 기나긴 세월을 우리를 위해 노력하신 것이다. 이같이 애쓰시던 중 어느덧 세월은 여류하여 그의 검은 머리는 백발이 휘날리게 되었고, 원기만당하던 기력은 쇠잔하여 마침내 고향으로 돌아가시게 되었다.

값있는 일생을 우리를 위해 바치신 위대한 은인은 그만 고국으로 돌아가셨다. 지금 우리는 그 정직하고 아버지다운 박사의 음성을 다시 들을 길이 없다. 3월 6일 박사의 조선 떠남을 애석히 여기는 신학교 학우회 주최의 전별회 석상에서 박사가 최후로 인연 깊은 강단에 무기력하게 나오셔서 '나는 이같은 화합을 슬퍼하오'라고 울먹울

왕길지 전별기념 평양신학교(Farewell Gathering for Engel, Pyengyang, 1937)

엥겔과 경남 신학생들—손양원, 이현속(뒷줄 오른쪽), 한상동(앞줄 오른쪽)(Engel's Farewell with Kyungnam Students, 1937)

먹하시던 인상이 아직 필자의 머리에 완연하다. 자기의 사업터이오 자시의 일생을 바친 정 드린 강산을 뒤에 두고 떠나시는 박사의 심정인들 여북 섭섭했으랴! 박사를 보내는 우리들도 그가 우리를 위해 그 일생을 받치셨다는 것을 생각할 때 진실로 애석함을 불금하는 것이다.

그는 다방면으로 재능을 가지셨기 때문에 그만큼 많은 사람의 흠모함이 되었다. 그의 가지셨던 소질이나 성격 중 두 가지만 말한다면 다음과 같다. 1. 그는 학자이었다. 특히 어학에 특장이 있어 영불독 외 각국어를 통하셨다. 또 사학 방면에 상당한 취미를 가지시고 조선역사와 고물연구를 부절이 계속하셨다. 2. 그의 성격은 엄격한 편이었고 몹시 정직하셨다. 아마도 그와 접촉해 본 이들은 그가 보통 이상의 성격을 소유하셨다는 것을 깨달을 것이다. 그리하여 그는 학생 간에도 깊은 인상을 준 이야기가 많다. 그는 타협주의보다도 속에 생각하는 바를 그대로 꾸밈없이 발표하는 것이 특징이었다.

박사는 3월 25일 평양을 떠나 일로 호주로 향하셨다. 바라건데 연로하신 박사 부처 양위는 무사히 귀국하신 후 신우중 내년에 건강한 몸을 가지시옵고 하나님으로부터 친근한 교재를 하시는 중 그 여생이 행복되옵기를 축원하나이다.

['신학지남', 19권 3호, 1937년 5월]

122. 엥겔의 논문과 책

Engel's Writings & Publications

엥겔은 한국에 있는 동안 50여 편의 논문과 역문, 그리고 두 권의 책을 남겼다.

1. 영문

"Native Customs and How to deal with them.", The Korea Field, 10/2(Nov 1914), 355.

"A Women's Wit", The Korea Review, 5/2(Feb 1905), 54-56.

"Korean Giants", The Korean Review, 5/2(Feb 1905), 56-58.

"Mr Hong, Tiger", The Korean Review, 5/4(Apr 1905), 126-129.

"How Priest's Became Genii", The Korean Review, 5/4(Apr 1905), 130-131.

"Detectives Must be the Cleverest Thieves.", The Korea Review, 5/7(Jul 1905), 260-263.

"The Slugger's Cure", The Korean Review, 5/9(Sep 1905), 323-325.

"The Tenth Sction", The Korea Review, 5/12(Dec 1905), 441-445.

"Woodcutter, Tiger, and Rabbit", The Korea Review, 5/12(Dec 1905) 445-447.

"A Magic Formula Against Thieves", The Korea Review, 5/12(Dec 1905), 447-448.

"In Memoriam, Rev RH Sidebotham", The Korea Mission Field(KMF), 4/12(Dec 1908), 191.

"The Sluggard's Cure, A Korean Folk-Lore Tale", KMF, 10/2(Nov 1914), 355.

"Folk-Lore Tale, Women's Wit", KMF, 10/12(Dec 1914), 380.

"The Early beginnings of the Australian Presbyterian Mission", KMF, 30/7(Jul 1934), 133-136.

2. 한글

"사설", 「신학지남」 1권 1호(1918. 3), 1-2.

"십이사도의 교훈", 「신학지남」 1권 1호(1918. 3), 39-51.

"성 어거스듸노", 「신학지남」 1권 1호(1918. 3), 55-73.

"항거하시는 보혜사", 「신학지남」 1권 3호(1918. 11), 3-13.

"시편 이십삼편", 「신학지남」 1권 4호(1919. 1), 3-5.

"전도상황 외", 「신학지남」 1권 4호(1919. 1), 143-152.

"하나님의 자녀됨", 「신학지남」 2권 1호(1919. 4), 3-11.

"면전에 성서 매하", 「신학지남」 2권 2호(1919. 7), 146-154.

"구속이치"(번역), 「신학지남」 2권 2호(1919. 7), 146-154.

"로마열교황", 「신학지남」 3권 2호(1920. 7), 222-236.

"영국감독교회 조직", 「신학지남」 5권 4호(1923. 10), 81-87.

"안드레 멜월의 전기", 「신학지남」 7권 1호(1925. 1), 49-57.

"제21공과", 「신학지남」 9권 2호(1927. 4), 69-89.

"구약상으로 본 하나님의 신"(번역), 「신학지남」 10권 3호(1928. 5), 22-30.

"신약상으로 본 하나님의 신"(번역), 「신학지남」 10권 5호(1928. 9), 20-25.

"그리스도교 신경상으로 본 신"(번역), 「신학지남」 10권 6호(1928. 11), 17-21.

"예수에 대한 성신의 사업"(번역), 「신학지남」 11권 1호(1929. 1), 22-25.

"성신을 파송하심"(번역), 「신학지남」 11권 2호(1929. 3), 7-10.

"성신의 사업: 복음의 외적 소환"(번역), 「신학지남」 11권 3호 (1929. 5.), 2-8.

"성신의 사업: 죄를 자인케하심"(번역), 「신학지남」 11권 4호(1929. 7), 2-7.

"성신의 사업: 개심케 하심"(번역), 「신학지남」 11권 5호(1929. 9.), 2-8.

"성신의 사업: 개심케 하심"(번역), 「신학지남」 11권 6호(1929. 11), 1-5.

"성신의 사업: 개심케 하심"(번역), 「신학지남」 12권 1호(1930. 1), 3-6.

"성신의 사업: 우리를 그리스도와 연합케 하심"(번역), 「신학지남」 12권 2호(1930. 3), 4-6.

"성신의 사업: 거룩케 하심"(번역), 「신학지남」 12권 3호(1930. 5), 4-9.

"고 부두일 박사", 「신학지남」 12권 3호(1930. 5), 2-3.

"성신의 사업: 증거하심과 교훈하심"(번역), 「신학지남」 12권 5호 (1930. 9), 5-8.

"성신의 사업: 우리의 기도를 도우심"(번역), 「신학지남」 12권 6호 (1930. 11), 5-9.

"성신의 사업: 위로하심"(번역), 「신학지남」 13권 1호(1931. 1), 9-12.

"성신의 사업: 위로하심(속)"(번역), 「신학지남」 13권 2호(1931. 3), 12-14.

"로마교회의 변천"(번역), 「신학지남」 13권 6호-18권 4호(1931. 11-1936. 7)

3. 저술

《갱정후사기》(평양예수교서원, 1915)

《고교회변증론》(평양예수교서원, 1915)

(이상규, 『왕길지의 한국선교』, SSU Press, 2017, 128-131)

'갱정후사기'(종교개혁 후기 교회 역사)(Engel, G., 'Post Reformation Church History', Pyengyang, 1915)

123. 한국에서 37년을 일한 교수

시드니, 화요일

한국 평양의 장로회신학대학에서 교회를 위하여 37년 동안 한국인을 훈련한 엥겔 교수가 난킨호를 통하여 시드니로 귀국하였다. 그는 다음과 같이 말하였다.

"일본의 통제를 받는 한국은 표면적으로 평화롭고, 행복하고, 만족하는 나라이다. 그러나 자유를 사랑하는 한국인들은 표면 아래 소동하고 있다."

한국인들은 중국에 선교사를 보내고 있다. 수천 명의 사람이 성경 통신 과목의 회원이 되기 위하여 하루의 임금을 내고 있다. 그리고 그 나라의 모든 교회에는 전도회가 있다.

('더 이브닝 뉴스', 1937년 4월 28일, 3)

Professor's 37 Years in Korea

Sydney, Tuesday.

Professor E. Engel, who for 37 years has been training Koreans for the Church at the Presbyterian Theological Seminary, Pyenyang, Korea, returned to Sydney by the Nankin.

"On the surface Korea is a peaceful country, happy, and contended under its Japanese maters. But, underneath, based on the Korean's love of freedom, there is much unrest," he said.

Koreans were sending missionaries into China. Thousands contributed a day's wage to become members of a Bible correspondence course, and there were preaching societies in every church in the country.

('The Evening News', 1937 04 28, 3)

호주와 한국교회 Partners in Mission
*그림: 조대현

124. '나의 제자 이약신'의 호주 방문

"We Koreans have lost our nationality, but we have gained a church."

...너의 목사 흄에게 나의 안부를 전하고, 이번 주 (호주장로교 백주년 행사에) 스코틀랜드 대표와 한국 평양의 나의 제자 이약신 목사의 방문이 얼마나 이곳 멜버른과 빅토리아 사람들의 마음을 움직였는지 전해 다오. 그는 우리 교회들의 교인 앞에서 한국장로교회의 사역에 관하여 진심으로 연설하였다.

이틀 전, 그는 스코트교회에서 한국교회에 관한 이야기로 사람들을 감동하게 했고, 한국에 선교사를 보내준 우리 교회에 감사를 전하였다. 타운홀에서 열렸던 취임식에서 그는 다음과 같이 연설하였다.

"우리 한국인은 국적을 잃었습니다. 그 대신 우리는 교회를 얻었습니다."

그의 말은 의심할 여지 없이 맞는 말이었다. 그는 청중에게 깊은 인상을 남겼고, 큰 박수를 받았다….

(빌에게 보낸 엥겔의 편지 중에서, 1937)

53a ESSEX ROAD
MELBOURNE, E.10
Tel. W 8081
11.11.1937.

My dear Bill,

    I do not mind calling you that though here you are still spoken of as Max. Thanks to you and Mary for the greetings for my birthday. I ment to have and ought to have written you both long ago. But there has been a lot of work in connection with placing my collection of Korean antiques into the National Galleries and more recently trying to get some funds together in order to pay for our new furniture in this absolutely new flat, a socalled villa flat, some very nice people called Stovald from Sydney having moved into the other one a few days after us, which was on the 28th of August or thereabouts. This last week we have had the "In hunc Effectum" General Assembly in connection with our Centenary celebrations, to which your Moderator, the Rt. Rev. A.S.Grieve also has come with his good lady, whom Frank knows very well, and who were glad to meet me and to learn that our third son was an elder in the Waverley Church.
    This brings me to another matter. Mr. Peters told me yesterday th that he had written you when he learnt from me about your ordination, but addressed it c/o the minister of Waverley church, and that he was disappointed not to have received any acknowledgment from you. I suggested that possibly there was a slip somewhere, perhaps the letter had been pidgeon-holed at the Waverley church as he had not given the minister's name. Please, remember me kindly to your minister, the Rev. Mr. Hume and say how well things went this week with us, esp. with the Scottish delegates and the Rev. Yaksin Lee, my own student at Pyengyang, Korea, who has taken the hearts of our Melbourne and Victorian people in general (by storm) by his whole-hearted presentation of the work of the Presbyterian Church of Korea before the people in our churches. Two nights ago he took them by storm at Scotch Scotch Church, when he with the other delegates spoke about the Korean church and thanked them for what they had done by sending out missionaries to Korea. At our inaugural meeting in the Town Hall he had said: "We Koreans have lost our nationality, but we have gained a church", and no doubt he was just right in what he was saying. That phrase made a fine impression indeed and they clapped him tremendously. But in Scotch Church the clapping is not usual. Yet when he had finished, there was spontaneous applause. Now, why? He had given an account of the church of the Korea, had said how poor the people were and how devoted their giving was; for the church was everything to them, and then great thanks were given by him for what the Victorian church had done for Korea: he likened it to the building of a spire (as he had seen it here at St. Patrick's Cathredal on Eastern Hill) with the scaffolding all surrounding it and how the latter would not bee removed until the spire was entirely completed."You have, he said, "been helping to build the spire of the Korean Presbyterian Church and a great deal has been done; but the work is not finished; in other words do not remove the scaffolding until the spire is finished, in other words do not remove withold the missionaries until the work is done. We still need your missionaries, please, do keep sending them. You can stop sending them when the work is done, but not till then. Thank you for what you

엥겔의 편지1(Engel's letter to Bill, Melbourne, 1937)
*Photo: Engel Family Archives

2

have done, but do not stop helping,
do not remove the scaffolding! ". Scotch Church has rarely rung
with such spontaneous and loud and continued applause..
But in the forenoon, the same man was administering as an ordained minister
the communion. Others had led in prayer and had read the appropriate
passage in Scripture; but the Korean minister was encouraged by the
the Moderator, Rev. Frank Rolland, to hand out the elements on both
occasions and pronounce the words which used by the minister in
presenting the elements. It was a great thing to see one of my
own students thus honoured, and it also showed that colour presents
no barrier when we are all One in Jesus Christ our Lord, our Redeemer
and great lover. Yaksin was dressed in white for all his adresses
and for the communion. He has proved to the people here that if we
can produce such men as ministers the work of missions is certainly
worth while.
I have just put a long distance call through to Mother, who is up
with her old friend Ida Adams, now Mrs. J. Hughes, in charge of the
P.O. at Sidonia ten miles east of Kyneton. She has been away at
Ballarat since Friday Oct. 29. Last Monday she was driven by a personal
friend of Mrs. Oaff, a lady of 82, of Ballarat, to Kyneton and was
met there by Mrs. Hughes. She says that she is planning to arrive
here by the Bendigo afternoon train on Wednesday, which means 2.45
at Spencer Street.
Remember us to Mary's mother and sisters. Give Fred and Hilda also
our love when you see them. I saw Mr. House in the Gen. Assembly
across the floor, but had no chance to speak to him.
Now, Max, I have a special request to put to you; I have not succeeded
in disposing of my Korean and Chinese antiques as quickly as I hoped I
would. Indeed it is now 2½ months six soon after we got here we placed
need our stuff of great value into the Public or National Galleries,
at the same time we had to furnish our new flat, also make a bit of
a garden, buy new kitchen utensils etc; we had some help with a return
of a loan from Norman, but it did not go far enough, and I had hoped
to get my antiques sold quickly. Alas, there have been serious delays
so that the other day a firm became desperate and demand a cheque,
which, as I feared, resulted in an over-draft. I may get more money
than I need to pay off all my liabilities more or less unexpectedly
i.e. as soon as a certain gentleman will decide to buy. I do not
and cannot at this late hour go into details: the request is that
you, according to your present financial ability, make a loan to me by
telegraphic transfer to my bank a/c at the Union Bank, Melbourne C.1.
any sum you can spare from £20 to £50. for a short time only. If it
should turn out to be not required, I shall telegraph you, but do not
mention the matter to Fred as Herbert and I have always found him
very parsimonious, not hesitating to charge even interest. Keep silent
about this! If you cannot do anything at present, just wire me here
To-day was not only Armistice Day, but also the day on which 39
years ago the Engel Family arrived from India and was met by Grandpa
Bath and Uncle Stan at Prince's Pier and driven up to Clifton Hill.
Five sons and two daughters have found their place within this Common-
wealth of Australia. But it is late and I have had several late nights
this week and therefore must close..
With love to you, Mary and the boys, (I shall have more time next week

엥겔의 편지2(Engel's letter to Bill, Melbourne, 1937)
*Photo: Engel Family Archives

378

125. 엥겔 부부의 은퇴 회록

오래전에 인도의 한 젊은 선교사가 40년을 섬길 수 있도록 해달라고 기도하였다. 그러나 인도에서의 선교는 금방 끝이 났고, 실망한 선교사는 호주에 이민하였다. 오늘 한국의 호주선교회 회원들은 그의 기도가 오랜 기간 한국에서 사역하게 되는 풍성한 응답이 있었음을 하나님께 감사한다.

엥겔 박사는 '하나님의 풍성한 은혜의 선한 청지기'였다. 그는 인종적인 철저함과 신비함의 은사, 학문과 음악의 은사, 언어와 교회 행정의 은사, 끝까지 인내하는 신앙의 은사를 가졌다. 그는 이 모든 은사를 준 위대한 주인에게 그 은사를 돌려주었다. 그리고 하나님은 엥겔의 헌신을 37년 동안 한국의 교회와 선교를 위하여 사용하셨다. 우리는 감사를 드린다.

그 오랜 세월은 그의 잃어버림과 상처 없이 지나가지는 않았다. 죽음이 엥겔과 함께 개척자로 한국으로 들어온 신실한 그의 동반자를 빼앗아 갔다. 그녀는 한국의 한 언덕에 잠들어 있다. 그들의 자녀는 호주공동체 생활에 중요하고 특별한 자리를 차지하였다.

초창기 한국에서는 지금보다 질병이 항상 가까이 있어 생명을 위협하였다. 무법의 난봉꾼들도 위험하였다. 엥겔은 병에도 걸렸고, 구타당하기도 하였다. 그에게는 쉼이 없는 노동이 있었다. 그는 홀로 순회 전도를 하면서 우리의 첫 학교 교장으로 일하였고, 대영성서공회의 번역위원회에서 봉사하였다. 그의 31년 헌신은 신학교의 전임 교수로 임명되면서 절정에 이르렀다. 1920년에 그는 자신의 사역을 인정받아 오하이오 우스터에서 신학 박사학위를 받았다.

지난봄 엥겔 부인(아그네스 브라운)이 그녀의 남편과 함께 호주로 떠날 때 우리 선교회의 시니어 회원이 우리 곁을 떠난 것이다. 그녀는 이스라엘의 어머니였고, 깊이 사랑받는 여인이었다. 1895년 한국에 와, 선교의 수고와 어려움 그리고 다른 선교부의 개척자 동료들과 친교하는 기쁨을 잘 알고 있었고, 다양한 헌신으로 큰 축복을 받았다. 그녀는 순회전도자가 따를 수 있도록 길을 닦았다. 초기에 그녀는 다른 이들과 함께 성경학원에서 가르쳤고, 선함과 진실함의 기초를 놓았다.

그녀의 준비된 재치는 최소한의 은사가 아니었다. 동료애에 열정을 가지고 그들의 어려움을 도왔다. 한국인, 일본인 그리고 호주인을 향한 그녀의 신실한 우정은 많은 이에게 그녀의 집을 진짜 가족과 같이 만들었다. 그녀가 떠나는 것에 슬퍼하는 사람 중에 성경반의 일본 여성들도 있다.

42년의 헌신 후에, 다시 떠나기는 쉽지 않은 일이다. 그러나 모국 호주에서 엥겔과 더불어 목사 아들과 간호사 딸과의 특별한 재회의 기쁨이 있을 것이다.

우리 선교동역자들의 축복과 기도가 엥겔 부부의 모국 땅에서의 생활에 함께하기를 바란다.

['호주장로교선교사공의회 회록', Vol 24, 1937, 152-153]

아그네스 엥겔(Agnes Engel)
*Photo: The PCV Archivess

겔슨 엥겔(Gelson Engel)
*Photo: The PCV Archivess

126. 귀국 환영식

총회장 포스터 목사는 지난밤 장로교 해외 선교 모임에서 한국과 남태평양에서 선교사들이 성취한 훌륭한 업적에 찬사를 표하였다.

총회장은 특별히 앤더슨 목사와 한국 선교 마지막 휴가로 돌아온 엥겔 목사 부부, 그리고 8월에 돌아온 데이비스와 호킹, 휴가 중인 딕슨을 열렬히 환영하였다.

또한, 카이로의 나환자선교대회를 참석하고 남편보다 먼저 온 노블 맥켄지 부인의 사역에도 존경을 표하였다. 뉴 헤브리데스의 간호사로 떠나는 딕슨도 축복하였다.

환영식 말미에 총회장은 참석자들에게 선교 활동에 후원할 것을 호소하였다. 그는 말하였다.

"우리는 가난한 교회가 아닙니다. 우리는 그 나라에 두 배의 선교사를 보낼 수 있어야 합니다. 그곳의 선교는 매우 중요합니다."

('더 에이지', 1938년 5월 11일, 6)

Missionary Achievements.

The splendid work accomplished by missionaries in Korea and in the South Seas was the subject of tribute last night at the Presbyterian foreign mission demonstration by the Moderator, Rt. Rev. K. Forster.

The Moderator paid special attention to the work of Rev. G. Anderson and the Rev. Dr. G. and Mrs. Engel, home on their last furlough from Korea. Misses M. Davies and D. Hocking, who are returning to Korea in August, and Miss Dickson, now on furlough, were enthusiastically greeted.

Tribute was also paid to the work of Mrs. J. Noble Mackenzie, who had preceded her husband to Victoria from a leper missionary congress in Cairo. Best wishes were extended to Miss M. Gordon, who is beginning missionary work and who will leave for Vila, New Hebrides to serve as a nurse.

At the close of the demonstration the Moderator appealed to the congregation for contributions to the work of the missions. "We are not a poor church," he said, "and we ought to be able to contribute enough to support twice the staff in that land, where missionary work is of the utmost importance."

엥겔 부부 귀국환영식('The Age', 1938 05 11, 6)

127. 엥겔 교수 목사의 별세

한국 유니언신학교 성경 원어 교수직에서 최근 은퇴하고 멜버른에 정착한 엥겔 교수의 죽음으로 장로교회는 큰 상실감으로 힘들어하고 있다. 고 엥겔 박사는 뷔템베르크에서 출생하였고, 교사로 훈련을 받았다.

그 후 그는 독일의 우수한 기관에서 선교사 훈련을 받았다. 몇 년간 그는 인도에서 일하였으며, 푸나의 테일러고등학교 교장이 되었다.

1899년 엥겔은 빅토리아로 돌아와 마지막 세대의 유명한 멜버른 감리교 목사인 헨리 바스의 딸과 결혼하였다. 1900년 그는 빅토리아여선교연합회 한국 선교의 감독자가 되어 일본과 한국으로 갔으며, 1906년에는 목회를 하기 원하는 학생 교육을 위하여 유니언신학교 교수가 되었다. 첫 아내 사망 후에 그는 빅토리아여선교연합회 여선교사와 재혼하였다.

1937년 엥겔 박사는 휴가차 멜버른으로 돌아왔고, 자신의 고향 교회의 선교 기관을 위하여 몇 년 더 봉사하기를 희망하며 몇 개월 전에 은퇴하였다.

그의 유족으로 아내와 4명의 아들과 2명의 딸이 있다. 그의 아들 중 한 명인 프랭크 엥겔은 학생기독운동 순회 총무이며, 또 다른 아들은 스카치칼리지 교사이며, 또 한 명은 번스데일의 변호사이다.

추모예배는 오늘 오후 2시 캠버웰장로교회에서 열리며, 이 예배를 위하여 해외선교위원회는 휴회를 하였다. 장례식은 예배 후에 스프링베일 화장장에서 열릴 것이다.

['더 에이지', 1939년 5월 26일, 12]

Rev. Professor G. Engel

The Presbyterian Church has suffered a severe loss by the death of the Rev. Professor G. Engel, D.D., who just recently retired from the position of Professor of Biblical Languages at the Union Seminary in Korea, and settled in Melbourne. The late Dr. Engel was born at Wurtenburg, and trained as a teacher, and later as a missionary at some of the leading institutions of Germany. For some years he worked in India, becoming principal of the Taylor High School at Poona. In 1899 he returned to Victoria, and married the daughter of the late Rev. Henry Bath, a well-known Melbourne Methodist minister of the last generation. Going to Japan and Korea in 1900, he became the P.W.M.U. mission superintendent in South Korea, and in 1906 professor at the Union Seminary for training students for the ministry in Korea. After the death of his first wife he married a member of the P.W.M.U. mission staff. In 1937 Dr. Engel returned to Melbourne on furlough, and a few months ago retired from his professorship in the hope of some years of service to the mission councils of his home church. He is survived by his widow and four sons and two daughters. One of his sons, Rev. Frank Engel, is travelling secretary of the Student Christian Movement, one is on the staff of Scotch College, and one is a solicitor at Bairnsdale. A memorial service will be held to-day at 2 o'clock in the Camberwell Presbyterian Church, and for this service the foreign mission committee has adjourned its meetings. After the church service the funeral will proceed to the Spring Vale Crematorium.

엥겔의 별세 소식('The Age', 1939 05 26, 12)

128. 고 엥겔 박사 추모식

오랫동안 교회의 사역에 자신을 신실하게 헌신한 엥겔 박사는 지난 5월 24일 갑작스럽게 별세하였다. 엥겔 박사는 한국 평양의 장로회신학교 교수였고, 작년에 은퇴하였다. 최근 그의 건강한 모습을 본 사람들에게 그의 죽음의 소식은 큰 충격이다.

장례식은 5월 26일 금요일 거행되었다. 캠버웰의 트리니티교회와 스프링베일 화장장에서 예배가 있었다. 예배 인도자는 매카울리 목사, 매튜 목사, 노블 맥켄지 목사, 앤더슨 목사, 오웬 목사, 그리고 총회장 피디안 목사였다.

캠버웰교회에서는 조지 앤더슨이 설교하였는바, 다음이 그 내용이다.

"우리의 친구이자 형제였던 그를 기억하며 마지막 존경의 말을 요청받아 영광이다. 문학 석사와 신학박사인 겔슨 엥겔 목사는 1868년 10월 10일 독일 뷔템베르크에서 출생하였다.

그는 6살부터 학교에서 멀링건 고전 공부를 시작하였다. 그에게는 언어공부가 평생 즐거움이었다. 언어를 암기하는 그의 지식은 매우 탁월하였다. 특히 일반 헬라어와 신약의 헬라어에 정확하고 섬세한 지식을 가졌다. 라틴어, 영어, 프랑스어, 히브리어, 한국어에 능통하였으며, 중국어도 놀라웠다. 말년에는 얼마간의 일본어도 인식하였다. 그는 공부를 처음부터 체계적으로 접근하였고, 다양한 주제를 다루었는데 일반 상식, 음악, 신체 문화, 언어, 그리고 항상 신성한 성경에 관심을 가졌다.

겔슨 엥겔 박사(Dr Gelson Engel)
*Photo: Engel Family Archives

일찍부터 그는 자신이 교사로 불림을 받았다고 여긴 듯하다. 1892년 Whitsuntide 직후에, 바젤선교회의 해외선교사로 안수를 받았다. 그리고 스코틀랜드와 영국에서 단기 특별교사 훈련을 받은 후, 그는 인도로 가 6년을 일하였다.

그 후 그는 스타웰의 하버드칼리지에서 교장직을 잠시 하였지만, 더 확실한 기독교 교육 사역을 다시 찾았다. 그는 호주장로교회의 목회자로 받아들여졌고, 한국의 빅토리아여선교연합회 선교 감독자로 임명을 받았다. 1900년 부산에 도착하면서부터 1938년 은퇴할 때까지 그의 위대한 일생의 사역이 진행되었다.

그는 한국에 큰 변화가 일어나고 있음을 보았다. 러시아 영향의 종말, 일본이 강국으로 등장하며 조선 병합을 통한 영향력 증대, 국가 인정과 독립을 위한 조선의 헛된 선포, 철도와 산업의 발전, 새 한국의 등장이다. 그는 또한 새 교회의 탄생도 중요하게 보고 있었다.

'도착한 즉시' 언어공부를 하는 것이 그의 특성이었다. 그는 글을 읽기 위하여 한자 공부도 곧 시작하였다. 첫 한국어 설교는 1901년 초에 있었다. 그리고 한 달 후에 그는 첫 성찬 예배를 집례하였다. 그의 사역을 요약해보자.

(a) "나는 유럽인의 동행 없이 매우 새로운 지역인 내지를 여러 번 방문하였다." 우리는 이 말이 무슨 뜻인지 안다. 오랫동안 집을 떠나, 입에 맞지 않는 음식과 질병의 위협과 제멋대로인 군졸들과의 대면과 종종 슬픈 실망감과 그리고 신앙 안에 성장하는 교인의 모습을 보는 기쁨 등이다.

(b) 번역가. 그는 오랫동안 번역위원회 위원으로 생명의 말씀을 한국어로 번역하는 공헌을 하였다. 그는 또한 한국교회가 사용하는 찬송가 편집에도 참여하였다.

(c) "교회의 법정에 양심적으로 참여하였다."

(d) 천생 교사. 남학교, 여학교, 교회의 각종 반, 그리고 성경학원에서 젊은이들을 세심하고 전력으로 가르쳤다. 1906년 4월 2일, 그는 평양의 신학교와 관련을 맺기 시작하였고, 후에 그는 전임 교수가 되었다. 그는 교회 역사를 가르쳤고, 후에는 큰 열정으로 성경 원어를 학생들에게 가르치는 일에 전념하였다.

평가.

"나는 나의 사명을 다하였고, 신앙을 지켰다."

그를 아는 우리는 그가 얼마나 선한 싸움을 잘하였는지 안다.

그의 세심한 면을 우리는 잘 안다. 그의 두 가지 경력이 대표적이다. '1889년 8월 29일 바젤선교사신학교에 입학하다.' '1901년 1월 25일 한문 수업을 시작하다.' 한국 선교사공의회에서의 토론에서 그는 모든 사실을 다 가지고 있는 듯하였다. 그의 한국인 학생들은 때로 짜증이 날 만큼 그가 얼마나 일을 정확히 하도록 주장하였는지 아는 이유가 있다.

그는 아이디어의 사람이었다. 그의 한국어 이름 '왕길지'를 이렇게 번역할 수 있다. '최선을 향한 그의 얼굴로 인하여 그는 지도자로 부름을 받았다.' 그는 하나님과 하나님이 보낸 예수 그리스도를 믿었다. 그는 항상 그 진리를 선포하였다.

호주왕실군대에서 일하는 그의 가까운 친척이 어느 날 그에게 선교사역에서 떠나라고 제안하였다. 그는 다음과 같이 대답하였다.

"전쟁 기간 당신은 입대하지 않았습니까? 그런데 선교 전쟁에서는 퇴역이 없습니다."

그의 사역에서 그는 어려움을 견디어 냈다. 그의 격렬한 개척적인 노동이 언급되었다. 초기에 있었던 이 일에 관하여 들은 사람은 별로 없다: 그는 일본인 깡패들에 의하여 고난을 받았다. 아마 그를 러시아인으로 잘못 이해하였던 것 같다. 거의 죽음에 이를 정도로 심하게 맞았다. 그러나 그는 일을 멈추지 않았다.

그는 최후의 승리를 믿었다. 선한 일을 시작하신 이가 완전케 하신다는 것이다. 그는 루터의 위대한 찬송을 사랑하였고, 그것을 생생하게 한국어로 번역하였다. 우리가 칼리의 표현을 읽으면, 모든 믿는 자들을 전율케 하는 신앙의 어떤 것을 느끼게 한다.

1. 내주는 강한 성이요 방패와 병기되시니
   큰 환난에서 우리를 구하여 내시리로다
   옛 원수 마귀는 이때도 힘을 써 모략과 권세로
   무기를 삼으니 천하에 누가 당하랴

2. 내 힘만 의지할 때는 패할 수밖에 없도다
   힘있는 장수 나와서 날 대신하여 싸우네
   이 장수 누군가 주 예수 그리스도 만군의 주로다
   당할자 누구랴 반드시 이기리로다

3. 이 땅에 마귀 들끓어 우리를 삼키려 하나
   겁내지 말고 섰거라 진리로 이기리로다
   친척과 재물과 명예와 생명을 다 빼앗긴대도
   진리는 살아서 그 나라 영원하리라

우리는 그의 모든 가족원에게 기독교적인 위로를 전한다. 특히 한국에서 그 누구보다도 사랑받고 존경받은 선임 선교사인 그의 부인을 빼놓을 수 없다. 32년 동안 그녀는 그의 동반자였다. 하나님과 그의 은혜의 말씀이 그녀와 함께하기를 바라며, 그녀도 기쁨으로 소명을 완성하기를 기도한다.

아멘.

['더 메신저', 1939년 6월 2일, 772]

Summary of Dr. Engel's Work

...

Let us attempt a summary (of Dr. Engel's Work).

(a) "I made many trips into the inland in quite new parts without European companions." We know something of the meaning of that. Long absences from home, improper food, risk of disease, encounters with unruly soldiers, often sad disappointments, mingled with the joy of seeing people growing in the faith.

(b) Translator. For many years as a member of the Board of Translators he made his contribution to the translation of the Word of Life into Korean. He shared also in the compiling of the hymnal used by the Korean Church.

(c) "Conscientious attendance upon the courts of the Church."

(d) As ever—Teacher. In boys' school, in girls' school, in classes throughout the Churches, in the work of the Bible Institute leading young men in the detailed study of the Bible he took a full share. On 2nd April, 1906, began his connection with the Theological Seminary at Pyeng Yang, of which later he became a full-time professor. He taught Church History for a time, and then devoted himself with great zeal to the instruction of students in Biblical languages.

...

('The Messenger', June 2, 1939, 772)

129. 찰스 맥라렌의 추모사

...

엥겔 박사는 스위스 바젤에서 문학과 신학 공부를 하였다. 음악 또한 그의 인생에서 주요 관심사였다. 청년으로서 그는 깊은 영적 경험을 하였고, 후에 그 경험의 열매를 그는 한국의 젊은 동료들에게 전하였다. 공부를 위하여 엥겔은 바젤에서 에든버러로 갔다. 스코틀랜드의 삶과 방식이 그에게 영향을 주었고, 거의 입양한 아들처럼 스코틀랜드 제도를 취하였다.

엥겔 박사의 오랜 야망은 선교사로 섬기는 것이었다. 그는 1882년경 인도에서 선교사 생활을 시작하였다. 테일러스쿨에서 몇 년을 일하였다…. 1900년 호주에 이민 온 엥겔에게 새로운 선교사의 길이 한국에 열렸다. 그는 아내와 세 명의 어린 자녀와 함께 한국에 도착하였다. 그 땅에서 그는 호주장로교선교회 세 번째 남성 선교사였다.

개척선교사 헨리 데이비스가 이미 생명을 드렸고, 제임스 매케이의 임기는 짧게 끝이 났다. 최근 선출된 호주 수상의 고모 벨레 멘지스, 엘리자베스 무어, 그리고 아그네스 브라운이 교회의 여선교연합회 선교사들이었다. 이 여선교연합회가 엥겔을 한국 선교 감독으로 지원하였고, 후에는 총회의 해외선교위원회가 엥겔을 지원하였다….

엥겔의 한국 선교 활동 내용을 일일이 다 기록하기는 어렵다. 그러나 1937년 그가 은퇴할 때 남겨진 기록을 보면 그의 관심과 업적을 어느 정도 알 수 있다. 그는 부름의 순간이 올 때까지 멜버른에서 조용하고 행복한 삶을 살았다.

엥겔 박사는 태생적으로 학자였다. 그는 배우는 것을 좋아했고, 가르치는데 천부적이었다. 그의 마음은 풍성하게 채워져 있었지만, 단순하고 어린아이와 같았다. 주님은 "천국이 이런 자의 것이라"고 말씀하신다. 그의 인내의 품성도 확실하였다. 끝까지 인내하는 사람이었다. 기독교인으로서의 그의 충성을 바꾸는 것은 불가능하게 느껴졌다.

그는 자신의 충분한 보상을 나누었다. 이런 어렵고 불확실한 시대에 우리에게 그가 남긴 메시지는 사도 바울의 말씀이다. "그러므로 내 사랑하는 형제들아 견고하며 흔들리지 말며 항상 주의 일에 더욱 힘쓰는 자들이 되라 이는 너희 수고가 주 안에서 헛되지 않은 줄을 앎이니라."(고전 15:58)

        …

세월은 우리가 많은 것을 잃게 한다. 죽음은 오래전 엥겔과 함께 온 신실한 동반자를 데리고 갔다. 지금보다 그때는 한국에 병의 위험과 위협이 더 가까이 있었다. 엥겔 박사는 병으로 고통당하였고, 구타당하기까지 하였다. 그는 많은 수고를 하였다. 혼자 순회 전도를 다녔고, 우리의 첫 학교 교장 일을 보았고, 영국성서공회의 번역위원회에서 봉사도 하였다. 31년의 선교 활동 중 신학교에서의 전임 교수 생활은 그의 선교 활동 정점이었다. 1900년 그는 오랜 기간의 공로를 인정받아 오하이오의 우스터대학에서 명예 신학 박사학위를 받았다.

('코리아 미션 필드', 1939 07, 149-150)

"Dr Engel was by nature a scholar. Learning was his bent and teaching an instinct. His mind was richly furnished yet there remained with him an abiding quality of simplicity, yes childlikeness; and the Master said, 'Of such is the Kingdom of heaven'.

There was conspicuous quality too, of perseverance. He was of those who endure to the end. One felt of Dr Engel that for him to change his Christian loyalty would be a thing impossible."

Dr Charles McLaren
('Korea Mission Field', July 1939, 149-150)

130. 호주장로교 총회 추모 회록

겔슨 엥겔 목사, M.A., D.D.

고 엥겔 박사는 1868년 10월 10일 뷔템베르크에서 태어났다. 그는 초기 교육을 멀링건에서 받았고, 고전학칼리지에서 고전어에 더하여 히브리어, 음악, 신체 문화와 일반 상식에 대하여 배웠다. 21살(1889)의 나이에 그는 해외선교사가 되기 위하여 바젤선교신학교에 입학하였다. 그는 교수 방법을 더 공부하려고 영국과 스코틀랜드에서도 연수하였다.

1892년 그는 바젤선교회의 해외선교사로 안수를 받았다. 그 후 그는 인도에서 6년간 선교사 활동을 하였다. 1898년 호주로 온 그는 스타웰의 하버드칼리지 교장직을 맡았다. 그는 빅토리아장로교회의 목사로 받아들여졌고, 빅토리아여선교연합회 한국 선교 감독자로 임명되었다. 그는 1900년 10월 부산에 도착하여 새 사역에 자신을 온전히 헌신하였다. 그는 1938년까지 한국에서 일하였고, 빅토리아로 돌아오므로 현직 사역에서 은퇴하였다. 1939년 5월 24일 그가 버우드에서 별세하였을 때, 그의 죽음은 그의 친구들에게 큰 충격이었다. 이들은 다음과 같은 말씀을 생각하였다.

"오늘 이스라엘의 지도자요 큰 인물이 죽은 것을 알지 못하느냐?"(삼하 3:38)

한국에서의 엥겔 박사 선교는 우리 빅토리아교회에 매우 중요하였다. 그의 사역은 열정적이었고 다양한 활동과 경험을 하였다.

"(그는) 여러 번 여행하면서 강의 위험과 강도의 위험과... 바다의 위험과..."(고후 11:26)를 경험하였고,

"오직 모든 일에 하나님의 일꾼으로 자천하여..."(고후 6:4) 하였다.

전도자로서의 그의 험하고 외로운 개척적인 사역은 위대하였고, 교회를 설립하였으며, 많은 시간 교리문답을 가르쳤다. 그는 성경을 한국어로 번역하는 데 참여하였고, 대영성서공회로부터 특별한 감사를 받았다. 또한, 그는 한국장로교회의 찬송가 편찬에도 참여하였다. 이것은 언어를 사랑하는 그에게 가장 자신 있는 일이었다. 독일어가 모국어이면서 그는 다른 언어에도 자연스러웠는데 히브리어, 라틴어, 그릭어, 영어, 프랑스어, 한국어, 중국어 그리고 일본어도 어느 정도 하였다.

그는 또한 총회와 노회 일에도 성실하게 참여하였는바, 미국의 아담스와 함께 한국교회의 법과 규정을 제정하였다. 이것은 아직 유아기에 있던 한국교회에 크게 중요한 일이었다. 한국에서 심오한 정치적 변화가 있을 때 그의 지혜로운 자문은 가장 가치가 있었다.

교육가로서의 그의 사역은 특별한 언급이 필요하다. 전도와 가르침은 정말 그의 평생의 사명이었다. 그는 남학교와 여학교에서 가르쳤고, 다양한 교회에서 여러 반을 운영하였다. 그는 1919년까지 성경학원에서도 강의하였다. 그러나 교사로서의 그의 주된 사역은 평양의 신학교에서 있었다. 1906년 4월부터 그는 이 학교와 관계를 맺었고, 초창기에는 매년 3개월씩 그곳에 가서 강의하였으나 1919년에 완전히 그곳으로 이사하였다. 그는 그곳 신학교에서 교회 역사와 성경 원어 교수가 되었다.

엥겔 박사는 중요한 사역을 위하여 특별한 은사가 있고 훈련된 사람이었음을 이제 우리는 안다. 이 모든 것 위에 그는 정력적이고,

At Melbourne, and within the Assembly Hall, 156 Collins Street,
On Tuesday, 14th November, 1939.
Which day the Commission of Assembly met and was constituted.
Inter alia the following Memorial Minute was approved:-

REV. GELSON ENGEL, M.A., D.D.

The late Dr. G. Engel was born at Wurtemberg on October, 10th,
1868. He received his early education at Murlingen, in the College
of Classical Studies, where, in addition to the Classical Languages,
he received instruction in Hebrew, Music, Physical Culture and General
Knowledge. At the age of 21 (1889) he entered the Basel Missionary
Seminary, in order to prepare himself for the work of Foreign Missions.
He took a course of study in England and Scotland with a view to
securing a better acquaintance with teaching methods. In 1892 he
was ordained a Foreign Missionary of the Basel Mission, and thereafter
spent six years in Missionary work in India. Coming to Australia in
1898, he took a position as Principal of Harvard College, Stawell. He
was then received into the ministry of the Presbyterian Church of
Victoria, and was appointed to superintend the work of the Presbyterian
Women's Missionary Union in South Korea. He reached Fusan in October,
1900 and threw himself most heartily into this new work. He laboured
in Korea till 1938, when he retired from active service on his return
to Victoria. When he passed away at Burwood on May 24th, 1939, his
death came as a profound shock to all his friends who felt that "a prince
and a great man had fallen in Israel".

Dr. Engel's work in Korea was of the greatest importance to our
Church in Victoria. It involved him in the most strenuous and varied
activities and experiences. He was "in journeyings often, in perils
of rivers, in perils of robbers, in perils in the sea", but in all these
circumstances he "commended himself as a minister of God". His
arduous and lonely pioneering labours as an evangelist were great,
involving as they did the organising of churches, and a vast amount of
catechetical instruction. He took part in the translation of the Bible
into the Korean language, and received special thanks from the British
and Foreign Bible Society. He also had a share in the compilation of
the hymn book used in the Presbyterian Church of Korea. This was a
work most congenial to a man who loved languages, whose native tongue
was German, but who was quite at home in such varied languages as
Hebrew, Latin, Greek, English, French, Korean, Chinese, and (to a less
extent) Japanese. Further, he gave diligent attention to Assembly
and to Presbytery work. Along with Mr. Adams of America, he drew up
the Rules and By-laws for the Korean Church. This was a work of
great importance to a church that was only in its infancy. His wise
counsel was also most valuable at a time when profound political
changes were taking place in Korea. His work as a teacher needs
special mention, for evangelism and teaching were his real life-work.
He taught in boys' schools and in girls' schools. He had classes in
various churches. Till 1919 he taught at the Bible Institute. But
his chief work as teacher was in the Theological Seminary at Pyeng Yang.
His connection with that institution began in April, 1906 and at first
he used to go there for three months in each year, but in 1919 he was
transferred there altogether. He became Professor of Church History
and of Biblical Languages in the Seminary.

We see, then, in Dr Engel a man specially gifted and trained for
the important work which he did. In addition to all these
qualifications he was a man vigorous, alert, active, independent. In
his presentation of the Gospel he was profoundly evangelical. He is
described as "a genial host, a staunch friend, a lover of beauty in
art and music, and a lover of flowers, especially roses".

He leaves a widow (who, as Miss Brown, was a senior missionary
in Korea) and to her and to all the family the Assembly tenders its very
deep sympathy.

Extracted from the Minutes by
R. Wilson Macaulay
Clerk.

총회의 엥겔 추모사('The Assembly Memorial Minute' for Engel, 1939)
*Photo: Engel Family Archives

깨어있고, 활동적이고, 독립적인 남성이었다. 그는 복음을 전할 때 철저하게 복음주의적인 사람이었다. 사람들은 그를 다음과 같이 말한다.

"친절한 접대자, 믿음직한 친구, 예술과 음악 애호가, 그리고 꽃, 특히 장미를 사랑하는 사람이다."

그에게는 미망인(한국의 선임선교사 브라운)이 있고, 본 총회는 그녀와 모든 가족에 깊은 위로의 말씀을 전한다.

('호주장로교회 총회 추모 회록', 총회 회관, 1939년 11월 14일, 화요일)

A Great Man had Fallen

...

When he passed away at Burwood on May, 1939, his death came as a profound shock to all his friends, who felt that 'a prince and a great man had fallen in Israel.'

Dr. Engel's work in Korea was of the greatest importance to our Church in Victoria. It involved him in the most strenuous and varied activities and experiences. He was 'in journeyings often, in perils of rivers, in perils of robbers, in perils in the sea,' but in all these circumstances he 'commended himself as a minister of God.'

...

('PCA Assembly Memorial Minute', The Assembly Hall, Tuesday 14th Nov 1939)

131. 겔슨과 아그네스 엥겔의 묘비

엥겔의 묘비(Gelson Engel, Melbourne, 1939)
*Photo: Busanjin Church

아그네스 엥겔 묘비(Agnes Engel, Melbourne, 1954)
*Photo: Busanjin Church

2부

호주선교사
겔슨 엥겔

The Australian Missionary
Gelson Engel

2부
호주선교사 겔슨 엥겔

    겔슨 엥겔(Gelson Engel, 한국명: 왕길지 혹은 왕길)은 1900년 10월 29일 가족과 함께 한국에 입국하였다. 엥겔은 남성이고 목사이지만 미혼 평신도 여선교사들을 파송하는 빅토리아여선교연합회의 주관으로 한국에 오게 되었고, 빅토리아장로교 총회도 이를 승인하였다. 엥겔은 그로부터 38년간 부산과 평양에서 일하면서 한국교회에 큰 지도력을 발휘하게 된다.

    엥겔은 1868년 독일 뷔템베르크에서 4남매 중 장남으로 태어났다. 교육자였던 아버지를 따라 그는 교육대학에서 공부하였고, 졸업 후 교사로 일을 시작하였다. 동시에 그는 가정에서 그리고 교육의 과정에서 경건주의의 영향을 받았고, 그의 일생에서 청교도적이고 경건주의적인 경향이 크게 나타났다. 동시에 그는 그러한 종교적인 환경에서 중시되는 선교운동에도 큰 관심을 갖게 되었다. 자신이 살던 지역에서 열리는 선교대회에 매년 참석하면서 그는 선교적 과제와 그 의미를 깨닫고 선교사의 길을 모색하게 된다.

    마침내 엥겔은 1889년 8월 바젤선교회에 선교사 지원을 하였다. 그는 곧 체계적인 선교교육과 훈련을 받았고, 3년 후인 1892년 말 인도 푸나로 파송을 받았다. 당시 그의 나이 24세 독신이었다. 인도에서의 6년간 활동은 순탄치 않았지만, 그곳에서 호주인 클라라 바스를 만나 결혼을 하여 두 아들을 얻게 된다. 건강이 좋지 않았던 엥겔 부부는 1898년 말 호주에 이민 가게 되었다.

독일에서 인도로, 그리고 호주로

호주 빅토리아주에 도착한 엥겔 가족은 발라렛 인근 마을인 스타웰에 정착하게 된다. 이곳의 초중등학교인 하버드 칼리지의 교장으로 초빙을 받았기 때문이었다. 당시 발라렛과 그 일대는 금광의 발견으로 많은 사람이 몰려들고 있었다. 그중에 독일인 이주자들도 있었고, 엥겔은 이들의 교회를 맡아 봉사하기도 하였다.

엥겔은 곧 자신의 교단을 빅토리아장로교회로 이적하여 정회원이 된다. 그곳에는 그를 기다리는 새로운 과제가 있었다. 마침 빅토리아여선교연합회가 한국으로 갈 선교사를 찾고 있었던 것이다. 그리고 엥겔은 그 특별한 역할에 준비된 자였다.

당시 빅토리아여선교연합회는 한국에 이미 벨레 멘지스를 비롯하여 세 명의 여선교사를 파송하였다. 그러나 얼마 안 있어 여러 가지 이유로 멘지스만 남게 되었고, 여선교연합회는 베시 무어와 아그네스 브라운(후에 엥겔의 아내가 됨)도 곧 파송하였다. 그때 남성 선교사를 파송하던 청년친교연합회는 제임스 매케이의 뒤를 이어 앤드류 아담슨 목사를 한국에 파송하였는데, 바로 여기에서 문제가 시작되었다. 여선교사들과 아담슨 간에 심각한 대립과 불화가 생기게 된 것이다.

"종교적 권위, 재정 집행권, 의사 결정 이 모든 것이 아담슨의 손안에 있었다. 남녀선교사들 사이에는 분명히 성차별에 근거한 불평등한 관계가 존재하고 있었다. 아담슨은 자신의 권위에 도전하는 것에 대해 무척 민감하게 반응하였다."[1]

아담슨과 여선교사들 간의 신뢰가 무너져 관계가 악화되었고, 이것으로 빅토리아장로교회는 진상조사까지 해야 하였다. 빅토리아 여선교연합회로서는 여선교사들과 좋은 관계를 맺으며 목사로서 그들을 감독할 수 있는 유능한 선교사가 필요하였던 것이다. 이런 상황에서 여선교연합회는 엥겔 목사를 면접하였고, 그를 그 역할에 맞는 선교사로 한국에 파송하기로 결정하였다.

마침내 1900년 9월 17일 빅토리아총회 회관에서 총회장이 참석한 가운데 엥겔을 한국으로 파송하는 환송회가 열렸다. 여선교연합회는 한국에 있는 여선교사들과 엥겔에게 편지를 보내 선교사역 전반에 대한 지침을 알렸다. 이 내용은 총 7개 항으로 구성되어 있는 바, 앞의 조항만 살펴보더라도 엥겔에 대한 교회의 기대가 어떠하였는지 알 수 있다.

"한국에서 연합회 선교 활동을 총괄하고 이끌 감독자로 겔슨 엥겔 목사가 임명되었다…. 마을 사역, 순회 전도, 학교 교육 등 선교 활동의 모든 분야 전체 감독을 엥겔 씨가 맡을 것이다…. 감독자와의 우선 상의와 최종 승인 없이 활동이 진행되어서는 안 된다."[2]

한국에 도착한 엥겔 가족

1900년 9월 19일 멜버른에서 출발한 엥겔 가족은 40일 뒤인 10월 29일 부산에 도착하였다. 그리고 그는 즉시 한국어 공부를 시작하였다. 독일어와 영어 등 언어에 재능이 있던 엥겔은 한국어 습득에도 남달랐다. 엥겔은 멜버른을 떠날 때부터 일기를 쓰기 시작하

---

1)   정병준, 83.
2)   '여선교사들에게 주는 지침서', 1900, 1.

였는데 한국에 도착한 지 한 달이 채 안 된 주일, 부산교회(후에 부산진교회) 저녁 예배 시 한국어로 축도하였다고 적고 있다.

"예배를 마칠 때 나는 한국어로 축도를 하였는데, 이것이 공중 앞에서의 첫 축도였다. 사람들은 즐거워하였고, 놀라는 눈치였다. 나의 한국어 교사 김 서방이 특히 좋아하였다."[3]

무엇보다도 엥겔에게 시급하였던 과제는 아담슨과 여선교사들 사이의 갈등을 해소하고, 상호 협의를 통한 선교부 재정비였다. 엥겔은 먼저 한 번도 만난 적 없는 초량의 아담슨과 만나 친교하며 예배를 드렸다. 그리고 호주에서 위임받은 지침서를 나누며 서로의 일과 구역을 논의하였다. 두 사람 사이에는 이견이 있었고 긴장도 있었지만, 상호협력을 해야 한다는 데는 서로 동의하였다.

"오늘은 아담슨 씨와 기도와 협의를 위하여 만나기로 약속한 날이다. 나의 아내가 나와 동행하였다. 찬송과 기도 그리고 성경을 읽은 후, 아담슨 씨가 제기하는 문제를 주제로 토론하였다. 그는 우리의 세세한 모든 일을 상의하여 함께 결정하는 것으로 생각하는 듯하였다. 이것은 해외선교위원회 실무자가 그와 소통한 사역 업무의 한 문단 '교회의 모든 업무는 공동 행동을 요한다'에 대한 번역의 오해인 것 같다…. 축도로 모임을 마친 후, 우리는 오후 다과회를 했고, 짧지만 자유롭고 우호적인 대화를 나누었다."[4]

엥겔은 또한 여선교사들과 아담슨 간의 지역 관할 문제도 중재하였다. 그중 하나가 울산지역 담당 문제였다. 무어와 브라운 등은 동래를 거쳐 울산까지 왕래하며 순회전도 하였는데, 그 결과로 울산 지방의 첫 교회로 알려진 병영교회가 1895년 설립되었다. 당시는 엥겔이 파송되기 전이라 아담슨도 울산을 방문하며 특히 학습이나

---

3) '엥겔의 일기', 1900년 11일 25일, 일요일.
4) 앞의 책, 1900년 12월 4일, 화요일.

세례 교육을 하였으므로, 울산지역도 자신의 관할로 그는 인식하고 있었던 것이다.

결론적으로 여선교연합회의 여선교사들이 기장, 울주, 울산 등 경남 동부지역을 담당하게 되었고, 아담슨은 마산과 서부 경남지역을 맡게 된다. 그리고 얼마 후 아담슨이 마산으로 이주함에 따라 그동안의 관할 문제는 점차로 해소되었다.

부산진교회 당회장

엥겔에게 무엇보다 중요한 사역은 물론 부산의 여선교사들이 자신들의 숙소에서 시작한 예배공동체를 책임 맡아 목회하는 일이었다. 엥겔이 부임하기 전에는 멘지스를 비롯한 여선교사들이 목사 없이 예배를 인도하고 있었다. 그는 부산에 도착하여 자신이 처음으로 참석한 11월 첫 주의 주일예배도 기록으로 남기고 있다.

"한국에서의 첫 주일예배. 아침 예배에는 63명(남성 15명, 여성 48명)이 모였고, 몇 명은 새로 온 '목사'(선교사)를 만나기 위해 초읍으로부터 왔다. 교인들에 대한 인상은 조용조용하였고, 집중하며 참석하였고, 찬송을 잘 부른다는 것이다. 그러나 식당으로 쓰기에는 너무 비좁았다. 하비는 그 방을 '교회와 식당'으로 불렀는데, 다른 이름으로는 명명할 수 없을 정도였다."[5]

목사선교사가 교회에 부임함으로 교인들은 비로소 학습과 세례 문답을 거쳐 세례를 받고, 정기적으로 성찬식에 참여할 수 있었다. 첫 세례식은 1901년 2월 3일에 있었다. 이날 41명의 성인과 27명의 어린이, 총 68명이 세례를 받았는데, 그중 일부는 초읍에서 왔다. 특

---

5)   앞의 책, 1900년 11월 4일, 일요일.

히 고아원의 장금이, 서매물, 보배도 이때 세례를 받았다.

엥겔의 또 다른 책무는 부산·경남에서 이미 일하고 있던 미국 북장로교회와의 선교지 분할이었다. 이 지역은 미국과 호주교회의 공동 선교구역이었는바, 불필요한 마찰이나 인적 물적 낭비를 막는 것과 효과적인 선교를 실현하는 것이 상호관심 주제였다. 마침내 1903년 양 교단은 원칙적인 합의에 이르렀고, 엥겔은 이때의 선교지역을 손수 지도로 그려 남기고 있다.

"즉 경남지방 동남쪽, 곧 울산, 기장, 언양, 양산, 거제, 진해, 고성은 호주장로교가, 경남 동부지역, 곧 김해 웅천, 창원, 밀양, 영산, 창녕, 칠원 등지는 북장로교 선교부가 맡기로 합의했다. 그리고 부산과 마산은 공동지역으로 했다."[6)]

1904년 5월 27일 부산교회에 첫 당회가 개회되었다. 당시의 제1회 당회록에는 엥겔이 당회를 어떻게 시작하였는지 기록하고 있다.

"장로공의회와 경상도 목사들이 심취명을 부산교회의 장로로 택한 것은 좋다 하고 또 경상도 위원들이 심취명의 교회법과 성경요리문답 아는 것을 족하다 한 후에 장로의 직분을 세우기를 허락하였으니 부산교회 주장하는 왕길 목사가 주강생 일천구백사년 오월 이십칠일에 심취명을 교회법대로 장로를 삼았더라.

그리한즉 마침내 왕길 목사의 공부방에 목사와 장로와 거렬의원 장로로 함께 모여서 목사가 기도하여 교회법대로 온전한 참된 당회를 세웠느니라."[7)]

이후 엥겔은 1913년 다른 호주선교사나 한국인 목사가 당회장을 맡을 때까지 당회장을 역임하였으며, 그 후 1919년 평양으로 떠

---

6)   이상규, 81.
7)   '부산진교회 당회록', 1.

나는 해까지 때로는 동사목사로 혹은 당회원으로 혹은 임시 당회장으로 부산진교회에 큰 정신적 지주의 역할을 감당하였다.

엥겔은 또한 여선교사들이 세운 일신여학교 교장을 맡기도 하였다. 일신여학교는 미우라고아원의 어린이들을 위한 교육 기관으로 시작되었던바, 자선기관에서 교육 기관으로 선교가 발전되었다. 멘지스가 설립 교장으로 일하였고, 1902년 중순부터는 엥겔이 2대 교장으로 취임하였다. 그는 이미 인도와 호주에서 학교 교장을 맡았던 경험이 있는 교육자였다. 그 후 그는 1913년 초까지 약 13년간 교장으로 사역하였고, 그동안 학교는 새 건물을 건축하며 큰 발전을 이루었다.

한글을 사랑한 호주인

엥겔이 시작한 부산진교회 첫 당회의 회록에 다음과 같은 문장이 남아있다. "당회록을 조선 방언으로 하려고 작정되었느니라."[8]

언어에 재능있고 민감하였던 엥겔은 당회록을 조선 방언 즉 한글로 기록하도록 하였다. 당시의 지식층은 공식 문건을 주로 한문으로 기록하였고, 한글은 '아랫것들의 말'이라 하여 사용하기를 꺼렸던 사실을 보면 이것은 매우 혁신적인 일이었다.

초기부터 엥겔은 한글을 배우며 그 우수성을 알았던 것 같다. 앞서 언급한 대로 그는 한국어를 배운지 한 달도 안 되어 축도를 한국어로 하였다고 자랑스럽게 자신의 일기에 기록하였다. 그는 한글을 빠르게 습득하였을 뿐 아니라, 후에 선교사들이 언어시험위원회가 주관하는 한글 시험을 통과하지 못하면 한문 시험을 통과해도 월반

---

8)   앞의 책, 1.

할 수 없도록 하였다. 그는 또한 호주선교사공의회 '한국어이름철자법위원회'를 주도하여 한국인 이름을 영문으로 변환하는 기초를 놓았다.

그뿐만 아니라 엥겔은 한문만 고집하는 부모를 둔 학생들에게 한국어로 된 신약 성서를 종종 선물하며 한글로 읽기를 독려하였다.

엥겔은 한글의 가치를 다음과 같이 언급하였다. "선호하는 외국의 문자를 배격하고 자신들의 진짜 완전한 언어 체계를 수용하고 사용할 때까지 시간이 좀 걸릴 것이다."[9]

엥겔은 또한 성서개역위원회 위원으로 구약 아모스 서를 한국어로 개정하였고, '내주는 강한 성이요' 찬송을 한국어로 번역하였다. 그는 평양신학교에서 오랫동안 한국어로 강의하였고, 수십 편의 논문을 한국어로 남기었다.

부산진교회에는 후에 한국인 목사가 당회장이 되면서 당회록을 한글과 한문으로 혼용하여 기록하였다.

1900년대 초 부산지역 선교

엥겔은 1901년부터 몇 차례에 걸쳐 여선교사나 전도부인과 함께 부산·경남 지역 순회전도를 다녔다. 울산, 창기, 병영, 기장, 감포, 경주, 언양, 안평, 울주, 학동, 내덕 등이었다. 그는 가는 곳마다 기회를 찾아 복음을 전하였고, 신자가 있는 곳에서는 학습과 세례문답을 하였고, 교회가 있는 곳에서는 예배와 성찬식을 인도하였다. 다음은 당시 그의 순회전도가 어떤 모습이었는지 보여주는 한 장면이다.

"오후에 우리는 한국 점심을 먹기 위하여 길거리의 한 여관에 멈

---

9)   '더 메신저', 1902년 5월 23일, 310.

추었다. 음식이 준비되고 기다리는 동안 우리는 우리가 이곳에 온 이유와 예수 그리스도의 구원에 대하여 말하였다. 다행히 열심히 듣는 사람들이 있었고, 우리가 보여주는 쪽 복음을 사려는 사람들에게 기꺼이 판매하며 다른 정보도 제공하였다."[10]

1906년 빅토리아여선교연합회의 선교 소식지 '더 크로니클' 창간호에 엥겔의 연례보고서 일부가 실리고 있다.

"지난해 교회에 37명의 새 신자가 더해졌고, 61명의 세례문답 학습자가 공부하고 있다. 두 개의 새로운 선교처가 조직되었는바, 3월에 심 교리교사가 기장 지역의 신화에 한곳, 6월에 엥겔이 함안의 무남에 세웠다. 6월에는 내덕과 동래의 기도처가 이제 교회가 되었는데, 완전히 조직된 형태의 교회는 아니지만 각 처에 몇 명의 세례교인이 있다. 학동과 울산 지역의 교인들은 교회당을 구하였고, 대부분 재정이 김 교사에게서 왔다."[11]

부산진교회는 당시 한 명의 전도자를 온전한 봉급을 주고 채용하였다고 엥겔은 같은 보고서에 쓰고 있다. 여성과 소녀를 위한 사역에 대하여 그는 계속하여 다음과 같이 적고 있다.

"여학교의 학생은 46명에서 85명으로 증가하였다. 새 학교 건물은 현재 자발적인 후원으로 인하여 건축 중이다. 주일 오후 여성반에 참석하는 인원이 늘어났으며, 저녁반에는 소녀들이 48명에서 60명으로 증가하였다."[12]

당시 여성성경반을 브라운이 책임을 맡고 있었고, 멘지스는 고아원과 학교를 책임 맡고 있었다. 니븐과 켈리는 한국어 공부에 집중하고 있었다.

---

10)   '엥겔의 일기', 1901년 6월 1일, 토요일.
11)   '더 크로니클', 1906년 11월, 2.
12)   앞의 책, 2.

1905년 7월부터 1906년 6월까지 1년 동안 한국인 전도부인 김유실은 3,658명의 여성을 만났으며, 290개의 쪽 복음을 팔았다. 정필명은 3,152명의 여성에게 복음을 전했으며, 502개의 쪽 복음을 팔았다. 김단청은 335개의 쪽 복음과 306개의 기독교 달력을 팔았다. 이수은은 311개의 쪽 복음과 148장의 달력을 팔았다.[13]

왜 더 일찍 오지 않았습니까

1906년 말 엥겔은 휴가차 호주를 방문하게 된다. 한국에서 사역을 시작한 지 6년이 된 그는 이 해 초 아내 클라라를 잃는 슬픔이 있었다. 같은 해 12월 빅토리아총회 회관에서 열린 환영회에서 그는 위로를 받았으며, 그동안의 사역에 대하여 칭송과 격려를 받았다. 이 환영회에서 엥겔은 다음과 같이 말하였다.

"무엇이 나를 한국에서 일하게 하는가? 공의회를 통하여 나는 교회들을 목회하고 있다. 이교도들이 밀집해 있고, 깊은 어둠이 그곳에 있음을 느낄 수 있다. 6년 전 나는 한국 땅에서 필요로 하는 것이 무엇인지 깨달았다고 생각하였다. 그러나 지금에서야 이교도들의 긴박한 필요가 무엇인지 나는 안다.

우리에게 할당된 지역에만 750,000명의 이교도가 살고 있다. 그중에 일부는 자신들이 구원이 필요함을 깨닫고 있다. 시간은 더 걸리겠지만 그들의 울부짖음이 들린다. '왜 더 일찍 오지 않았습니까?'"[14]

엥겔은 당시 호주교회에 보고한 부산진교회 교인 수는 75명의 성찬자, 50명의 세례문답자, 30명의 교인, 총 155명이었다.

---

13)   앞의 책, 1907년 2월, 9.
14)   앞의 책, 1907년 1월, 2.

엥겔은 1907년 한 해 호주에서 휴가를 보내는 동안 빅토리아의 각 교회와 선교단체에서 쉴 새 없이 보고회와 강연회를 다녔고, 한국 선교의 절박성을 말하며 일꾼이 더 필요하다고 웅변하였다. 당시 엥겔이 받는 연봉은 223파운드였고, 그 외에 여행 경비 등이 포함되어 있었다.

한편 이 해 초, 부산진교회 심취명의 짧은 편지가 '더 크로니클' 선교지에 실리고 있다.

"형제들이여, 여러분들의 친절함에 감사합니다. 지난 성탄절에 무어 선교사를 통하여 여러분이 보내준 선물로 매우 기뻤습니다. 매우 좋고 아름답습니다. 우리가 어떻게 감사해야 할지 모르겠습니다. 여러분은 매우 친절하고, 알지도 못하는 우리에게 사랑을 베풀었습니다.

우리는 무어를 다시 만나 반가웠고, 그녀와 성탄절을 즐겁게 지냈습니다. 하나님이 여러분을 크게 축복해주시기를 바랍니다. 우리가 서로 만날 수는 없지만, 천국에서는 볼 수 있을 것입니다. 행복한 새해가 되시기를 바랍니다. 사랑하는 친구들이. 부산의 형제들을 대신하여. 심취명."[15]

엥겔은 부산의 심취명을 비롯하여 학동의 김 선생으로 불리는 교회 지도자들을 호주의 교회에 소개하고 있다. 특히 심취명에 관한 다음의 내용을 보면 한국인 지도자에 대한 그의 애정을 느낄 수 있다.

"1904년 7월, 심취명(세례명인 취명은 '빛을 이루다'라는 뜻)은 그의 일생을 주님께 헌신하기로 결단하였다. 그리고 이 해 그는 호주선교사 공의회에 의하여 목사 후보생으로 받아들여졌다. 그러므로 그는 다른 학생들과 마찬가지로 4월에서 6월까지 평양의 신학교

---

15)　　앞의 책, 1907년 4월, 3.

에 출석해야 하며, 1905년부터 신실하게 참석하고 있다. 1909년 그는 과정을 모두 마칠 것으로 기대하고 있으며, 목사가 될 자격을 얻을 것이다."[16)

실제로 심취명은 1910년 제3회 졸업생으로 평양신학교를 졸업하였고, 동창으로는 김익두, 한득룡 등이 있다. 그 후 그는 울산병영교회 시무 장로로 봉사하다 1912년 경상노회에서 목사 안수를 받아 부산과 경상남도 지방 최초의 목사가 되었다.

1907년 8월 2일 멜버른 스코트교회에서 열린 환송예배에 엥겔과 부인이 참석하였다. 그는 한 달 전 발라렛의 에벤에저교회에서 아그네스 브라운과 재혼하였다. 아름답게 꾸며진 교회당 안에는 많은 교인이 모였고, 빅토리아장로교회 총회장과 여선교연합회 임원들이 대거 참석하였다. 총회장의 설교와 여선교연합회 회장의 격려사가 있었고, 총무인 로란드는 회원들을 대신하여 엥겔에게 27개의 금화와 은화를 선물로 주었다.

엥겔이 답사를 하였다. 한국을 향한 그의 사랑과 사역 그리고 한국인들의 결단력 있고 훌륭한 성격 등을 언급하였다. 그리고 일꾼이 더 필요하다는 강조로 그의 말을 마치었다. 그 후 선교사들을 위한 중보기도가 있었고, 축도로 환송예배가 모두 마치었다.

성장하는 부산선교부

1907년 말 부산으로 다시 돌아온 엥겔은 새 부인과 함께 다시 순회전도를 다녔다. 그는 울산의 병영에서 7명의 성인과 2명의 어린이에게 세례를 주었으며, 14명의 세례문답자를 얻었다. 엥겔은 또한

---

16)   앞의 책. 1907년 7월. 6.

호주교회가 부산진교회의 심취명과 김봉명에게 준 선물을 전달하였고, 그들의 감사의 글이 여선교연합회 선교지에 실렸다.

"여러분이 나에게 보내준 귀한 시계와 좋은 칼을 잘 받았습니다. 이것은 내게 매우 유용한 것들입니다. 이제 나는 정확하게 몇 시인지 알 수 있게 되었습니다. 여러분을 절대로 잊지 못할 것입니다."[17]

엥겔은 당시 일신여학교 건축으로 인하여 바쁜 일상을 보내고 있었다. 또한, 동료 선교사들을 지원하고, 한국인 일꾼들을 감독하는 일에도 힘을 썼다.

1908년 당시 빅토리아여선교연합회의 지원을 받는 선교사는 엥겔을 포함한 총 6명이었고, 엥겔이 이들을 감독하고 있었다. 여선교사들의 명단과 입국년도는 다음과 같다. 멘지스(1891), 무어(1892), 켈리(1905), 니븐(1905), 스콜스(1907). 총회 해외선교위원회의 지원을 받는 휴 커를 부부(1902)와 청년친교연합회의 지원을 받는 앤드류 아담슨 부부(1894)도 있었다.

한편 호주선교회에서 봉급을 받으며 사역을 돕는 남성 한국인들의 명단과 역할 그리고 임명연도는 다음과 같다 - 심명개(남학교, 1893), 심취명(장로, 1903), 김봉명(남학교, 1903), 정덕생(조사, 1906), 김교명(매서인, 1908), 박승태(매서인, 1908).

여성으로는 다음과 같다 - 김유실(전도부인, 1902), 정백명(전도부인, 1903), 김단청(전도부인, 1903), 이수은(전도부인, 1903), 장금이(여학교 교사, 1903), 서매물(여학교 교사, 1906), 박계실(전도부인, 1908).[18]

호주선교회의 부산선교가 시작된 지 10년 만에 20여 명의 호주인 선교사와 한국인 조력자들이 각자의 위치에서 일하고 있었다. 그

---

17)   앞의 책, 1908년 4월, 6.
18)   '더 크로니클', 1908년 12월, 12.

중 엥겔은 목사로서 큰 부분을 책임을 맡고 있었고, 특히 세례문답 교육과 교회 목회에 많은 시간과 정성을 쏟았다.

엥겔은 자신의 한 주일을 다음과 같이 소개하고 있다. 부산진교회에서 오전 8시 몇 명의 교인이나 세례문답자를 불러 권면이나 책망을 하고, 10시에 예배를 인도하였다. 예배 시간에는 교회 소식이 있어 이 시간에 직분자 선거나 임명 혹은 견책 등을 하는데 회계 선거로 이 주일에는 1시간이 걸렸다. 그리고 설교를 하고 마칠 때 성찬식을 거행하였다. 23명이 성찬을 받았다. 그 후 오후 1시부터 2시 반까지 세례문답자들 교육을 하였다. 많은 사람이 엥겔을 만나기 원하므로 그는 인원을 제한하고 있다.

그 일을 마치자마자 엥겔은 4마일 떨어진 울산의 교회로 갔다. 그곳에서 식사하고, 그를 기다리고 있는 강정으로 가 예배를 인도하였다. 이곳에서 그는 처음 설교를 하는데 마태복음 16장 13~18절에 관한 내용이었다. 예배 후 그는 교인과 세례문답자들에 관한 보고를 받고, 6시쯤에 저녁 식사를 하였다.

7시 30분의 저녁 예배에서는 세례식과 성찬식을 베풀었고, 11명이 참석을 하였다. 이 울산지역에는 이미 37명의 수세자와 50~60명의 교인이 있었다. 그리고 10시 반까지 세례문답 교육이 이어졌다. 동래를 제외하고 엥겔은 당시 26개의 처소를 책임 맡고 있었고, 울산에서만 6개의 처소가 있었던 것이다. 다음 날 아침 엥겔은 목이 쓰리고 아팠다고 보고하고 있다.[19]

---

19) 앞의 책, 1909년 1월, 4.

빅토리아여선교연합회와의 관계

엥겔의 또 다른 역할은 연례 성경학원을 조직하며 강의하는 것이었다. 1909년 2월에 있었던 성경학원에는 70명의 주로 젊은 청년들이 부산 인근 각처에서 모여 참석을 하였다. 성경공부는 열흘 동안이나 진행되었고, 대부분 숙식을 같이하며 끝까지 참석하였다.

이 해 중반에 와서 엥겔의 신분에 관하여 약간의 변화가 일어난다. 빅토리아장로교회 총회는 엥겔이 더는 변칙적인 여선교연합회 선교사가 아니라 총회 해외선교부 선교사로 총회에 직접 보고하도록 한 것이다. 그러나 그의 봉급은 여전히 여선교연합회에서 지원하도록 하였고, 그것으로 그들은 엥겔의 사역에 계속 관심을 유지할 수 있었다.

그러나 이 결정은 엥겔의 정기 보고서가 더는 여선교연합회의 '더 크로니클' 선교지에 실리지 않는 결과를 가져왔다. 엥겔의 사역에 깊은 관심이 있던 여선교연합회 회원들에게는 실망스러운 일이었다.

1910년 말에는 프랭크 페이튼을 비롯한 호주교회 대표단이 한국을 방문하게 된다. 이들은 부산에 도착하여 처음으로 부산진교회에서 예배를 드리게 되는바, 엥겔이 인도하는 예배에서 큰 감동을 하였다고 적고 있다. 또한, 대표단은 엥겔의 안내를 받으며 부산지역을 시찰하였다.

"오르간의 음악이 멀어지자 왕길 목사는 기도를 인도하였다. 모두 경외함으로 머리를 앞으로 숙였는데 얼굴이 거의 바닥에 닿을 정도였다…. 많은 사람이 눈물을 흘렸다. 왕길 목사가 마지막 찬송을 인도하기전..."[20]

---

20)   페이튼과 캠벨, 39.

두 주 동안의 한국방문을 모두 마친 호주대표단은 그다음 해인 1911년 1월 4일부터 1월 7일까지 호주선교사공의회와 수련회를 부산진에서 개회하였다. 당시 호주선교사공의회 총무가 엥겔이었다. 이들은 성경공부와 기도, 그리고 자기 성찰의 깊은 시간을 함께 하였고, 세계선교, 평신도선교운동, 학생운동, 한국선교의 어려움 등을 토론하였다. 수련회 후에 호주선교사공의회가 개회되었다.

"주요 안건으로는 확실하고 완성된 선교정책을 세우는 일이었다. 우리가 책임 맡은 지역에 공정한 인원 배치와 그들을 지원할 수 있는 재정확보의 때가 우리에게 온 것이다…. 그리고 점차 선교정책이 드러났다. 이 선교정책이 이후에 (호주)총회의 안건으로 상정되었고, 약간의 수정 후에 통과되게 된다."[21]

'선교 전진정책'으로 알려진 이때의 결정으로 한국선교가 좀 더 조직적이고 왕성하게 진행될 수 있었고, 여기에 엥겔의 역할이 주요했음을 알 수 있다.

장로교공의회

1800년대 말, 조선에는 해외선교사들의 협의체가 존재하였다. '연합공의회'(1889), '선교공의회'(1893)를 거쳐, 1901년에는 '장로교공의회'가 탄생하였다. 엥겔은 아담슨과 함께 그때 장로교공의회에 가입하였다.

이때부터 엥겔은 한국장로교회의 조직과 제 규정 정립에 기여하였다. 장로교공의회는 1901년부터 조선의 장로교회를 독립적인 기구로 조직하려고 시도하였다. 1902년 9월에 모인 장로교공의회에

---

21)   앞의 책, 96.

서 왕길지는 신학교육위원회, 교회정치위원회, 법규위원회, 교리표준위원회, 찬송가위원회 등에서 활동했다.

그리고 1904년 엥겔은 장로교공의회 의장으로 선임되었다. 그는 이 역할을 비롯하여 경상남북도에 산재한 교회를 관장하는 경상위원회 대표를 역임하기도 하였다. 그리고 1906년의 장로교공의회는 한국의 첫 노회 조직을 결의하게 되고, 1907년 평양에서 '독노회'가 설립되었다. 독노회가 조직된 후 신학교를 졸업한 한국인 7명을 '대한국 예수교장로회 노회' 목사로 장립하였다. 엥겔은 독노회에서 정사위원, 규칙위원, 신학생 준시위원 등에 활발히 참여하며 공헌하였다.

총회장과 노회장 엥겔

1912년 1월 6일, 새로 조직된 장로회 총회 결의에 따라 경상대리회가 부산진교회에서 개회되었다. 이때 총대로 선교사 15명, 한국인 목사 2명, 장로 9명이 참석하였다. 이 모임이 경상노회로 개편되었는바, 초대 노회장에 엥겔이 피선되었다. 이 노회에서 경상도에 있던 선교사들의 각 사역지를 정하였고, 조사를 세워 학습자를 세우는 권한을 허락하였다. 엥겔은 경상노회에서 경남노회로 분리될 때까지 경상노회의 핵심적인 지도자 역할을 감당하였다.

1913년 9월, 경성 승동교회당에서 열린 조선예수교장로회 총회에서 엥겔은 선거를 통하여 2대 총회장으로 피선되었다.

"임원을 선정하는데 회장은 왕길지 씨로 투표선정하고 부회장은 한석진 씨로 선정하고…."[22]

---

22)   예수교장로회 조선총회 제2회 회의록, 4.

호주장로교회가 파송한 선교사가 초대 총회장인 미국의 호러스 언더우드를 이어 2대 총회장을 역임하므로 한국장로교 정치제도의 여러 규정과 규칙, 행정적 체계를 수립하는 데 앞장서게 된 것이다.

"당시 호주선교부 소속 선교사는 30여 명에 불과했으나 그가 호주교회를 대표하여 총회장으로 추대된 것은 한국교회의 지도자로 인정을 받았기 때문이기도 하지만 그간 여러 치리 기관에서의 봉사에 대한 인정이었다. 선교사로서 총회장을 역임한 사람은 왕길지 외에는 언더우드(제1대, 1912), 배유지(제3대, 1914), 마포삼열(제8대, 1919) 뿐이었다."[23]

그 후 엥겔은 1916년 당시 경상노회를 남북으로 나누자는 헌의안을 발의하여 총회에서 이를 통과시켰다. 그는 경남노회에서도 초대부터 연이어 세 번 노회장을 역임하였다. 이처럼 엥겔은 한국교회 정치와 행정에 막강한 영향력을 가지며, 각종 치리회에서 활동하였으며 교회를 감독하였다.

엥겔은 또한 다수의 교회를 설립하였다. 그는 정덕생 등 조사들과 함께 경남 내륙지방과 거제도 지방을 순회하며 교회를 설립하거나 설립을 지원하였다. 다음의 교회들이 엥겔이 직접 설립하거나 설립을 도운 교회이다; 부산진교회, 동래 안평교회, 동래 수안교회, 기장 동부교회, 기장 월전교회, 의령 서암교회, 함안 부봉교회, 함안 백산리교회, 함안읍교회, 의령 연정교회, 의령 갑을교회, 함안 분계실교회, 함안 마상리교회, 장전리교회, 두구동교회, 금사리교회, 송정교회, 언양 동부교회, 언양 반천교회, 울산 월평교회, 동래 산성교회, 하단리교회, 동래 평전교회, 동래 신평교회, 거제 지세포교회.[24]

---

23)   이상규, 112.
24)   앞의 책, 92.

'평양선교부'

'호주장로교 한국선교역사'를 쓴 에디스 커는 자신의 책에 다음과 같이 기록하고 있다.

"엥겔 박사는 1902년부터 이 신학교(평양신학교)와 관계를 맺기 시작하였다. 그는 학교의 시간제 교수로 일 년에 3개월씩 몇 년 동안 가르쳤으며, 1919년부터는 교회역사부의 회장직을 받아들였고, 히브리어와 그리스어도 강의하였다. 그리고 그는 평양에 상주하였다."[25]

엥겔은 자신의 한국 선교사역 초기부터 신학교 교육에 참여하였다. 1906년부터는 매년 3개월간 평양에 거주하며 교수요원으로 활동하며 히브리어와 헬라어, 그리고 교회사를 가르쳤다. 평양신학교의 첫 졸업장 교수명단에 왕길지의 이름이 올라가 있는바, 초기 한국교회의 목회자 양성에도 크게 이바지하였다.

1915년 엥겔은 두 권의 교회사 교재를 저술 출판하였는데 한 권은 '고교회변증론'으로 고대 교회사이고, 다른 한 권은 '갱정사 후기'로 종교개혁 후기사이다. 칼빈과 종교개혁이 본 도서를 통하여 한국교회에 본격적으로 소개되었다.

엥겔은 1917년 평양신학교의 교수 겸 이사로 선임되었는바, 학교의 학생 수가 증가하자 더 많은 선교사 교수가 필요하였던 것이다. 호주선교회는 그가 부산에서 평양으로 이주하는 것을 허락하였고, 그뿐만 아니라 호주장로교의 '평양선교부'로 재정도 후원하며 선교 사업을 추진하도록 하였다. 그리하여 엥겔은 1919년부터 평양에서 전임교수로 활동하게 되었다. 그는 이때부터 1937년 은퇴할

---

25)   커와 앤더슨, 165.

때까지 18년간 교수로 활동하게 되었다.

엥겔은 또한 1918년 계간지로 창간된 '신학지남'의 첫 편집인이 되어 1921년까지 책임을 맡았다. 그는 당시 총 12권의 '신학지남'을 발간하였는바, 장로교회의 신학, 교회 생활, 그리고 삶의 지침 등을 제시하였다.

더 나아가 엥겔은 집필과 저술 활동에도 부지런하였다. '신학지남'을 통하여 다양한 주제의 많은 논문과 논설을 집필하거나 번역하여 발표하였다. 그중 일부만 보면 '성 어거스틴', '십이사도의 교훈', '영국감독교회 조직', '기독교 신경상으로 본 하나님의 신', '항거하시는 보혜사', '로마교회의 변천' 등이다.

엥겔의 활동 중에 꼭 언급되어야 할 부분이 또 하나 있다. 바로 구약 성서 개역 작업과 찬송가 편찬 작업이다. 그는 구약개역위원으로 초빙되었고, 1920년부터 개역에 참여하여 1936년에 개역 구약전서를 출간하게 된다. 동시에 그는 찬송가 편찬위원으로 활동하며 한국 찬송가 편찬에도 공헌하였다. 평양신학교 채플에서 반주자로 봉사하기도 했던 그는 1927년까지 25년 동안 편찬위원으로 활동하면서 공헌하였는데, 특히 마르틴 루터의 독일 찬송 '내 주는 강한 성이요'를 번역하였다.

평양의 빅토리아기숙사

엥겔 가족이 평양에 상주하면서 호주선교회는 평양에서도 선교 사업을 펼치었다. 먼저 학교 운영을 위하여 평양신학교를 재정적으로 지원하면서, 학교 구내에 기숙사를 설립하게 된다. 이 기숙사는 후에 '빅토리아관' 혹은 '빅토리아기념기숙사'로 칭하였다.

호주선교회의 정책 중 하나가 대학교를 독자적으로 세우지 않는 것이었다. 그러나 다른 해외선교부가 세운 대학교는 지원하였다. 마침 1911년 초 호주교회 대표단이 한국을 방문하였을 시 그들은 선교사들과 함께 다음과 같이 결정하였다.

"호주선교부가 평양신학교 인접한 곳에 학생들을 위한 기숙사를 세우고 운영할 것을 동의 제청하였다. 안건이 통과되다."[26]

같은 해 9월에 진주에서 열린 호주선교사 공의회에서 평양신학교 내에 '빅토리아기숙사' 건립 안이 다시 논의되었다. 엥겔은 이 프로젝트를 위임받아 평양신학교 이사진과 협의를 하였고, 결국 학교 안에 있던 미국의 남장로교 소유의 부동산과 주변 부지에 대하여 영구무료임대 조건으로 그들에게 총 1,200엔을 지불하기로 합의하였다. 그리하여 빅토리아기숙사가 건립되었다. 이 기숙사는 주로 경남 지방에서 온 학생들을 위하여 사용되었다.

그뿐만 아니라 엥겔이 평양에 거주하게 되자 연합기독대학인 숭실대학도 호주선교회와 관련을 맺기 원하였다. 호주선교회에 재정 지원과 교수요원 한 명을 요청한 것이다. 결국, 1920년 엥겔이 교수를 하게 되었고, 그는 이 학교의 이사회에도 참가하게 된다. 이렇게 호주선교회는 1937년까지 24년간 숭실대학과 교류하며 인적 지원과 재정적 후원을 하였다.

방지일 목사의 회고

평양신학교의 학생 중에 훗날 총회장이 되는 방지일이 있었다. 그는 당시 엥겔에게 사사 받은 것을 자랑스럽게 여기며 다음과 같이 회고하였다.

---

26)   '더 레코드', Vol 1, 부산진, 1913, 12.

"평양신학교의 자랑은 저명한 교수들이 있었다는 것이다…. (그 중) 왕 목사는 어학을 맡았고, 도서관장도 겸임했다. 그가 하는 말 가운데 '책은 무족(無足)인데 자거자래(自去自來) 못하지요. 책 가져가는 분은 등록하고 가져가야 합니다.'라는 한문자로 광고하는 말을 듣고는 크게 웃기도 했다.

그의 솔직한 설화(舌禍)의 사실도 있다. 유명한 광주 학생 만세 사건에는 신학생도 참가했었는데 왕 목사는 '신학생이 무슨 만세냐'면서 '공부나 열심히 하라'고 아주 강하게 이를 꾸짖었다. 마산 문창 교회에서 일을 보던 김석찬 목사도 보통이 넘는 사람이었는데 그는 학생회를 열어 '이처럼 남의 나라 민족 감정까지도 무시하는 왕 목사는 우리에게 필요 없으니 물러가라.'라고 결의하기에까지 이르렀다.

학생회 앞에 왕 목사는 '내가 잘못했지요. 용서하세요.'라고 사과했으며 김석찬은 '나는 이 교수님의 학생은 아니지만 이러한 우리 민족의 심정을 몰이해 하는 사람은 우리 신학교와 우리 민족에게 필요 없습니다. 물러가세요. 용서 못 합니다.'라며 단호하게 거부하고 해산했다. 왕 목사만이 강단에 남아 울었다."[27]

이때 평양신학교 교장이었던 나부열이 나섰다고 한다. 엥겔을 용서하지 못하면 후에 목사가 되어 주기도문을 어떻게 가르치겠냐는 논지로 학생들을 설득하였다. 학생들은 그 말을 듣고 조용해졌다. 엥겔은 다시 한번 사과하였다.

"이 늙은 사람이 때로 실수를 합니다. 용서해 주시오."

마침내 학생들도 같이 머리를 숙였고 기도하며 함께 문제를 해결하였다고 한다. 방지일은 엥겔을 '실수를 인정할 땐 학생들에게도

---

27)   '기독공보', 1997년 2월 15일, 6.

사과하는 솔직한 분'으로 회고하였다.

"나는 이 같은 회합을 슬퍼하오."

엥겔은 1938년 8월 말 호주에서 공식적으로 은퇴하였다. 그의 나이 70세였다. 평양신학교에서의 은퇴와 환송예배는 그 전해인 1937년 3월에 있었다. '신학지남'에 실린 '은사 왕길지 박사를 보냄'이란 제목의 글을 통하여 그가 어떠한 사랑을 받았는지 짐작할 수 있다.

"우리 조선의 은사, 우리 교회의 은사, 우리 신학교의 은사되는 왕길지 박사를 보내는 글을 쓰고 할 때 일어나는 감상이 복잡하다…. 값있는 일생을 우리를 위해 바치신 위대한 은인은 그만 고국으로 돌아가셨다. 지금 우리는 그 정직하고 아버지다운 박사의 음성을 다시 들을 길이 없다…. 박사가 최후로 인연 깊은 강단에 무기력하게 나오셔서 '나는 이같은 회합을 슬퍼하오' 라고 울먹울먹하시던 인상이 아직 머리에 완연하다…."[28]

엥겔은 은퇴한 다음 해인 1939년 5월 24일 멜버른에서 세상을 떠났다. 그의 나이 71세였다. '더 미셔너리 크로니클' 선교지는 그의 사진과 함께 사망 소식을 알리며 다음과 같이 쓰고 있다.

"한국에서 38년간의 헌신적인 봉사는 위대한 기록이다. 1900년에 (한국으로) 떠난 그는 초보자가 아니었다. 동쪽(인도)에서 6년 동안의 선교사 경험이 이미 있었다…. 우리 교회는 이 신실한 부부에게 감사의 빚을 졌다.

엥겔 박사의 공헌은 다음과 같다. 그는 복음 전도와 교회 운영

---

28)   '신학지남', 19권 3호, 1937년 5월.

을 위하여 아낌없이 자신을 드렸다. 대부분 그의 '순회 전도'는 여행하기 가장 불편하고 위험하던 개척기 때였다. 그는 성서 번역작업에 동참하였다. (하나님의) 말씀을 자신들의 언어로 제공하는 것이야말로 전도에 있어서 가장 가치 있는 일이다. 그는 처음부터 신학교 교육에 관심이 있었고, 선교부가 그를 전임 교수로 임명할 때까지 그 일을 점차로 늘려나갔다. 이것이 학교나 성경학원 혹은 교회 안에서 그가 실천한 여러 교육 사역의 절정이었다. 그의 증인 된 삶으로 인하여 우리는 하나님께 감사드린다."('더 크로니클', 1939년 7월 1일, 2)

멜버른의 캠버웰교회에서 열린 그의 장례식에는 총회장을 비롯하여 한국선교사였던 노블 맥켄지, 조지 앤더슨 등 많은 사람이 참석하였다. 그의 시신은 스프링베일에 있는 공동묘지에 안장되었다.

감사의 기록

호주선교사 공의회는 엥겔의 은퇴를 기념하며 엥겔과 그의 부인 아그네스에 감사의 기록을 남기고 있다. 오래전 엥겔은 선교사로 인도에 가면서 40년을 섬길 수 있게 해 달라고 기도하였는데, 결국 그 기도가 차고 넘치게 응답이 되었다고 공의회는 감사하고 있다. 다음이 그 기록의 일부이다.

"엥겔 박사는 '하나님의 풍성한 은혜의 선한 청지기'였다. 그는 인종적인 철저함과 신비함의 은사, 학문과 음악의 은사, 언어와 교회 행정의 은사, 끝까지 인내하는 신앙의 은사를 가졌다. 이 모든 은사를 그는 은사를 준 위대한 주인에게 돌려주었다. 그리고 그 하나님은 37년 동안 엥겔의 헌신을 한국의 교회와 선교를 위하여 사용하셨다. 우리는 감사를 드린다….

초창기 한국에서는 질병이 항상 가까이 있어 위협하였다. 무법의 난봉꾼들도 위험하였다. 엥겔은 병에도 걸렸고, 구타당하기도 하였다. 그에게는 쉼이 없는 노동이 있었다. 그는 홀로 순회전도를 하면서 우리의 첫 학교의 교장으로 일하였고, 영국과 해외성서공회의 번역위원회에서 봉사하였다….

그의 31년 헌신은 신학교의 전임교수로 임명이 되면서 절정에 이르렀다. 1920년에 그는 자신의 사역을 인정받아 미국의 오하이오 우스터에서 명예 신학박사 학위를 받았다."[29]

에필로그

부산진교회에는 왕길지 기념관이 있다. 초대 당회장이었던 그를 기리기 위하여 2007년 개관하였다. 그리고 2019년 한호선교 130주년을 맞이하여 부산진교회의 일행이 호주를 방문하였다. 필자는 이때 이들을 안내하며 동행하였다. 우리의 중요 일정 중 하나가 멜버른 스프링베일 공동묘지에 있는 엥겔 부부의 무덤을 찾는 것이었다. 마침 엥겔의 손자와 손녀가 우리를 안내하였는데, 그들의 안내가 없었다면 어디에 묘지가 있는지 모를 정도로 한 모퉁이에 작은 묘비가 남아있었다.

오랜 시간이 지난 그 순간, 부산진교회 초대 당회장 엥겔의 손주들과 부산진교회 후손들이 묘지 앞에 함께 경건히 섰다. 그리고 함께 찬송하며 기도하며 그를 추념하였다. 호주교회의 선한 청지기 그리고 한국교회의 거목 겔슨 엥겔, 지금은 많은 사람이 그를 기억하지 못한다고 하여도 이들의 기억 속에는 영원히 살아 있을 것이다.

---

29)   '더 레코드', Vol 24, 1937, 152-153.

<참고도서>

김경석, 『왕길지 선교사』, 부산진교회, 2005.

겔슨 엥겔, 「겔슨 엥겔의 일기」, 1900년 9월 19일-1903년 12월 19일.

빅토리아여선교연합회, 「더 크로니클」, 멜본, 1906-1939.

부산진교회, 「부산진교회 당회록」, 부산, 1904-1968.

부산진교회, 『동행: 부산진교회 130년사』, 멘지북스, 2023.

수안교회공보부, 『왕길지 목사의 선교 발자취』, 수안교회, 1991.

이상규, 『왕길지의 한국선교』, 숭실대학교, 2017.

정병준, 『호주장로회 선교사들의 신학사상과 한국선교 1889-1942』, 한국기독교역사연구소, 2007.

조대현, 『만화 왕길지 선교사』, 멘지북스, 2022.

페이튼과 캠벨 저, 양명득 역, 『호주장로교 한국선교 설계자들』, 동연, 2020.

호주선교사 공의회, 「더 레코드」, 부산진, 1913, 1937.

커와 앤더슨 저, 양명득 역, 『호주장로교 한국선교역사 1889-1941』, 동연, 2017.